Modern
Futures Trading

现代期货
贸易学

刘 敏 主编

丁 宁 副主编

中国财经出版传媒集团

经济科学出版社
Economic Science Press

·北京·

图书在版编目（CIP）数据

现代期货贸易学/刘敏主编；丁宁副主编 . －－北京：经济科学出版社，2023.10
ISBN 978 - 7 - 5218 - 4963 - 9

Ⅰ . ①现… 　Ⅱ . ①刘…②丁… 　Ⅲ . ①期货交易－高等学校－教材　Ⅳ . ①F830.9

中国国家版本馆 CIP 数据核字（2023）第 139471 号

责任编辑：周国强
责任校对：隗立娜
责任印制：张佳裕

现代期货贸易学
XIANDAI QIHUO MAOYIXUE
刘　敏　主　编
丁　宁　副主编
经济科学出版社出版、发行　新华书店经销
社址：北京市海淀区阜成路甲 28 号　邮编：100142
总编部电话：010 - 88191217　发行部电话：010 - 88191522
网址：www. esp. com. cn
电子邮箱：esp@ esp. com. cn
天猫网店：经济科学出版社旗舰店
网址：http://jjkxcbs. tmall. com
固安华明印业有限公司印装
787 × 1092　16 开　17.25 印张　420000 字
2023 年 10 月第 1 版　2023 年 10 月第 1 次印刷
ISBN 978 - 7 - 5218 - 4963 - 9　定价：68.00 元
（图书出现印装问题，本社负责调换。电话：010 - 88191545）
（版权所有　侵权必究　打击盗版　举报热线：010 - 88191661
QQ：2242791300　营销中心电话：010 - 88191537
电子邮箱：dbts@ esp. com. cn）

前　　言

　　高校从教二十二年，讲授现代期货贸易相关课程也有十五年，其间遇到了很多学生，大多数学生在我的课堂上第一次接触期货知识，他们对获取期货知识的兴奋和喜爱在课堂表现和作业反馈中都清晰可见。教学过程中我们也使用过很多教材，但是，由于教学目的和教学群体的差别，实际的教学内容和教学安排与已有的教材不太合拍，尤其在强调实践教学的背景下，同学们更希望将理论教学和实践教学合二为一，同事们也希望有一本兼顾理论与实践的教材以方便教学，这让我萌生了编写一本适合普通经贸类本科学生和老师使用的现代期货贸易教材的想法。

　　鉴于我的学生大多是经济贸易类专业的学生，而且绝大多数是第一次接触期货知识，因此，本书以商品期货的基础知识为主，期权和金融期货也有涉及，但是很少。内容安排上分为两大部分——理论篇和交易篇，将理论知识和实务操作在一本书中体现出来，希望通过这种安排突出商品期货知识的应用性。当然理论与实践不可能完全分开，理论篇中有交易操作案例，交易篇中也包含理论知识的深入解析。

　　在章节安排上，我们把理论篇分为四章，分别是：第一章，期货贸易概述；第二章，现代期货贸易制度；第三章，期货套期保值；第四章，期货套利与投机。我们把交易篇也分为四章，分别是：第五章，商品期货交易的基本面分析；第六章，金融期货交易的基本面分析；第七章，期货交易的技术分析；第八章，期货交易风险管理。

　　在理论篇中，第一章对期货的形成条件与发展趋势、期货市场的结构与作用、期货市场参与者等进行阐述，帮助初学者建立期货的概念；第二章对标准期货合约的内容、期货市场基本制度、期货交易流程等进行细致讲解，这一部分学生的疑问比较多，可以讲得稍慢一点。第三章套期保值是期货理论学习的重点，也是基差交易的基础，更是第四章期货套利的基础，需要重点讲解，投机交易的理论内容稍微简单一点，实践操作是重点，同学们将会在"交易篇"中深入学习投机的实际操作技巧。

　　在交易篇中，第五章至第八章，依次从期货投资的基本面、技术面和风险管理三个方面对期货交易实际操作方法进行讲解，其中第五章选取棉花、石油、铜、大豆等具有战略意义的大宗商品，对商品的基本面进行初步分析，第六章选取股票指数期货、利率期货和外汇期货这三个金融期货品种进行基本面分析，它们不属于商品期货范畴，但是市场影响力比较大，且与经济环境和商品流通密切相关。实际上不同商品，基本面分析的重点也不相同，本书的分析并不全面，目的是给同学们独立进行商品期货投资基本面分析时做个示范，教师们可以依据第五章第一节提到的基本面分析框架，让学生自己动手动脑，深入分析研究，并结合模拟期货投资的上机实践操作，感受基本面分析的重要性。由于期货交易涉及的都是与国民生计密切相关的大宗商品贸易，层次比较高的学生可以将基本面分析与行业分析相结合，撰写科研论文，做真正有价值的研究。

从交易篇开始，老师们可以将课堂教学与实践教学相结合，安排适当的模拟期货投资操作课时，让同学们感受模拟期货投资获得盈利的兴奋，总结模拟投资失败的经验教训，进一步提升学生的动手动脑能力，加深期货基础知识的理解，建议模拟期货投资操作课时不少于总课时的三分之一。本书每一章后面提供了课后复习题和案例分析及答案，可供同学们课前预习或课后延展学习。

同学们在学习了现代期货贸易这本书后，在商业系统、外贸系统、国民经济综合部门、科研院所、金融机构，均有用武之地，毕业后在这些工作岗位上，同学们可以从事实务操作，也可以从事行业研究。同学们还可以一边学习本书，一边参加中国期货业协会举办的期货从业人员资格考试，为在金融机构工作做好准备。学习现代期货贸易的理论知识和操作知识将为同学们插上飞翔的翅膀，紧跟国际与国内贸易现代化发展趋势，披荆斩棘，与时俱进，共创辉煌。

本书的编写和出版获得了安徽财经大学国际经济贸易学院领导的大力支持，我的研究生们也参与了本书的编写，他们是 2020 级孙世豪，2021 级孙琴、王志伟、赵寅彪，2022 级张旭贤、张一。

由于作者水平有限，加之编写时间仓促，所以书中错误和不足之处在所难免，恳请广大读者批评指正。

2023 年 8 月 10 日

于安徽蚌埠大学城

目　录

理　论　篇

交 易 篇

理　论　篇

第一章 期货贸易概述

学习提要

1. 了解期货市场的产生与发展过程
2. 理解期货市场的基本特征和含义
3. 理解期货市场具有的功能和作用
4. 认识期货市场的组织结构

关键词

期货市场；现货市场；远期合同交易；期货交易所；期货结算所；期货经纪商；期货合约；交易单位；最小变动价位；交割；最后交易日；转移价格风险；价格发现

第一节 期货贸易的形成与发展

一、现代期货贸易的形成

（一）期货市场的萌芽

一般认为，期货交易最早萌芽于欧洲。早在古希腊和古罗马时期，欧洲就出现了集中的交易场所和大宗易货交易，形成了既定时间在固定场所开展的交易活动。在此基础上，产生了远期交易的雏形。每年在农产品收获以前，商人先向农民预购农产品，待收获以后再进行交付，这就是比较原始的远期交易。中国的远期交易同样源远流长，春秋时期中国商人的鼻祖陶朱公范蠡就曾开展远期交易。

随着交通运输条件的改善和现代城市的兴起，远期交易逐步发展成为集中的市场交易。1215 年，英国大宪章正式规定允许外国商人到英国参加季节性的交易会，商人可以随时把货物运进或运出英国，极大地促进了英国的国际贸易。在交易过程中，出现了商人提前购买在途货物的做法。具体过程是交易双方先签订一份买卖合同，列明货物的品种、数量、价格等内容，并预交一笔订金，待货物运到时再交收全部货款和货物，了结合约。在实际操作过程中，买卖双方为了转移价格波动带来的风险，获得更大的收益，往往在货物运到之前将合同转售，这就使合同具备了流动性。后来，来自荷兰、法国、意大利和西班牙等国的商人又组成商会，为会员合同的买卖提供公证和担保。

期货交易萌芽于远期交易。交易方式的长期演进，尤其是远期现货交易的集中化和组织化，为期货交易的产生和期货市场的形成奠定了基础。

（二）现代期货交易的形成

规范的现代期货市场在 19 世纪中期产生于美国芝加哥。19 世纪三四十年代，芝加哥作为连接美国中西部产粮区与东部消费市场的枢纽，已经发展成为全美最大的谷物集散中心。随着经济的发展，农产品交易量越来越大，同时由于农产品生产的季节性、交通不便和仓储能力不足等，农产品的供求矛盾日益突出。具体表现是到了收获季节，农场主将谷物运到芝加哥，短期内谷物集中上市与落后的仓储运输能力之间的矛盾造成供大于求，谷物价格一跌再跌，使生产者蒙受巨大损失。到了来年春季，又出现谷物供不应求和价格飞涨的现象，使消费者深受其苦，粮食加工商也因原料短缺而困难重重。在这种情况下，储运经销商应运而生。储运经销商在交通要道设立商行，修建仓库，在收获季节向农场主收购谷物，来年春季再运到芝加哥出售。储运经销商的出现，缓解了季节性的供求矛盾和价格的剧烈波动，稳定了粮食生产。但是，储运经销商仍面临谷物过冬期间价格波动的风险。为了规避风险，储运经销商在购进谷物后就前往芝加哥，与那里的谷物经销商和加工商签订来年交货的远期合同。

随着谷物远期现货交易的不断发展，1848 年，82 位粮食商人在芝加哥发起组建了世界上第一家较为规范的期货交易所——芝加哥期货交易所（Chicago Board of Trade，CBOT）。最初的芝加哥期货交易所并非一个市场，只是一家为促进芝加哥工商业发展而自发形成的商会组织。交易所成立之初，采用远期合同交易的方式。交易的参与者主要是粮食生产商、经销商和加工商，其特点是实买实卖，交易者通过交易所寻找交易对手，在交易所缔结远期合同，待合同到期，双方进行实物交割，以商品货币交换了结交易。当时的交易所主要起稳定产销、规避季节性价格波动风险的作用。

但是这种远期交易方式在随后的交易过程中遇到了一系列困难，如商品品质、等级、价格、交货时间、交货地点等都是根据双方的具体情况一对一达成的，当双方情况或市场价格发生变化，需要转让已签订的合同，则非常困难。另外，远期交易最终能否履约主要依赖对方的信誉，而对对方信誉状况做全面细致的调查，费时费力，成本较高，难以进行，结果使交易中的风险增大。

针对上述情况，芝加哥期货交易所于 1865 年推出了标准化合约，同时实行了保证金制度，向签约双方收取不超过合约价值 10% 的保证金，作为履约保证。这是具有历史意义的制度创新，促成了真正意义上的期货交易的诞生。随后，在1882年，交易所允许以对冲方式免除履约责任，这更加促进了投机者的加入，使期货市场流动性加大。1883年，交易所成立了结算协会，向芝加哥期货交易所的会员提供对冲工具。但结算协会当时还算不上规范严密的组织，直到1925年芝加哥期货交易所结算公司（BOTCC）成立以后，芝加哥期货交易所所有交易都要进入结算公司结算，现代意义上的结算机构形成。

随着这些交易规则和制度的不断健全和完善，交易方式和市场形态发生了质的飞跃，标准化合约、保证金制度、对冲机制和统一结算的实施，标志着现代期货市场的确立。

二、期货市场发展趋势

（一）国际期货市场的发展历程

经过长期的发展，国际期货市场大致经历了由商品期货到金融期货、交易品种不断增加、交易规模不断扩大的过程。

1. 商品期货

商品期货是指标的物为实物商品的期货合约。商品期货历史悠久，种类繁多，主要包括农产品期货、金属期货和能源化工期货等（见图1-1）。

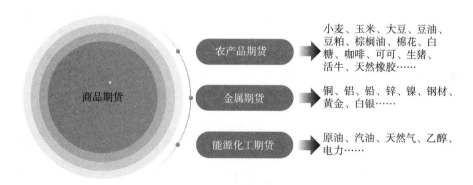

图1-1　商品期货的种类

农产品期货。1848年芝加哥期货交易所的诞生以及1865年标准化合约推出后，随着现货生产和流通的扩大，不断有新的期货品种推出。除小麦、玉米、大豆等谷物外，从19世纪后期到20世纪初，棉花、咖啡、可可等经济作物，黄油、鸡蛋、活牛、猪脯等畜禽产品，木材、天然橡胶等林产品期货也陆续上市。

金属期货。最早的金属期货交易诞生于英国。1876年成立的伦敦金属交易所（LME），开金属期货交易之先河，主要从事铜和锡的期货交易。目前，伦敦金属交易所已推出了铜、铝、铅、锌、镍和铝合金、白银等金属品种。伦敦金属交易所自创建以来一直交易活跃，至今其价格依然是国际有色金属市场的"晴雨表"。

美国金属期货的出现晚于英国。19世纪后期至20世纪初，随着美国开始建立现代工业生产体系，期货合约的种类也从农产品扩大到金属、制成品和加工品等。隶属于芝加哥商业交易所集团的纽约商品交易所（COMEX）成立于1933年，由经营皮革、生丝、橡胶和金属的交易所合并而成，交易品种有黄金、白银、铜、铝等，其中1974年推出的黄金期货合约，在20世纪七八十年代的国际期货市场上有一定影响。

能源化工期货。20世纪70年代初发生的石油危机给世界石油市场带来巨大冲击，油价的剧烈波动直接导致了能源期货的产生。目前，纽约商业交易所（NYMEX）和位于伦敦的洲际交易所（ICE）是世界上最具影响力的能源期货交易所，上市品种有原油、汽油、取暖油、乙醇等。

2. 金融期货

随着第二次世界大战后布雷顿森林体系解体，20世纪70年代初国际经济形势发生急剧变化，固定汇率制被浮动汇率制取代，利率管制等金融管制政策逐渐取消。汇率、利率频繁剧烈波动，促使人们向期货市场寻求避险工具，金融期货应运而生。1972年5月，芝加哥商业交易所（CME）设立了国际货币市场分部（IM），首次推出包括英镑、加元、西德马克、法国法郎、日元和瑞士法郎等在内的外汇期货合约。1975年10月，芝加哥期货交易所上市的国民抵押协会债券（GNMA）期货合约是世界上第一个利率期货合约。1977年8月，美国长期国债期货合约在芝加哥期货交易所上市，是国际期货市场上交易量较大的金融期货合约。1982年2月，美国堪萨斯期货交易所（KCBT）开发了价值线综合指数期货合约，股票价格指数也成为期货交易的对象。中国香港在1995年开始个股期货的试点，从此个股期货登上历史舞台。金融期货的出现，使期货市场发生了翻天覆地的变化，彻底改变了期货市场的格局。目前，金融期货已经在国际期货市场上占据了主导地位，对世界经济产生了深远影响（见图1-2）。

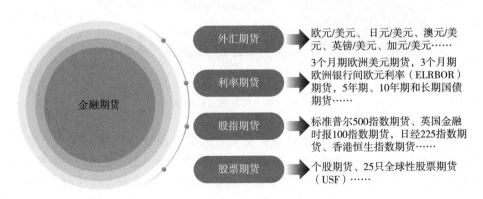

图1-2 金融期货的种类

（二）国际期货市场的发展趋势

期货市场的发展和世界经济的发展紧密联系在一起。从20世纪70年代初布雷顿森林体系解体开始，世界经济呈现出货币化、金融化、自由化、一体化的发展趋势。特别是20世纪最后十几年以来，全球化进程加速发展，全球市场逐步形成。

在这一进程中，国际期货市场起到了重要作用。目前，国际期货市场的发展呈现出以下特点。

1. 交易中心日益集中

目前全球大约有百余家期货交易所，但称得上国际期货交易中心的，主要有芝加哥、纽约、伦敦、法兰克福等地的期货市场。20 世纪 90 年代以来，新加坡、德国、法国、巴西等国家和中国香港地区的期货市场发展较快，具备了一定的国际影响力。中国的商品期货市场发展迅猛，自 2010 年起已经成为全球交易量最大的商品期货市场。

2. 交易所由会员制向公司制发展

近年来，公司制改革和公开发行上市成为全球交易所发展的一个新方向。1993 年，瑞典斯德哥尔摩证券交易所改制成为全球第一家股份制的交易所。中国香港证券交易所和期货交易所也成为改制上市的成功范例。2000 年 3 月，香港联合交易所与香港期货交易所完成股份化改造，与香港中央结算有限公司合并，成立香港交易及结算所有限公司（Hong Kong Exchanges and Clearing Limited，HKEx），于 2000 年 6 月以引入形式在香港交易所上市。2000 年，芝加哥商业交易所成为美国第一家公司制交易所，并在 2002 年成功上市。纽约－泛欧交易所集团（NYSE Euronext）成为一家完全合并的交易所集团，于 2007 年 4 月 4 日在纽交所和欧交所同时挂牌上市。

出现这一趋势的根本原因是竞争加剧，一是交易所内部竞争加剧，二是场内交易与场外交易竞争加剧，三是交易所之间竞争加剧。而会员制体制造成交易所决策效率较低，不能适应激烈竞争的需要，改制上市则可以免去会员投票的复杂程序，提高交易所运行效率，同时，改制上市也能给交易所会员带来利益。

3. 交易所兼并重组趋势明显

各交易所纷纷以合并的方式扩大自身规模并提升市场影响力。期货市场是一个通过现代化通信手段联结起来的公开市场，因此，市场规模越集中，市场流动性越大，形成的价格越公平、权威。2007 年芝加哥商业交易所（CME）与芝加哥期货交易所（CBOT）合并组成芝加哥商业交易所集团，2008 年纽约商业交易所（NYMEX）和纽约商品交易所（COMEX）又加入进来，形成了基本统一的芝加哥期货市场。目前，芝加哥商业交易所集团已经成为全球最具影响力的衍生品交易所集团之一。在世界其他地区，英国、德国、巴西等国的交易所也纷纷进行重组，甚至出现了跨大洲兼并的案例。2006 年 6 月，纽约证券交易所集团和总部位于巴黎的泛欧交易所达成总价约 100 亿美元的合并协议，组成全球第一家横跨大西洋的纽交所——泛欧交易所集团。2012 年，香港交易及结算所有限公司（HKEx）以 13.88 亿英镑的价格收购英国伦敦金属交易所（LME）。成立于 2000 年的美国洲际交易所（ICE）于 2001 年在伦敦收购国际石油交易所（IPE）后，于 2007 年与纽约期货交易所合并，随后在 2010 年又与气候交易所合并，并在 2013 年 11 月，完成对纽交所－泛欧交易所集团（NYSE-Euronext）的收购。洲际交易所异军突起，成为全球最大的金融和商品期货的交易所和结算中心集团之一。

交易所合并的原因主要有：一是经济全球化的影响；二是交易所之间的竞争更

为激烈；三是场外交易发展迅速，对交易所构成威胁。

4. 金融期货发展后来居上

近30年来，金融期货品种的交易量已远超商品期货，上市品种呈现金融化趋势。这种趋势可以从两个方面加以说明：其一，从美国近30年期货交易统计数据中可以看出，商品期货交易量占总交易量的份额呈下降趋势，而金融期货交易量占总交易量的份额呈明显上升趋势。美国期货的主导产品逐渐从农产品转变为利率品种，进入20世纪90年代，股票指数期货和个股期货又得到迅速发展。其二，从全球期货交易的统计数据中同样可以看出金融期货品种的绝对优势。

5. 交易所竞争加剧，服务质量不断提高

随着国际期货市场一体化进程的加快，各国交易所积极开拓国际市场，交易所之间的竞争有所加剧。一方面，各国交易所积极吸引外国投资者参与本国期货交易；另一方面，各国交易所纷纷上市以外国金融工具为标的的期货合约。具体措施有：各交易所在国外设立分支机构，积极吸纳外国会员；开设夜盘交易，延长交易时间，便于外国客户参与。

交易所的综合服务包括控制风险的能力、交易成本的降低、结算系统的效率、电子交易系统的服务质量、交易品种的开发、技术服务的创新、为场内交易员提供方便高效的交易场所等。各交易所纷纷在提高服务质量上做文章，以吸引更多的投资者参与。

（三）我国期货市场的发展历程

1. 我国期货市场产生的背景

我国期货市场的产生源于20世纪80年代的改革开放，新的经济体制要求国家更多地依靠市场这只"无形的手"来调节经济。改革是沿着两条主线展开的，即价格改革和企业改革。价格改革最早从农产品开始。国家实行价格"双轨制"后，出现了农产品价格大升大降、农业生产大起大落、买难卖难问题此消彼长、政府用于农产品补贴的财政负担日益加重等一系列难题。其中有两点引起了有关领导和专家学者的重视：一是现货价格失真；二是市场本身缺乏保值机制。这两点最终又归结到市场体系不完善、不配套。20世纪80年代中后期，一批学者提出了建立农产品期货市场的设想。

为了解决价格波动这一难题，使资源得到更加合理的配置，中共中央和国务院领导先后作出重要指示，决定研究期货交易。1988年3月，七届全国人大第一次会议上的《政府工作报告》指出"加快商业体制改革，积极发展各类批发市场贸易，探索期货交易"。从而确定了在中国开展期货市场研究的课题。1988年初，国务院发展研究中心、国家体改委、商业部等部门根据中央领导的指示，组织力量开始进行期货市场研究，并成立了期货市场研究小组，系统地研究国外期货市场的现状和历史，组织人员对国外期货市场进行考察，开始有关期货市场的研究设计工作。

2. 初创阶段（1990～1993年）

1990年10月12日，经国务院批准，郑州粮食批发市场以现货交易为基础，引入期货交易机制，我国第一个商品期货市场开始起步。1991年6月10日，深圳有色金属交易所宣告成立，并于 1992 年 1 月 18 日正式开业，同年 5 月 28 日，上海金属交易所开业，1992 年 9 月，我国第一家期货经纪公司——广东万通期货经纪公司成立，随后，中国国际期货公司成立。

到 1993 年，由于人们在认识上存在偏差，尤其是受部门和地方利益驱动，在缺乏统一管理的情况下，各地各部门纷纷创办各种各样的期货交易所。到 1993 年下半年，全国各类期货交易所达 50 多家，期货经纪机构数百家。由于对期货市场的功能、风险认识不足，法规监管严重滞后，期货市场一度陷入了一种无序状态，酿成多次期货市场的风险事件，直接影响到期货市场的功能发挥。

3. 治理整顿阶段（1993～2000 年）

1993 年 11 月，国务院发布《关于制止期货市场盲目发展的通知》，提出了"规范起步、加强立法、一切经过试验和从严控制"的原则，明确中国证监会作为国务院期货监督管理机构，对期货市场进行集中统一监管，标志着第一轮治理整顿的开始。在治理整顿中，首当其冲的是对期货交易所的清理，15 家交易所作为试点被保留下来。1998 年 8 月，国务院发布《关于进一步整顿和规范期货市场的通知》，开始了第二轮治理整顿。1999 年，期货交易所数量再次精简合并为 3 家，分别是郑州商品交易所、大连商品交易所和上海期货交易所，期货品种也由 35 个降至 12 个。同时，对期货代理机构也进行了清理整顿。1995 年底，330 家期货经纪公司经重新审核获得"期货经纪业务许可证"，期货代理机构的数量大大减少。1999 年，期货经纪公司最低注册资本金提高到 3000 万元人民币（见表 1-1）。

表 1-1　　　　　中国期货交易所和期货品种的治理整顿

类别	第一次清理整顿	第二次清理整顿	
期货交易所	由清理整顿前的 50 多家缩减为 15 家，对期货交易所进行会员制改造	由 15 家精简合并为 3 家	上海期货交易所（SHFE）
			大连商品交易所（DCE）
			郑州商品交易所（CZCE）
期货品种	期货品种删减为 35 个	期货品种删减为 12 个	SHFE：铜、铝、胶合板、天然橡胶、籼米
			DCE：大豆、豆粕、啤酒大麦
			CZCE：小麦、绿豆、红小豆、花生仁

为了规范期货市场行为，国务院及有关政府部门先后颁布了一系列法规，对期货市场的监管力度不断加强。1999 年 6 月，国务院颁布《期货交易管理暂行条例》，与之配套的《期货交易所管理办法》《期货经纪公司管理办法》《期货经纪公司高级管理人员任职资格管理办法》和《期货业从业人员资格管理办法》陆续发布实施，并相继进行了修改。2000 年 12 月，中国期货业协会成立，标志着中国期货行业自律管理组织的诞生，从而将新的自律机制引入监管体系。

4. 规范发展阶段（2000～2009 年）

进入 21 世纪，"稳步发展"成为中国期货市场的主题，在这个阶段，中国期货市场走向法治化和规范化，监管体制和法规体系不断完善，新的期货品种不断推出。期货交易量实现恢复性增长后连创新高，积累了服务产业及国民经济发展的初步经验，具备了在更高层次上服务国民经济发展的能力。

其间，中国金融期货交易所于 2006 年成立，中国金融期货交易所（China Financial Futures Exchange，CFFEX），是经国务院同意，中国证监会批准，由上海期货交易所、郑州商品交易所、大连商品交易所、上海证券交易所和深圳证券交易所共同发起的，于 2006 年 9 月 8 日在上海成立。中国金融期货交易所的成立，对于深化资本市场改革、完善资本市场体系、发挥资本市场功能具有重要的战略意义。

中国期货保证金监控中心于 2006 年 3 月成立，2015 年 4 月 15 日更名为中国期货市场监控中心有限责任公司（以下简称"中国期货市场监控中心"）。它是经国务院同意，中国证监会决定设立的非营利性公司制法人。其股东单位有上海期货交易所、中国金融期货交易所、郑州商品交易所以及大连商品交易所。作为期货保证金安全存管机构，监控中心为有效降低保证金被挪用的风险、保证期货交易资金安全以及维护投资者利益发挥了重要作用。

5. 全面发展阶段（2010 年至今）

2010 年以来，以金融期货和场内期权交易的推出为标志，从商品期货到金融期货、从期货到期权、从场内交易到场外交易、从境内市场到境外市场，国内期货及衍生品市场进入全面发展阶段。

2010 年 4 月，中国金融期货交易所推出股指期货交易，标志着国内期货市场进入了商品期货、金融期货共同发展的新阶段。在期货公司业务方面，2011 年推出期货投资咨询业务，2012 年推出资产管理业务和风险管理业务，由期货公司设立风险管理公司提供风险管理服务和相关衍生品场外交易服务，以"期货 + 保险"和场外期权业务为代表，期货市场服务实体经济功能得到体现。同时，境外期货经纪业务开始试点。2014 年，《中国证券期货市场场外衍生品交易主协议（2014 年版）》及补充协议、《中国证券期货市场场外衍生品交易权益类衍生品定义文件（2014 年版）》正式发布，为国内场外衍生品市场发展奠定了基础。

2015 年 2 月 9 日，上海证券交易所推出上证 50ETF 期权交易。2017 年，大连商品交易所和郑州商品交易所分别于 3 月 31 日和 4 月 19 日推出豆粕和白糖期货期权交易，国内场内期权交易平稳起步。2021 年 4 月 19 日，广州期货交易所正式成立，2022 年上市首个新能源金属品种——工业硅期货。

第二节　期货贸易的功能与作用

一、期货贸易基本功能

（一）价格发现的功能

价格发现的功能是指期货及衍生品市场能够预期未来现货价格的变动，发现未来的现货价格。期货价格可以作为未来某一时期现货价格变动趋势的"晴雨表"。

价格发现不是期货市场所特有的，只是期货市场比其他市场具有更高的价格发现效率。这是基于期货市场的特征决定的。

相关研究表明，信息不完全和不对称会导致价格扭曲和市场失灵，而期货市场是一个近乎完全竞争的高度组织化和规范化的市场，聚集了众多的买方和卖方，采取集中公开竞价的方式，各类信息高度聚集并迅速传播。期货市场投入的是信息，产出的是价格，因此，价格机制更为成熟和完善，能够形成真实反映供求关系的期货价格。

1. 价格发现的原因

期货交易之所以具有发现价格的功能，主要是因为期货交易的参与者众多，除了会员以外，还有他们所代表的众多的商品生产者、销售者、加工者、进出口商以及投机者等。这些成千上万的买家和卖家聚集在一起进行竞争，可以代表供求双方的力量，有助于公平价格的形成。

期货交易中的交易者大多熟悉某种商品行情，有丰富的商品知识和广泛的信息渠道以及一套科学的分析、预测方法。他们把各自的信息、经验和方法带到市场上，结合自己的生产成本、预期利润，对商品供需和价格走势进行判断、分析和预测，报出自己的理想价格，与众多对手竞争。这样形成的期货价格实际上反映了大多数人的预测，因而能够比较接近地代表供求变动趋势。

期货交易的透明度高，竞争公开化、公平化，有助于形成公正的价格。期货市场是集中化的交易场所，自由报价，公开竞争，避免了现货交易中一对一的交易方式容易产生的欺诈和垄断行为，因此，期货交易发现的价格具有较高的权威性。

2. 价格发现的特点

通过期货交易形成的价格具有以下特点：

（1）预期性。期货价格具有对未来供求关系及其价格变化趋势进行预期的功能。期货交易者大都熟悉某种现货行情，有丰富的经营知识和广泛的信息渠道以及分析、预测方法，他们结合自己的生产成本、预期利润对现货供求和价格走势进行分析和判断，报出自己的理想价格，与众多的对手竞争，这样形成的期货价格实际上反映了大多数人的预期，因而能够反映供求变动趋势。

（2）连续性。期货价格是连续不断地反映供求关系及其变化趋势的一种价格。这是因为期货交易是一种买卖期货合约的交易，而不是实物商品交易。实物交易一旦达成一个价格之后，如果买入实物的一方不再卖出该商品或不马上卖出该商品，新的商品交易就不会再产生或不会马上产生，从而就不可能有一个连续不断的价格。而期货交易则不然，它是买卖期货合约的交易，实物交割的比例非常小，交易者买卖期货合约的本意大多不是为了实物交割，而是利用期货合约做套期保值交易或投机交易，因而，在买进或卖出后，必须再卖出或买进相同数量的期货。同时，由于期货合约是标准化的，转手极为便利，买卖非常频繁，这样，就能不断地产生期货价格。

（3）公开性。期货价格是集中在交易所内通过公开竞争达成的，依据期货市场的信息披露制度，所有在期货交易所达成的交易及其价格都必须及时向会员报告并公之于众。通过传播媒介，交易者能够及时了解期货市场的交易情况和价格变化，并迅速传递到现货市场。

（4）权威性。正是因为期货价格真实地反映供求及价格变动趋势，具有较强的预期性、连续性和公开性，所以在期货交易发达的国家，期货价格被视为一种权威价格，成为现货交易的重要参考依据，也是国际贸易中研究世界市场行情的依据。

随着期货交易和期货市场的不断发展完善，尤其是随着期货市场国际联网的出现，期货市场的价格发现功能越来越完善，期货价格在更大范围内综合反映了更多的供求影响因素，更准确地预测未来价格变化的趋势。也正是由于期货价格的上述特点，现货市场参与者纷纷将期货价格作为制定现货价格的最重要参考，采取"期货价格＋升贴水＋运费"的方式确定现货价格，这就让期货市场从价格发现中逐渐具备了定价的功能。

（二）规避风险的功能

1. 规避风险的实现过程

任何一个衍生品的推出都是出于避险的需要。期货市场规避风险的功能是通过套期保值实现的。套期保值是指在期货市场上买进或卖出与现货数量相等但交易方向相反的期货合约，在未来某一时间通过卖出或买进期货合约进行对冲平仓，从而在期货市场和现货市场之间建立一种盈亏冲抵的机制（可能是用期货市场的盈利来弥补现货市场亏损，也可能是用现货市场盈利来弥补期货市场亏损），最终实现期货市场和现货市场盈亏大致相抵。

以大豆期货交易为例，来说明大豆种植者如何通过期货市场规避价格风险。在我国东北，大豆每年4月开始播种，到10月收获，有半年多的生长期。大豆价格受市场供求变化影响，经常发生波动，价格下跌给生产者带来损失的可能性是客观存在的。如果大豆生产者预计在收获期大豆价格可能会下降，为了规避价格风险，他们可以在播种时就在期货市场卖出交割月份在11月的与预计大豆产量相近的大豆期货合约。如果大豆价格在10月时果然出现下跌，尽管他们在现货市场上以低价格出售承担了一定的损失，但他们可以在期货市场上将原来卖出的合约进行对冲平仓来获得相应收益，期货市场的收益可以弥补现货市场的亏损。如果生产者判断错误，10月现货价格不仅未跌反而上涨，那么对生产者来说，套期保值的结果是用现货市场上的盈利去弥补期货市场上的亏损。这样大豆种植者的风险就被转移出去了，规避风险的目的就实现了。

2. 在期货市场上通过套期保值规避风险的原理

期货市场是如何通过套期保值来实现规避风险的功能其基本原理在于对于同一种商品来说，在现货市场和期货市场同时存在的情况下，在同一时空内会受到相同的经济因素的影响和制约，因而一般情况下两个市场的价格变动趋势相同，并且随着期货合约临近交割，现货价格与期货价格趋于一致。套期保值就是利用两个市场的这种关系，在期货市场采取与现货市场上交易方向相反的交易（如现货市场卖出的同时在期货市场买进，或者相反），在两个市场上建立一种相互冲抵的机制，无论价格怎样变动，都能取得在一个市场亏损的同时在另一个市场盈利的结果。最终，亏损额与盈利额大致相等，两相冲抵，从而将价格变动的风险大部分转移出去。

3. 投机者的参与是套期保值实现的条件

生产经营者通过套期保值来规避风险，但套期保值并不是消灭风险，只是将其转移，转移出去的风险需要有相应的承担者，期货投机者正是期货市场的风险承担者。从客观上看，投机者的存在为生产经营者参与套期保值提供了很大便利。因为，套期保值者在期货市场进行交易时，必须有相应的交易者作为对手方，交易方可成功。如果没有投机者的参与，而完全依赖其他套期保值者的参与来保证每笔交易的达成，那么成交的可能性是微乎其微的。例如，当商品生产者想在期货市场卖出期货合约进行保值时，客观上必须有一个或多个其他交易者恰巧在同一时间希望在期货市场上买入期货合约进行保值，并且交易数量、交割月份等细节应完全匹配。可以想象，在只有套期保值者参与的期货市场上，流动性是非常差的，反过来也会影响套期保值者参与的积极性。因此，从这个角度看，投机者虽然在主观上是出于获取投机利润的目的而参与期货交易，但在客观上却为套期保值的实现创造了条件。投机者在获取投机利润的同时也承担了相应的价格波动的风险，是期货市场的风险承担者。

二、期货市场的作用

期货市场的作用是期货市场基本功能的外在表现，其发挥的程度依赖于社会、经济、政治等外部条件的完善程度。我国正在进行市场经济体制改革，综合来看，期货市场的作用是多元的、综合的，可分为宏观和微观两个层面。

（一）期货市场在宏观经济中的作用

1. 提供分散、转移价格风险的工具，有助于稳定国民经济

衍生品源自原生品，涉及农产品、金属、能源、金融等行业，而这些行业在国民经济中都处于举足轻重的地位。期货市场为这些行业提供了分散、转移价格风险的工具，有利于减缓价格波动对行业发展的不利影响，有助于稳定国民经济。例如，以芝加哥期货交易所（CBOT）为代表的农产品期货市场促进了美国农业生产结构的调整，保证了农产品价格的基本稳定。美国芝加哥商业交易所（CME）和芝加哥期权交易所（CBOE）为国债和股市投资者提供了避险的工具，促进债市和股市的平稳运行。中国期货及衍生品市场的发展也起到了规避风险、稳定经济的作用。

2. 为政府制定宏观经济政策提供参考依据

为了促进和引导国民经济的快速增长与协调发展，政府需要制定一系列的宏观经济政策。关系国计民生的重要商品物资的供求状况及价格趋势，是政府制定宏观经济政策所重点关注的。由于现货市场的价格信息具有短期性的特点，仅反映一个时点的供求状况，以此做参考制定的政策具有滞后性。通过现时的市场价格指导未来的生产或者进行产业结构调整，经常造成下一阶段市场供求失衡，容易产生社会生产盲目扩张或收缩，造成社会资源的极大浪费。而期货及衍生品交易是通过对大量信息进行加工，进而对远期价格进行预测的一种竞争性经济行为。它所形成的未来价格信号能反映多种生产要素在未来一定时期的变化趋势，具有超前性。政府可

以依据期货市场的价格信号确定和调整宏观经济政策，引导工商企业调整生产经营规模和方向，使其符合国家宏观经济发展的需要。例如，上海期货交易所的铜、铝、锌等期货报价已经为国家和行业所认可，成为资源定价的依据，并在国际上产生了影响，充分体现了期货市场的价格发现功能。

3. 促进本国经济的国际化

随着现代科学技术的发展和社会生产力的提高，许多市场经济国家都在努力寻找突破现货市场的地域分割和相关贸易政策限制的方法，促进本国经济的国际化发展。标准化的期货合约交易，为期货交易成为全球无差别性的交易方式提供了条件。同时，期货交易具有公开、公平、公正的特点，市场透明度高，形成的价格是国际贸易中的基准价格，这使期货市场成为各个国家合理配置资源的基础。利用期货及衍生品市场能够把国际、国内两个市场联系起来，促进本国经济的国际化发展。

4. 有助于市场经济体系的完善

现代市场经济体系是相互关联、有机结合的市场群体，不仅包括消费资料和生产资料等商品市场，也包括劳务、技术、信息、房地产等生产要素市场，以及包括证券、期货市场在内的金融市场。其中，期货及衍生品市场是市场经济发展到一定历史阶段的产物，是市场体系中的高级形式。期货及衍生品市场的发展和创新是现代市场体系健全和完善的突出表现。从 20 世纪 70 年代的金融期货创新到 80 年代的期权交易的广泛开展，都表现出期货及衍生品市场发展和创新的强劲势头。从另一个角度讲，现货市场和期货市场是现代市场体系的两个重要组成部分，建立由现货市场和期货及衍生品市场共同构成的现代市场体系，能够真正发挥市场机构的全面的基础性调节作用。同时，期货及衍生品市场的形成和高效、安全运行大大增强了金融市场与商品市场的关联度，提高了市场体系的运行效率，降低了市场交易成本，提高了市场机制优化资源配置的能力。因此，期货及衍生品市场有助于现代化市场经济体系的完善。

（二）期货市场在微观经济中的作用

1. 锁定生产成本，实现预期利润

利用期货及衍生品市场进行套期保值，可以帮助生产经营者规避现货市场的价格风险，达到锁定生产成本、实现预期利润的目的，避免企业生产活动受到价格波动的干扰，保证生产活动的平稳进行。据国际掉期与衍生工具协会（ISDA）统计，2015 年世界 500 强企业中有 471 家使用衍生品工具对冲风险，占比 94%。在美国，道琼斯工业平均指数 30 家成分股中，29 家使用衍生品对冲行业或宏观经济风险。销售额超过 20 亿美元的上市公司中，有 2/3 使用衍生品对冲风险，销售额在 5 亿 ~ 20 亿美元的上市公司中有一半以上参与衍生品市场。在我国，随着市场经济体制的逐步完善，企业面临的市场风险增大，许多企业开始利用期货及衍生品市场进行套期保值交易，中粮集团、五矿集团、黑龙江农垦、江西铜业等许多大型企业多年来利用期货市场开展套期保值业务，取得了很好的经济效益。

2. 利用期货价格信号，组织安排现货生产

期货市场具有价格发现的功能，对现货商品的未来价格走势有一定的预期性，

利用期货及衍生品市场的价格信号，有助于生产经营者调整相关产品的生产计划，避免生产的盲目性。例如，目前我国大连商品交易所大豆期货价格对东北大豆生产区的生产以及大豆产业都起到重要的指导作用，成为全国大豆市场的主导价格。黑龙江等大豆主产区自1997年开始参考大连商品交易所大豆期货价格安排大豆生产，确定大豆种植面积。上海期货交易所的铜、铝、铅、锌、镍、锡等期货价格已经成为有色金属行业的定价基准。郑州商品交易所的白糖、棉花、PTA等期货价格的权威性也日益显现。

3. 期货及衍生品市场拓展现货销售和采购渠道

现货市场交易存在的最大问题之一，就是合同兑现率不高，信用风险大。原因主要是交易双方单个、分散签约，缺乏履约的约束力，往往是一方违约，不仅给对方造成损失，而且容易形成债务链。期货交易集中竞价，市场组织化和规范化程度高，进场交易的必须是交易所的会员，这些会员都经过严格的信用审查，并缴纳一定的履约保证金，加之交易所也负有履约担保的责任，因而使合约的履行有了切实的保证。在现货市场发展不完善的情况下，持有或需要现货的生产经营者利用期货市场进行实物交割，可以弥补现货市场流通功能的不足。企业通过期货市场销售和采购现货，最大的好处是严格履约，资金安全，质量保证，库存降低，节约采购费用。

第三节　期货市场结构

一、期货交易所

（一）期货交易所的职能和内设部门

期货交易所是进行集中公开的期货合约交易的场所，具有高度系统性和严密性、高度组织化和规范化特征，按照其章程的规定实行自律管理，以其全部财产承担民事责任。

期货交易所的主要职能体现在五个方面。其一，提供交易的场所、设施和服务，为期货集中公开交易创造条件。其二，结合市场需求开发期货品种，设计合约，安排合约上市和推广，满足投机者和套期保值者的需要。其三，建立完善的期货交易规则以及相应的业务管理细则等，并负责组织和监督期货交易，保证期货交易的公开、公平、公正性。其四，制定保证金制度、涨跌停板制度、持仓限额和大户持仓报告制度等风险管理制度，并结合市场交易状况对风险进行控制，保证期货市场平稳运行。其五，及时公布期货价格和相关交易信息，以保证期货交易信息的公开性和提升期货市场的价格发现功能。

为了确保有效履行职能，需要合理设置期货交易所的业务部门。我国期货交易所的核心业务部门包括交易部、结算部、交割部、市场部、监察部、技术部等。其中，交易部负责交易行为监控、会员和投资者管理与服务、信息管理与经营。结算部负责结算服务、结算风险管理、结算会员管理等。交割部负责交割流程业务管理。市场部负责市场开发与培育、产品和服务、投资者教育培训等。监察部负责法律事务处理、跨市场协作监管、会员违规和违约事件查处等。技术部至关重要，负责系统的开发、运行、维护和升级等。随着期货市场的迅猛发展，期货交易所的内设部门在不断调整和扩大，但核心业务依然离不开上述部门。

（二）期货交易所的组织形式：会员制

从国际来看，期货交易所的组织形式一般可以分为会员制和公司制两种。

会员制期货交易所是由全体会员共同出资组建的非营利性法人，缴纳一定的会员资格费作为注册资本，以全额注册资本对其债务承担有限责任。会员制期货交易所的出资者同时也是期货交易所的会员，享有直接进行期货交易的权利。会员制期货交易所实行自律管理。

会员在进场交易或代理客户交易之前必须取得会员资格。从国际期货市场的交易所会员制运作状况来看，期货交易所会员资格的获得方式有多种，主要包括以交易所创办发起人的身份加入，接受发起人的转让加入，依据期货交易所的规则加入，在市场上按市价购买期货交易所的会员资格加入。国际上，会员可以是自然人也可以是法人。

会员的基本权利包括：参加会员大会，行使表决权、申诉权，在期货交易所内进行期货交易，使用期货交易所提供的交易设施，获得有关期货交易的信息和服务；按规定转让会员资格，联名提议召开临时会员大会等。会员应当履行的主要义务包括：遵守国家有关法律、法规、规章和政策；遵守期货交易所的章程、业务规则及有关决定；按规定交纳各种费用；执行会员大会、理事会的决议；接受期货交易所业务监管等。

会员制期货交易所的最高权力机构是由全体会员组成的会员大会，就期货交易所的重大事项作出决定，如制定、修改或废止章程及业务规则，选举和更换高级管理人员，审议批准财务预算和决算方案，决定期货交易所的合并和终止等。

会员大会选举的总经理负责交易所的日常经营管理工作。

会员大会的常设机构是由其选举产生的理事会，对会员大会负责。理事会行使的职权包括：召集会员大会，并向会员大会报告工作；监督会员大会决议和理事会决议的实施；监督总经理履行职务行为；拟定期货交易所章程、交易规则修改方案，提交会员大会通过；审议总经理提出的财务预算方案、决算报告，提交会员大会通过；审议期货交易所合并、分立、解散和清算的方案，提交会员大会通过；决定专门委员会的设置决定会员的接纳；决定对严重违规会员的处罚；决定期货交易所的变更事项；违规情况下采取临时处置措施的权力；异常情况下采取紧急措施的权力；审定根据交易规则制定的细则和办法；审定风险准备金的使用和管理办法；审定总经理提出的期货交易所发展规划和年度工作计划等。

会员制是期货交易所传统的组织形式，但在国际期货市场竞争日益激烈的情况下，会员制所固有的局限性也日益突显，主要表现在交易所的非营利性质降低了交易所的管理效率，不能适应日益激烈的竞争环境，缺少通过向其他投资者融资来扩大交易所资本规模和实力的渠道，会员制交易所的收益不能在会员间分配，使会员管理交易所的动力不足。因此，一些交易所开始放弃会员制，转型为公司制。

（三）期货交易所的组织形式：公司制

公司制的期货交易所通常由若干股东共同出资组建，是以营利为目的法人。其盈利来自在交易所进行的期货交易中收取的各种费用。公司制交易所的出资者可以是交易所的会员，也可以不是交易所的会员。交易所每年的盈利按照股东所持有的股份多少在股东之间分配。

公司制期货交易所的最高权力机构是股东大会，股东大会就公司的重大事项如修改公司章程、决定公司的经营方针和投资计划、审议批准公司的年度财务预算方案、决算方案、增加或者减少注册资本等进行决议。股东大会的常设机构是由此选举产生的董事会，对股东大会负责。董事会行使的职权包括负责召集股东大会，并向股东大会报告工作，执行股东大会的决议，决定公司的经营计划和投资方案，聘任或者解聘公司经理，根据经理的提名，聘任或者解聘公司副经理、财务负责人等。总经理对董事会负责，由董事会聘任或者解聘，负责交易所日常经营管理。监事会通常由股东代表和适当比例的公司职工代表组成，负责对董事、高级经理人员执行公司职务的行为进行监督等。

公司制的优点是产权清晰、职责明确、追求高效率低成本运营以及以客户为中心，公司制已经成为全球期货交易所的发展趋势（见表1-2）。期货交易所的公司制改造也为期货交易所的兼并和收购创造了条件，使期货交易所的规模可以在公司化基础上继续膨胀，也使得期货交易所的声望和竞争力进一步提高（见图1-3）。

表1-2　　　　　　　　　　全球期货交易所公司化发展

年份	公司化
1987	LME 进行公司制改组
1999	LIFFE 改制为公众持股公司
2000	2000 纽约商业交易所（NYMEX）从非营利会员制结构转变成营利性组织
2000	香港期货交易所（HKFE）与香港联合交易所（SEHK）改制合并，组成香港交易及结算所有限公司，后在香港交易所上市
2001	伦敦国际石油交易所（IPE）
2002	CME 完成改制并成功上市
2005	CBOT 改制成功并上市

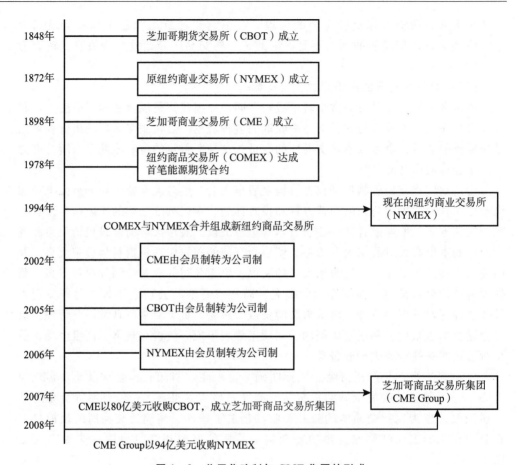

图 1 - 3　公司化改制与 CME 集团的形成

（四）我国期货交易所的组织形式

《期货交易管理条例》规定，"期货交易所可以采取会员制或者公司制的组织形式""会员制期货交易所的注册资本划分为均等份额，由会员出资认缴""公司制期货交易所采用股份有限公司的组织形式"。郑州商品交易所、大连商品交易所和上海期货交易所实行会员制，中国金融期货交易所实行公司制。

但是，需要注意的是，在国内相关的期货管理条例和规章的约束下，我国期货交易所采取的组织形式并不是国际通行意义的会员制或公司制。第一，无论是会员制还是公司制的交易所，其人事任免权都集中于最高监管部门，并非会员大会或者董事会。《期货交易管理条例》规定期货交易所的负责人由国务院期货监督管理机构任免。《期货交易所管理办法》规定交易所理事长、副理事长的任免由中国证监会提名。这种人事任命体制源于"327 国债事件"。"327 国债事件"爆发后的处理难题使当时的中国证监会意识到掌控交易所人事任命权的重要性。第二，中国金融期货交易所实行公司制，但是董事会的构成则来自由监管部门任命的各期货交易所和证券交易所的总经理，此外《期货交易管理条例》规定"期货交易所不以营利为目的"的经营目标也与公司制的经营目标不一致。

二、期货结算机构

（一）期货结算机构的治理模式

结算机构是期货交易过程中的中央对手方。根据结算机构与交易所的所有权归属可以把期货市场结算体系划分为专属结算模式和独立结算模式。

1. 专属结算模式，又称垂直模式

专属结算模式的基本特点是由交易所垂直管理结算机构，实现"交易－结算"一体化。从组织结构上看，交易所垂直管理清算所，实行一家清算所为一家交易所进行清算的业务模式。在这种模式中，交易所自身承担交易、清算和结算业务，控制着金融产品交易的价值链。在专属结算模式中，结算机构又有两种组织形式，一种是内设于期货交易所，是期货交易所的一个内设部门；另一种是附属于期货交易所，是一个由交易所掌控的独立的结算公司。全球大部分交易所都是选择这种一体化的交易清算模式，如美国芝加哥商业交易所集团（CME）内设芝加哥商品交易所结算部（CME Clearing Division）、欧洲期货交易所（EureX）内设欧洲期货交易所控股清算子公司（Eurex Clearing AG）。

2. 独立结算模式，又称水平模式

在此模式下，结算所一般不从属于任何一家交易所，有独立的经营目标，并作为与交易所平等的市场主体存在。由多家交易所和实力较强的金融机构出资组成一家独立的结算公司，多家交易所共用这一个结算公司。世界上知名的独立运作的结算机构有期权结算公司（OCC）、芝加哥结算公司（BOTCC）、伦敦结算所（LCH）等。

我国期货结算机构的设置方式属于典型的交易所内设结算部模式，四家期货交易所分别内设结算部来为本交易所的期货交易提供结算服务。这种期货交易所兼具期货交易和结算功能的设置存在一定的缺陷，容易造成定位冲突和背离。例如，交易所结算部门作为期货交易中央对手方的现实角色与《期货交易管理条例》中"期货交易所不得直接或间接参与期货交易"的规定相矛盾。期货结算机构的法律地位缺失，也使其面临法律风险。为解决这些问题，《期货交易管理条例》规定"国务院期货监督管理机构可以批准设立期货专门结算机构，专门履行期货交易所的结算以及相关职责，并承担相应法律责任"，这就为期货交易成立独立的结算公司提供了法律依据。

（二）期货结算机构的分级结算体制

结算机构通常采用分级结算制，只有结算机构的会员才能直接得到结算机构提供的结算服务，非结算会员只能由结算会员提供结算。对结算所会员资格持有人或股东的资本要求因其业务种类及规模的不同而不同，对资本要求也不同，但较一致的要求是协助保证结算所的稳健运行。

在分级结算制度下，期货结算过程分为三个层次。第一个层次是由结算机构对结算会员进行结算。结算会员是交易会员中资金雄厚、信誉良好的期货公司或金融机构。第二个层次是结算会员对非结算会员或结算会员所代理的客户开展的结算。

第三个层次是非结算会员对其代理的客户的结算。这样的制度有利于建立期货市场的风险防火墙，通过构建多层次的会员结构，逐级化解期货交易风险，从而提高结算机构整体抗风险能力，保证期货市场交易安全性。

我国期货交易所的结算体系有分级结算制度和全员结算制度两类。中国金融期货交易所采取分级结算制度，即期货交易所会员由结算会员和非结算会员组成。其中，结算会员按照业务范围分为交易结算会员、全面结算会员和特别结算会员（非期货公司交易结算会员）（见表1-3）。

表1-3 　　　　　　　中国金融期货交易所的交易会员和结算会员结构 　　　　单位：个

交易所	会员总数	会员分类	全面结算会员	交易结算会员	特别结算会员
中国金融期货交易所	153	结算会员	27	98	5
		交易会员	23		

资料来源：笔者根据中国金融期货交易所网站2023年5月信息整理。

会员只能为其受托客户办理结算、交割业务。全面结算会员可以为其受托客户和与其签订结算协议的交易会员办理结算、交割业务。特别结算会员只能为与其签订结算协议的交易会员办理结算、交割业务。结算会员与非结算会员的关系体现在：结算会员具有与期货交易所进行结算的资格，非结算会员不具有与期货交易所进行结算的资格。期货交易所对结算会员进行结算，结算会员对非结算会员进行结算，非结算会员对其受托的客户进行结算（见图1-4）。

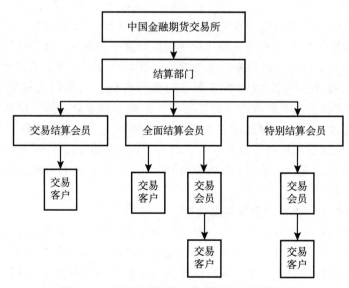

图1-4　中国金融期货交易所的分级结算体系

与中国金融期货交易所不同，上海期货交易所、大连商品交易所和郑州商品交易所实行全员结算制度，期货交易所会员均具有与期货交易所进行结算的资格。交易所会员无交易会员和结算会员之分，既是交易会员，也是结算会员。实行全员结算制度的期货交易所会员由期货公司会员和非期货公司会员组成（见表1-4）。

表1-4   三家商品交易所的期货公司会员和非期货公司会员   单位：个

交易所	会员总数	期货公司会员	非期货公司会员
大连商品交易所	160	150	10
上海期货交易所	201	150	51
郑州商品交易所	152	150	2

资料来源：笔者根据三家期货交易所网站2023年7月信息整理

实行全员结算制度的期货交易所对会员进行结算，会员对其受托的客户进行结算（见图1-5）。全员结算制度最突出的问题是风险防范能力弱、交易所直接承担风险。全员结算制度有向三级结算制度转变的客观需求。

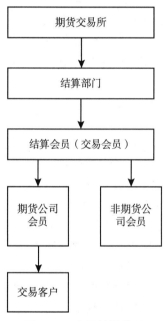

图1-5 全员结算体系

三、期货市场中介机构

我国的期货中介机构主要有期货公司、介绍经纪人和期货居间人三类。

（一）期货公司

期货公司作为交易者与期货交易所之间的桥梁和纽带，主要职能包括：根据客户指令代理买卖期货合约、办理结算和交割手续；对客户账户进行管理，控制客户交易风险；为客户提供期货市场信息，进行期货交易咨询，充当客户的交易顾问等。期货公司履行职能的主要机构包括：财务部门、结算部门、信贷部门、交易部门、现货交割部门、客户服务部门、研发部门。在期货内设机构方面，我国设置了首席风险官制度。首席风险官是负责对期货公司经营管理行为的合法合规性和风险管理状况进行监督检查的期货公司高级管理人员。首席风险官对董事会负责。

在规范化管理方面，我国期货公司遵循《中华人民共和国公司法》和《期货交易管理条例》。期货公司是指依照《中华人民共和国公司法》和《期货交易管理条例》规定设立的经营期货业务的金融机构。期货公司从事经纪业务，接受客户委托，以自己的名义为客户进行期货交易，交易结果由客户承担。期货公司的收入来源主要是向客户收取的佣金。根据《期货交易管理条例》规定，期货公司不得从事或者变相从事期货自营业务。2014 年中国证监会颁布了《期货公司监督管理办法》，尝试从功能监管和适度监管的角度提升期货公司的服务能力和竞争能力。

（二）介绍经纪人

所谓介绍经纪人（introducing broker，IB）制度是指证券公司接受期货公司委托，为期货公司介绍客户参与期货交易并提供其他相关服务，期货公司因此向证券公司支付佣金的制度，其中证券公司被称为介绍经纪人。

根据《证券公司为期货公司提供中间介绍业务试行办法》规定，证券公司受期货公司委托从事介绍业务，应当提供的服务包括：协助办理开户手续；提供期货行情信息、交易设施；中国证监会规定的其他服务。证券公司不得代理客户进行期货交易、结算或者交割，不得代期货公司、客户收付期货保证金，不得利用证券资金账户为客户存取、划转期货保证金。

（三）期货居间人

期货居间人是指独立于公司和客户之外，接受期货公司委托，独立承担基于居间法律关系所产生的民事责任的自然人或组织。居间人与期货公司没有隶属关系，不是期货公司所订立期货经纪合同的当事人。而且，期货公司的在职人员不得成为本公司和其他期货公司的居间人。《最高人民法院关于审理期货纠纷案件若干问题的规定》第十条规定："公民、法人受期货公司或者客户委托，作为居间人为其提供订约机会或订立期货经纪合同中介服务的，期货公司或者客户应当按照约定向居间人支付报酬，居间人应当独立承担基于居间经纪关系所产生的民事责任。"

期货居间人的产生是期货市场发展的结果。一方面，由于期货市场的专业性以及高风险性，使得大量具有参与期货市场潜在需求的投资者未能投身其中，需要有专业的人士对其进行宣传、开发；另一方面，多数期货公司由于规模有限，难以承担高昂的市场开发运营成本，需要有一支外部市场开发队伍。双方的共同需求促生了期货居间人这个群体。期货居间人的存在丰富了期货市场的投资者服务体系，缓解了期货市场中期货公司与投资者之间信息不对称的矛盾。在期货公司运作中，使用期货居间人进行客户开发的模式占较大比重。据调查，国内期货市场中约 60% 的客户是由居间人介绍进入的，而这些客户交易量占期货市场成交量的一半以上。

我国对于期货居间人缺乏完善有效的监管措施，期货公司制定的居间人管理办法不具备广泛性和普遍性，也缺乏法律效力，无法有效规范整个居间人群体的执业行为。这导致期货居间人在执业时存在违规操作、损害投资者或期货公司利益的风险，如客户全权委托居间人进行期货交易、夸大收益宣传误导投资者等。

四、期货市场其他服务机构

（一）中国期货市场监控中心

中国期货市场监控中心承担如下服务职能：期货市场统一开户、为期货投资者提供交易结算信息查询、商品及其他指数的编制和发布、为监管机构和期货交易所等提供信息服务、宏观和产业分析研究等。此外，中国期货市场监控中心还负有期货保证金安全监控、期货市场运行监测监控、期货中介机构监测监控、期货市场调查、协助风险公司处置、代管期货投资者保障基金等其他职能。

（二）期货保证金存管银行

期货保证金存管银行（以下简称"存管银行"）属于期货服务机构，是由交易所指定，协助交易所办理期货交易结算业务的银行。经交易所同意成为存管银行后，存管银行须与交易所签订相应协议，明确双方的权利和义务，以规范相关业务行为。交易所有权对存管银行的期货结算业务进行监督。

期货保证金存管银行的设立是国内期货市场保证金封闭运行的必要环节，也是保障投资者资金安全的重要组织机构。我国五家期货交易所分别采用全员结算制度和会员分级结算制度两种制度，期货保证金存管银行享有的权利和应履行的义务在两种结算制度下略有差异。

（三）交割仓库

交割仓库是期货品种进入实物交割环节为交割提供交割服务和生成标准仓单所必经的期货服务机构。在我国，交割仓库是指由期货交易所指定的、为期货合约履行实物交割的交割地点。期货交易的交割，由期货交易所统组织进行。期货交易所不得限制实物交割总量，并应当与交割仓库签订协议，明确双方的权利和义务。

为保障交割环节的有序运行，成为期货交易所的指定交割仓库，需要进行申请和审批。交割仓库享有一定的权利，并需承担相应的义务。

指定交割仓库的日常业务分为三个阶段：商品入库、商品保管和商品出库。指定交割仓库应保证期货交割商品优先办理入库、出库。

交割仓库不得有下列行为：出具虚假仓单；违反期货交易所业务规则，限制交割商品的入库、出库；泄露与期货交易有关的商业秘密；违反国家有关规定参与期货交易；违反国务院期货监督管理机构规定的其他行为。

（四）中证商品指数公司

2020年12月，中证商品指数有限责任公司由上海期货交易所、郑州商品交易所、大连商品交易所、中国金融期货交易所共同发起出资设立，成为全国首家商品指数编制运营服务平台。作为中国证监会直接管理的证券期货类金融机构，中证商品指数有限公司主要业务职能是商品指数、宏观指数、国债等金融指数的编制、运维、发布、授权及相关数据信息和技术服务，高起点高标准构建中国商品指数体系。设立中证商品指数公司，整合期货业指数业务资源，统一编制发布商品指数，有利于高质量增加我国的指数产品供给。

（五）期货信息技术服务机构

期货信息技术服务机构主要提供期货行情软件、交易系统及相关信息技术服务，是投资者进行期货交易时不可或缺的环节，也是网上交易的重要工具，其系统的稳定性、价格传输的速度对于投资者获取投资收益发挥着重要作用。现在，期货信息技术服务机构正通过差异化信息服务和稳定、快捷的交易系统达到吸引客户的目的。

除了上述期货服务机构外，会计师事务所、律师事务所、资产评估机构、产品质量检验机构等服务机构向期货交易所和期货公司等市场相关参与者提供相关服务时，应当遵守期货法律、行政法规以及国家有关规定，并按照国务院期货监督管理机构的要求提供相关资料。

五、期货市场交易者

投资者是期货交易的主要参与者，可以是个人，也可以是机构。由于期货市场是一个高风险的市场，要求投资者不仅具有较强的专业投资能力、资金实力、风险承受能力，还要求投资者具有对现货市场的充分了解，所以机构投资者成为该市场的重要力量。

基于不同的划分方式，期货交易者可以划分为以下类型。

（一）套期保值者、投机者和套利者

根据入市目的不同，期货交易者可分为套期保值者、投机者和套利者。

1. 套期保值者

套期保值者指的是那些通过期货合约买卖来转移市场变化带来的现货市场价格波动风险的交易者。他们根据现货市场上自己准备转移风险的基础资产选择相应的期货合约进行套期保值。如进行商品期货套期保值的通常是该商品的生产商、加工商、经营商或贸易商等，进行金融期货套期保值的通常是金融市场的投资者、证券公司、银行、保险公司等金融机构或者进出口商等。

2. 投机者

投机者指的是那些运用自有资金通过期货合约买卖以期获取投资收益的交易者。他们通过预期某期货合约价格的未来走向，进行买卖操作以获取价格波动差额来获益。比如交易者经过自己的分析判断预期某合约价格未来将要上涨，此时就会在低价上买入，等该合约价格上涨时，在高价上卖出，从而获得该合约的价差收益。相反，如果交易者经过自己的分析判断预期价格下跌，就会在高价上卖出，等该合约价格下跌时在低价上买入，同样获得价差收益。

例如，某投机者 10 月预期黄金期货合约价格未来会上涨，此时以 300 元/克的价格买入开仓 1 手 12 月到期的黄金期货合约（每手 1000 克），等到价格涨至 308 元/克时将该合约对冲平仓，若不计手续费，则该投机者获得的盈利为 $(308 - 300) \times 1 \times 1000 = 8000$（元）。

3. 套利者

套利者指的是那些针对市场上两个相同或相关资产暂时出现的不合理价差同时

进行买低卖高的交易者。套利者也是用自有资金进行期货交易获得风险收益，也属于投机者，与前面提到的投机者相比，采取的交易方式有所不同。

期货投机者采取单向头寸交易，如果他们通过期货行情分析认为某期货合约未来行情看涨，就会选择做多；如果他们认为某期货合的行情看跌，就会做空。而套利者采取双向头寸交易，如果他们发现市场上两个相同或相关资产出现不合理价差，就会同时进行买低卖高的双向交易，获取风险收益。

值得一提的是，在期货市场上，无论是套期保值者还是投机者、套利者都不能独立存在，他们在市场上是相互依存的关系。套期保值者是期货市场存在的前提和基础。他们将生产经营过程中的风险和附着在这些风险中的收益转移到期货市场上，投机者、套利者是风险和收益的承担者，他们促进了市场流动性，扩大了市场交易规模，促进了期货市场价格发现功能的实现。

（二）个人投资者和机构投资者

根据是自然人还是法人，交易者可分为个人投资者和机构投资者。理论上讲，自然人交易者就是个人投资者，与自然人相对的法人投资者都可称为机构投资者。期货市场是一个高风险的市场，个人投资者与机构投资者相比，无论在资金实力、投资专业能力还是风险承受能力等方面都处于劣势。所以，在成熟发达的期货市场上，主要是机构投资者在进行博弈。在期货市场上，机构投资者是稳定期货市场最重要的力量。对于期货市场的主要机构投资者的分类如下。

1. 根据期货市场资金来源分类

根据期货市场资金来源，机构投资者可分为生产贸易商、证券公司、商业银行或投资银行类金融机构、商品基金、养老基金等。

2. 根据资金投资领域分类

根据资金投资领域可分为对冲基金和商品投资基金，在国际期货市场上，对冲基金和商品投资基金是非常重要的机构投资者。

（1）对冲基金。对冲基金也称避险基金，它将期货投资作为投资组合中的一个组成部分。最初，它的运作宗旨是利用期货、期权等金融衍生产品和对相关联的不同股票进行买空卖空及风险对冲的操作，在一定程度上规避和化解证券投资风险。经过几十年的发展，对冲基金已转变为一种充分利用各种金融衍生品的杠杆效应，承担较高风险、追求较高收益的投资模式。

关于对冲基金没有一个统一的定义。美联储前主席格林斯潘给出过一个对冲基金的间接定义。他说，长期资本管理公司是一家对冲基金，或者说是一家通过将客户限定于少数十分老练而富裕个体的组织安排（采用有限合伙的形式）以避开管制，并追求大量金融工具投资和交易运用下的高回报率的基金形式。也就是说，对冲基金通常是不受监管的组合投资，其出资人一般在100人以下，而且对投资者有很高的资金实力要求。黄斌元编译的《新编英汉路透金融词典》将对冲基金解释为："一种私人投资基金，目标往往是从市场短暂快速的波动中获取高水平的回报，常进行高杠杆比率的操作，运用如卖空、互换、金融衍生工具、程序交易和套利等交易手段。因最低投资额往往很高，对冲基金的投资者通常限于金融机构和富人。"

对冲基金是私募基金，将所有合伙人的资本集合起来进行交易，可以通过做多、做空及杠杆交易（融资交易）等方式投资于公开市场上的证券、货币和衍生工具等任何资产品种。因此，期货和期权市场等衍生品市场实际上是对冲基金资产组合配置中的重要组成部分。此外，对冲基金还有一个显著特征，就是经常运用对冲的方法去抵消市场风险，锁定套利机会。

随着对冲基金的发展，"对冲基金的组合基金"出现了。对冲基金的组合基金是将募集的资金投资于多个对冲基金，通过对对冲基金的组合投资，而不是投资于股票、债券实现分散风险的目的。目前，对冲基金的组合基金已成为对冲基金行业的一股重要力量，约占对冲基金行业份额的22%。

与对冲基金不同，共同基金是一种利益共享、风险共担的集合投资方式，即通过发行基金单位，集中投资者的资金，由基金托管人管理和运用资金，从事股票、债券、外汇、货币等投资，以获得投资收益和资本增值。对冲基金充分利用各种金融衍生产品的杠杆效用，采用各种交易手段，进行对冲、换位、投机、套期来赚取巨额利润，承担高风险，追求高收益。

对冲基金和共同基金的差异主要体现为两方面。一是监管约束不同，例如，美国证券法规定，对冲基金并不需要在美国联邦投资法下注册，而共同基金则受到监管条约的限制。这是因为对冲基金的资金来自较成熟的客户，并且对冲基金是私募基金，不能进行公众融资。共同基金要受到监管条约的限制，以保证基金份额定价的合理性，基金份额随时可以兑现，必须公布投资策略等。二是共同基金投资组合中的资金不能投资期货等衍生品市场，对冲基金可以投资期货等衍生品市场。尽管共同基金不能投资期货市场进行投机交易，但当共同基金为其持有的股票、债券、外汇等相关资产避险时，可以以套期保值者的身份参与期货交易。

（2）商品投资基金。商品投资基金是以期货投资为主的基金类型，是指广大投资者将资金集中起来，委托给专业的投资机构，并通过商品交易顾问（CTA）进行期货和期权交易，投资者承担风险并享受投资收益的一种集合投资方式。

从组织形式上看，它类似于共同基金公司和投资公司。商品投资基金与共同基金在集合投资方面存在共同之处，其明显差异是商品投资基金专注于投资期货和期权合约，既可以做多也可以做空，可以投资于如外汇期货、利率期货、股指期货，或者商品期货中的某一类市场。

复 习 题

1. 简述现代期货市场组织结构。
2. 期货结算机构的主要职能是什么？
3. 历史上第一家期货交易所是如何产生的？
4. 期货市场是如何发挥其转移价格风险的功能的？
5. 中国期货发展历程中出现过哪些问题？

案 例 分 析

中国期货大事件之红小豆事件[①]

由于有东京谷物交易所红小豆期货交易的成功范例，也基于天津及其附近地区产的朱砂红小豆在红小豆出口中居于龙头地位的事实（1993 年经天津港输往日本的红小豆达 5 万多吨），天津联合交易所于 1994 年 9 月率先推出红小豆期货合约进行交易，交易标的物为可在东京谷物交易所替代交割的天津红小豆，宝清红和唐山红优质红小豆可贴水交割，1994 年 11 月又规定普通红小豆亦可贴水交割。

天津红上市不久价格就逐级下滑，503 合约从 5600 元/吨下滑至 3680 元/吨。507 合约上市后由于现货市场持续低迷，期价一路下跌。当其价格跌至 3800 元/吨左右时，多头主力一方面在现货市场上大量收购现货，另一方面在低位吸足筹码，逐步拉抬期价。随着市场游资的加入，从 5 月中旬开始，507 合约成交量、持仓量开始放大。6 月初多头主力开始发力，连拉两个涨停板，涨至 5151 元/吨。为了抑制过度投机，交易所在 6、7、8 日连续发文要求提高交易保证金。9 日市场多头主力拉高期价至 5000 元/吨和 4980 元/吨，至 9 点 30 分，场内终端全部停机。第二天，交易所宣布 9 日交易无效，507 合约停市两天。随后，交易所采取措施要求会员强制平仓。这就是“天津红 507 事件”。

苏州商品交易所于 1995 年 6 月 1 日正式推出红小豆期货合约的交易，其交易标的物为二等红小豆。由于红小豆现货市场低迷，苏州红 1995 系列合约一上市就面临巨大实盘压力，仓库库存一直持续增加，致使期价连创新低，9511 合约曾创下 1640 元/吨的低价。期价的偏低和 1995 年红小豆减产等利多消息促使很多资金入市抄底，随着 1996 年诸合约的陆续上市，多头主力利用交易所交割条款的缺陷和持仓头寸的限制，利用利多消息的支持，蓄意在 1996 年系列合约上逼空。9602 合约期价于 10 月中旬以 3380 元/吨启动后至 11 月 9 日价格涨至 4155 元/吨的高位，随后回落整理，进入 12 月再入暴涨阶段。12 月 15 日，苏交所通知严禁陈豆、新豆掺杂交割，19 日公布库存只有 5450 元/吨。多头借机疯狂炒作，在近一个月的时间里价格从 3690 元/吨涨至 5325 元/吨。空头主力损失惨重，同时很多套期保值者爆仓。

1996 年 1 月 8 日，证监会认为苏州红小豆合约交易规则不完善，要求各持仓合约头寸减仓和不得开出 9608 以后的远期合约，1 月 9 日、10 日，苏州红开盘不入即告跌停，又使在高位建仓的多头头寸面临爆仓和巨大亏损的风险。之后，苏交所推出一系列强制平仓的措施，期价大幅回调。3 月 8 日证监会发布通知停止苏交所红小豆期货合约交易。

基于上述红小豆事件，你认为对中国期货交易风险控制，应吸取哪些教训？

---

① 赵有广、邢孝兵：《贸易与商务教学案例》，南京大学出版社 2012 年版。

| 第二章 | 现代期货贸易制度

学习提要

1. 认识期货合约及其主要内容
2. 熟悉期货市场基本制度
3. 了解期货交易所的流程
4. 了解期货交割流程，重点认识期转现的运行规则

关键词

期货交易所；交易所会员；期货结算所；保证金；交易标准化；每日结算制度；期货经纪公司；套期保值者；投机者；浮动盈亏

第一节　期　货　合　约

一、商品成为期货品种的条件

商品要成为能上市交易的期货品种，至少需要同时满足以下三个基本条件。

第一，交易对象具有同质性。同质性实际上是指商品的品质易于细分，在质量方面可以进行客观评价。这一要求与期货合约的标准化有着密切的关系。如果能够确立交割等级，对商品的规格、质量进行量化和评级，则满足了交易对象成为期货的同质性条件。例如，粮食、金属很容易做到品质的细分和评价。相比之下，服装、电视、玉石不具备同质性条件，茶叶、烟酒则由于个人口味的不同，无法引入量化的评价指标。因此这些商品难以开发出相应的期货品种。

第二，不存在市场垄断或价格管制，价格波动剧烈且频繁。期货最初产生于规

避价格风险的需要。如果商品与资产市场价格缺乏必要的波动，则这类商品和资产就无法被开发为期货品种，即使上市也会面临交易萎缩或退市的风险。例如，20世纪40~60年代布雷顿森林体系构筑了基于金本位的固定汇率制度，即美元与黄金挂钩，西方国家主要货币与美元之间的汇率挂钩。1971年布雷顿体系确定的固定汇率制度瓦解，汇率出现剧烈波动。为规避汇率风险，外汇期货在芝加哥商业交易所诞生。汇率的剧烈变化也导致了利率的波动性。随着美国利率市场化改革的日渐深入，利率波动日益剧烈，各种利率期货随之也被芝加哥商业交易所等在相互竞争中大量开发出来。

　　第三，市场规模足够大，有充足的现货供给量与需求量。这是因为如果现货市场规模小就容易受到少数交易者的操控，并引发逼仓行为。逼仓是指期货交易者利用资金优势和实物优势（主要还是资金优势），控制期货头寸甚至垄断可供交割的现货商品，故意拉高（即开展多逼空）或打压（即开展空逼多）期货市场价格，迫使交易对手方以不利的价格平仓、违约或交割，以牟取暴利的交易行为。在我国期货市场发展初期，由于市场规模小且交易制度不健全，屡屡发生以资金实力强行逼仓的事件。例如，1995年"327国债事件"中的交易对象是1992年发行1995年6月到期兑付的3年期国库券，该券发行总量是24亿元人民币。面对多方对价格的大幅拉抬，作为空方的万国证券卖出了远远大于现券发行量的国债期货，导致当天在高位开仓的多头大量爆仓和市场剧烈动荡，几乎引发系统性风险。

　　当然，一个商品或某种资产能够上市交易或者成为成熟的交易品种，不仅需要满足上述三个基本条件，还取决于监管体制、合约设计水平、社会认识以及流通水平等一系列因素的影响和制约。

　　进入21世纪后，随着市场化改革的持续深入以及整个经济体制、社会认识的迅速转变，我国开发设计上市交易了一系列新的期货品种。表2-1列出了目前我国四家期货交易所已经上市交易的期货品种。这些品种覆盖了我国金融和商品市场的主要领域，部分品种对相关产业的发展或市场效率的提升发挥着重要作用。

表2-1　　　　　　　　　　我国四家期货交易所的期货品种

交易所	农产品	金属	能源、化工及其他	金融
上海期货交易所	—	铜、铜（BC）、铝、锌、铅、镍、锡、黄金、白银、螺纹钢、线材、热轧卷板、不锈钢	原油、低硫燃料油、燃料油、石油沥青、天然橡胶、20号胶、纸浆	—
大连商品交易所	大豆（1号、2号）、豆粕、豆油、棕榈油、黄玉米、胶合板、纤维板、鸡蛋、玉米淀粉、粳米、生猪	—	聚乙烯、聚氯乙烯、聚丙烯、苯乙烯、焦炭、焦煤、铁矿石、乙二醇、液化石油气	

续表

交易所	农产品	金属	能源、化工及其他	金融
郑州商品交易所	强筋小麦、普麦、油菜籽、菜籽油、菜籽粕、棉花、白砂糖、早籼稻、早粳稻、晚粳稻、苹果、棉纱、红枣、花生	—	动力煤、甲醇、玻璃、PTA、硅铁、锰硅、尿素、纯碱、短纤	—
中国金融期货交易所	—	—	—	沪深 300 股指期货、中证 500 股指期货、中证 1000 股指期货、上证 50 股指期货、2 年期国债期货、5 年期国债期货、10 年期国债期货

资料来源：笔者根据各交易所网站信息整理，截至 2023 年 3 月。

二、期货合约基本内容

（一）交易品种与合约标的

交易品种或合约标的是期货合约中的一个重要元素，用于说明合约的交易对象。对于商品期货来说，交易对象易于理解，如玉米期货合约的交易标的就是玉米。这里着重说明中国金融期货交易所的股票指数期货和国债期货的合约标的。

中国金融期货交易所的沪深 300 股票指数期货合约中，合约标的是沪深 300 股票指数，即由沪深两市选取的 300 只蓝筹股计算形成的指数。交易者可以根据对未来某一月份的沪深 300 指数点位进行判断，然后报出指数点进行交易。例如，交易者认为 1 个月后交割的指数点位是 4500 点，可以在这一点位下达卖出或者买入的交易指令。

国债期货的交易标的比较特殊，是面值为 100 万元人民币、票面利率为 3% 的名义中期国债。名义中期国债实际上是由期货交易所交易的一种标准债券，这种合约标的是一种虚拟债券，没有与之直接对应的现货券种。可交割债券与标准债券通过期货交易所计算公布的转换因子建立市场联系（如交割券的选择、基差的计算等）。

（二）合约规模的设计

不同种类的期货合约具有不同的合约规模设计方式。在商品期货、股指期货和国债期货这三种不同期货合约中，就分别引入了交易单位、合约乘数和债券面值三种方式（见表 2 – 2 ~ 表 2 – 4），用以衡量每一张（通常称为手）合约的总价值。在商品期货中，1 手期货合约的价值就是交易单位乘以实际的交易价格。对于股指期货来说，交易的对象是股票指数。期货交易所为了衡量 1 手股指期货合约的实际价值，就在合约中人为规定了股指期货每个点位的价格，即合约乘数。在表 2 – 3

中，中国金融期货交易所沪深 300 股指期货的合约乘数是每点 300 元。这就意味着期货当前可成交的点位如果是 3000 点那么一手合约的当前价值就是 3000 × 300 = 900000（元）。国债期货与以上期货不同，其交易对象是一个面值为 1000000 元的标准债券，其实际价值在交易中有涨跌变动。为了计算总价值，国债期货合约中规定了报价为百元净价报价（净价报价是不含应计利息的债券报价）。如果国债期货的市场报价是 96.570 元，则 1 手国债期货合约的价值 1000000 ×（96.570/100）= 965700（元）。

表 2 - 2　　　　　　　　　　大连商品交易所玉米合约

项目	内容
交易品种	黄玉米
交易单位	10 吨/手
报价单位	元/吨
最小变动价位	1 元/吨
涨跌停板幅度	上一交易日结算价的 ±4%
合约月份	1 月、3 月、5 月、7 月、9 月、11 月
交易时间	每周一至周五 9：00 ~ 11：30 和 13：30 ~ 15：00
最后交易日	合约月份第十个交易日
最后交割日	最后交易日后第三个交易日
交割等级	大连商品交易所玉米交割质量标准（FC/DCE D001 - 2015）
交割地点	大连商品交易所玉米指定交割仓库
最低交易保证金	合约价值的 5%
交易手续费	不超过 3 元/手（当前为 1.2 元/手）
交割方式	实物交割
交易代码	C
上市交易所	大连商品交易所

表 2 - 3　　　　　　中国金融期货交易所沪深 300 股指期货合约

项目	内容
合约标的	沪深 300 指数
合约乘数	每点 300 元
报价单位	指数点
最小变动价位	0.2 点
合约月份	当月、下月及随后两个季月
交易时间	9：30 ~ 11：30 和 13：00 ~ 15：00

续表

项目	内容
每日价格最大波动限制	上一个交易日结算价的 ±10%
最低交易保证金	合约价值的 8%
最后交易日	合约到期月份的第三个周五，遇国家法定假日顺延
交割日期	同最后交易日
交割方式	现金交割
交易代码	IF
上市交易所	中国金融期货交易所

表 2 - 4 　　　　中国金融期货交易所中期国债期货合约（5 年期国债期货）

项目	内容
合约标的	面值为 100 万元人民币、票面利率为 3% 的名义中期国债
可交割国债	合的到期月份首日剩余期限为 4 ~ 5.25 年的记账式附息国债
报价方式	百元净价报价
最小变动价位	0.005 元
合约月份	最近的三个季月（3 月、6 月、9 月、12 月中的最近三个月循环）
交易时间	09：15 ~ 11：30 和 13：00 ~ 15：15
最后交易日交易时间	09：15 ~ 11：30
每日价格最大波动限制	上一交易日结算价的 ±1.2%
最低交易保证金	合约价值的 1%
最后交易日	合约到期月份的第二个星期五
最后交割日	最后交易日后的第三个交易日
交割方式	实物交割
交易代码	TF
上市交易所	中国金融期货交易所

在设计合约时，确定期货合约交易单位的大小需要考虑现货市场的规模、交易者的资金规模等多种因素。一般来说，市场规模较大，交易者资金规模较大，则合约的交易单位就可以设计得大一些，反之则小一些，这一点至关重要。2011 年，我国部分商品期货交易所对个别商品期货合约的规模进行了扩大调整。由于没有细致考虑交易者结构和资金条件限制，引发了相关品种流动性严重不足、交易量急剧萎缩等问题。

（三）报价单位和最小变动价位

报价单位是指在报价和交易过程中所使用的单位。最小变动价位则是指在期货交易所的竞价交易过程中，对合约每单位价格报价的最小变动数值。在交易中，每次报价的变动数值必须是最小变动价位的整数倍。最小变动价位乘以交易单位，就是一张合约的最小变动值。

报价单位的设计一般遵循符合现货交易习惯的原则。最小变动价位的确定通常取决于该合约标的物（现货商品、资产或指数）的种类、性质、市场价格波动情况和商业规范等。一方面，如果最小变动价位小，容易吸引投机者参与，增加市场活跃程度；但过小的最小变动价位，也会给交易带来不便，降低交易效率。另一方面，如果最小变动价位过大，也会导致每手合约的价值变动太大，不利于开展精准的套利和套期保值。

（四）合约月份

合约月份是指期货合约到期交割的月份。交易所会挂出多个不同交割月份的期货合约，交易者在交易时，必须注明所购买的是哪个交割月份的合约。应当注意，不同期货交易所、不同期货品种的合约月份并不相同（见表 2–5）。例如，大连商品交易所玉米期货的合约月份是 1 月、3 月、5 月、7 月、9 月、11 月，而中国金融期货交易所的金融期货的合约月份则引入了季月。季月是指 3 月、6 月、9 月、12 月这几个月份。在沪深 300 股指期货合约中，交割月份是当月、下月、随后两个季月。如果现在是 4 月 1 日，则上市交易的股指期货合约月份有 4 月、5 月、6 月和 9 月；如果现在是 6 月，则沪指期货合约的月份是 6 月、7 月、9 月和 12 月。

表 2–5 不同交易所的合约月份设计

交易所	品种	交割月设置
上海期货交易所	铜、铜（BC）、铝、锌、铅、镍、黄金、白银、螺纹钢、线材、热轧卷板、不锈钢、低硫燃料油、燃料油、20 号胶、纸浆	1 ~ 12 月
	原油	最近 1 ~ 12 个月为连续月份，以及随后 8 个季月
	天然橡胶	1 月、3 月、4 月、5 月、6 月、7 月、8 月、9 月、10 月、11 月
	石油沥青	24 个月以内，其中最近 1 ~ 12 个月为连续月份合约，6 个月以后为季月合约
大连商品交易所	黄大豆 1 号、玉米、玉米淀粉、生猪	1 月、3 月、5 月、7 月、9 月、11 月
	豆粕，豆油	1 月、3 月、5 月、7 月、8 月、9 月、11 月、12 月
	黄大豆 2 号、粳米、鸡蛋、棕榈油、聚乙烯、聚氯乙烯、聚丙烯、苯乙烯、焦炭、焦煤、胶合板、纤维板、乙二醇、铁矿石、液化石油气	1 ~ 12 月

续表

交易所	品种	交割月设置
郑州商品交易所	强筋小麦、普麦、棉花、白糖、菜籽油、菜籽粕、粳稻、早籼稻、晚籼稻	1 月、3 月、5 月、7 月、9 月、11 月
	苹果	1 月、3 月、4 月、5 月、10 月、11 月、12 月
	红枣	1 月、3 月、5 月、7 月、9 月、12 月
	花生	1 月、3 月、4 月、10 月、11 月、12 月
	棉纱、精对苯二甲酸（PTA）、动力煤、甲醇、玻璃、硅铁、锰硅、尿素、纯碱、短纤	1 ~ 12 月
	油菜籽	7 月、8 月、9 月、11 月
中国金融期货交易所	沪深 300 股指期货、中证 500 股指期货、中证 1000 股指期货、上证 50 股指期货	当月、下月和随后两个季月
	2 年期国债期货、5 年期国债期货，10 年期国债期货	最近 3 个季月

资料来源：笔者根据各交易所网站信息整理，截至 2023 年 3 月。

商品期货合约交割月份的确定受该合约标的商品的生产、使用、储藏、流通等方面特点的影响。例如，许多农产品期货的生产与消费具有很强的季节性，因而其交割月份的规定也具有季节性特点。金融期货交割月份则由期货交易所根据国际惯例和国内金融市场条件设定。

（五）交易时间

期货合约的交易时间是固定的。每个交易所对交易时间都有严格规定。一般每周营业 5 天，周六、周日及国家法定节、假日休息。每个交易日的日盘交易分为两盘，即上午盘和下午盘。对于商品期货而言，上午的交易分两节，分别是 9：00 ~ 10：15 和 10：30 ~ 11：30。在很多发达市场体系中，期货交易所开展了夜盘交易，以吸引更多的全球投资者，扩大国际竞争力和影响力。为实现价格连续，并增强市场竞争力和影响力，我国各商品交易所也均开展了连续交易。我国商品期货市场连续交易最核心的体现是夜盘交易。在我国，对于已经开展夜盘交易的品种而言，一个期货交易日是自夜盘开始至下一日日盘结束，即 21：00 ~ 15：00。各交易品种的夜盘交易时间设定（见表 2 - 6）和调整可见期货交易所的安排。

表 2 - 6　　　　　　　　我国各期货交易所夜盘交易品种和交易时间

交易所	品种	夜盘交易时间
上海期货交易所	螺纹钢，热轧卷板、低硫燃料油、燃料油、石油沥青、天然橡胶、纸浆、20 号胶	21：00 ~ 23：00
	铜、铜（BC）、铝、锌、沿、锡、镍、不锈钢	21：00 ~ 01：00
	黄金、白银、原油	21：00 ~ 02：30

续表

交易所	品种	夜盘交易时间
郑州商品交易所	玻璃、菜籽油、动力煤、白糖、棉花、菜粕、甲醇、PTA、棉纱、纯碱、短纤	21：00～23：00
大连商品交易所	黄大豆1号、黄大豆2号、豆粕、豆油、棕榈油、黄玉米、玉米淀粉、粳米、聚乙烯、聚氯乙烯、聚丙烯、苯乙烯、焦炭、焦煤、铁矿石、乙二醇、液化石油气	21：00～23：00

资料来源：笔者根据各交易所网站信息整理，截至2023年3月。

（六）最后交易日

最后交易日是指某种期货合约在合约交割月份中进行交易的最后一个交易日。不同的交易所针对不同品种设置了不同的最后交易日。在玉米期货合约中，最后交易日为合约到期月份第十个交易日。沪深300股指期货的最后交易日为合约到期月份的第三个周五，而5年期国债期货的最后交易日为合约到期月份的第二个周五。在最后交易日前，不能参与交割的客户要平仓退出。过了最后交易日，未平仓期货合约将按交割规则进行交割。

（七）每日价格最大波动限制

每日价格最大波动限制，又称涨跌停板制度，是指期货合约在一个交易日的交易价格波动不得高于规定的最大涨跌幅度，超过该涨跌幅度的报价将被视为无效，不能报出和成交。我国期货交易所的涨跌停板以合约上一交易日的结算价为基准确定。例如，玉米期货合约规定，涨跌停板幅度为上一交易日结算价的4%。

涨跌停板的确定主要取决于该种标的物市场价格波动的频繁程度和波幅的大小。一般来说，标的物价格波动越频繁、越剧烈，该商品期货合约的每日停板额就应设置得大些。期货合约中设置每日价格最大波动限制条款的目的在于防止价格波动幅度过大造成交易者亏损过大，防范市场出现大范围的违约风险。但要注意，不是每个国家的每个期货交易所都会设置每日价格最大波动限制。在发达期货市场，往往没有涨跌停板制度。

（八）交割日期

交割日期是指合约进行交割的时间。由于交割制度不同，每个交易所的交割日期安排不一样。但是，合约都会规定最后的交割日。例如，玉米的最后交割日是最后交易日后第3个交易日，国债期货也是最后交易日后第3个交易日，沪深300股指期货的最后交割日就是最后交易日。

（九）交割等级

交割等级是指由期货交易所统一规定的、准许在交易所上市交易的合约标的物的质量等级。在进行期货交易时，交易双方无须对标的物的质量等级进行协商，进行实物交割时按交易所期货合约规定的质量等级进行交割。

对于商品期货来说，期货交易所在制定合约标的物的质量等级时，常常采用国内或国际贸易中最通用和交易量较大的标准品的质量等级作为标准交割等级。

一般来说，为了保证期货交易顺利进行，许多期货交易所在规定交割标准等级之外，还规定允许交割的替代品等级。交货人用期货交易所认可的替代品代替标准品进行实物交割时，收货人不能拒收。用替代品进行交割时，若品质高于标准品，则价格会有一定升幅，称为升水；若品质低于标准品，则价格会有一定降幅，称为贴水。升贴水标准由交易所统一规定，并根据情况适时调整替代品与标准品之间的升贴水标准。

表 2 – 7 列出了玉米标准品的品质技术要求。实物交割中还可以允许交割其他等级的替代品。期货交易所会计算和公布不同商品等级之间的升贴水。表 2 – 8 是在交割玉米时，买卖双方计算货款时需要考虑的交割品和标准品之间的升贴水。

表 2 – 7 玉米标准品的品质技术要求

容重（g/L）	杂质含量（%）	水分含量（%）	不完善粒含量（%）		色泽、气味
			总量	其中：生霉粒	
≥675	≤1.0	≤14.0	≤8.0	≤2.0	正常

资料来源：大连商品交易所网站。

表 2 – 8 不同品质交割品的升贴水

项目	标准品质量要求	替代品质量要求	替代品扣价
容重（g/L）	≥675	≥650 且 ≤675	– 40 元/吨
水分含量（%）	≤14.0	>14.0 且 <14.5	0 元/吨
生霉粒（9%）	≤2.0	>2.0 且 ≤4.0	– 50 元/吨

资料来源：大连商品交易所网站。

（十）交割地点和交割仓库

交割地点是指由期货交易所统一规定的进行实物交割的地点。由于在商品期货交易中大多涉及大宗实物商品的买卖，因此统一指定交割仓库可以保证卖方交付的商品符合期货合约规定的数量与质量等级，保证买方收到符合期货合约规定的商品，防止商品在储存与运输过程中出现损坏等现象。一般来说，期货交易所在指定交割仓库时主要考虑的因素包括：指定交割仓库所在地区的生产或消费集中程度，指定交割仓库的储存条件、运输条件和质检条件等。有的品种可以在多个地点设交割库，有的则需要将交割地点集中起来。例如，为了避免疫情影响，鸡蛋期货应有足够的交割地点，大连商品交易所鸡蛋期货的基准交割库集中在河南省、河北省、山东省和辽宁省。相比之下，大连商品交易所玉米期货的交割库则集中在辽宁省的大连市、锦州市和营口市。

交割仓库的位置不同，涉及的运输成本也不尽相同，交易所通常会规定异地交割的升贴水，来反映运输成本的差异。

（十一）交易手续费

交易手续费是期货交易所按成交合约金额的一定比例或按成交合约手数收取的

费用。交易手续费会根据市场条件变化进行调整。

（十二）交易代码

每一个期货品种都有交易代码。交易代码出现在行情表中，以便交易者识别。

除了上述条款，期货合约中还规定了最低交易保证金这一重要条款，将在下一节基本制度中专门介绍。

第二节　期货市场基本制度

期货市场是进行期货交易的场所，是多种期交易关系的总和。它是按照"公开、公平、公正"原则，在现货市场基础上发展起来的高度组织化和高度规范化的市场形式。期货市场的正常运营，离不开其逐渐建立和完善起来的各项基本制度。

一、保证金制度

保证金制度，就是指在期货交易中，任何交易者必须按照其所买卖期货合约价值的一定比例交纳资金，作为其履行期货合约的财力保证，然后才能参与期货合约的买卖，所交的资金就是保证金，这个比例通常是 2% ~ 10%，合约规定的保证金是最低的保证金。

保证金的收取是分级进行的，可分为期货交易所向会员收取的保证金和期货经纪公司向客户收取的保证金，即分为会员保证金和客户保证金。在我国，保证金一般以货币资金交纳，以上市流通国库券、标准仓单折抵期货保证金，应当符合有关规定。

（一）会员保证金

会员保证金分为结算准备金和交易保证金。结算准备金是指会员为了交易结算在交易所专用结算账户中预先准备的资金，是未被占用的保证金，结算准备金的最低余额由交易所决定；交易保证金是指会员在交易所专用结算账户中确保合约履行的资金，是已被合约占用的保证金。在实际交易中，交易保证金、最低保证金、初始保证金及保证金四者含义是一样的。当买卖双方成交后，交易所按持仓合约价值的一定比例向双方收取交易保证金。期货交易实行保证金制度，这是与其他交易方式所不同的特点。保证金制度既体现了期货交易特有的"杠杆效应"，同时也成为交易所控制期货交易风险的一种重要手段。当期货价格变化较大时，交易所就会提高交易保证金，如 2011 年 9 月，上海期货交易所的阴极铜期货价格连续几日暴跌，交易所把交易保证金从 5% 提高到了 12%。

一般意义上的保证金是最低保证金，不同的持仓数量，交易保证金不同。对上海期货交易所的铜而言，最低保证金为 5%，如持仓 ≥16 万手，保证金为 10%；14 万手 < 持仓 ≤16 万手，保证金比例为 8%；12 万手 ≤ 持仓量 ≤14 万手，保证金为 6.5%；持仓 <12 万手时，保证金才为 5%。以上保证金指的是一般期货月份交易保证金，但到了交割月，会提高保证金。交割月份第一个交易日起保证金为

10%，第六个交易日为15%，最后交易日前一交易日为20%。不过，在交割月套期保值者的保证金为5%。

对于一般投资和套利者，持仓量不大，而且持仓不会留到交割月份，所以最低保证金才是这类交易者要关注的。

（二）客户保证金

客户保证金的收取比例可由期货经纪公司规定，但不得低于交易所对经纪公司收取的保证金。经纪公司对客户保证金进行内部管理时也分为结算保证金和交易保证金，但对客户而言，结算保证金和交易保证金二者归为一体，只有保证金一项。经纪公司对客户的保证金应在交易所的交易保证金基础上加2%～3%。但一般情况下，特别是交易不太活跃时，经纪公司对客户收取的保证金与交易所规定的保证金水平一致。

【例2-1】某客户某日买入上海期货交易所8月份铜期货合约10张。当日买入价格30000元/吨，保证金为5%，计算交易保证金。

交易保证金：$10 \times 5 \times 30000 \times 5\% = 75000$（元）。

我国保证金制度与国际上通行的保证金制度不同，国际上各期货交易所保证金为初始保证金和维持保证金。初始保证金是初次合约成交时应交纳的保证金，相当于我国的交易保证金或保证金；维持保证金是在期货价格朝购买合约不利方向变化时，初始保证金一部分用于弥补亏损，剩下的保证金所达到的某一最低水平的保证金，即维持保证金。交易所通知经纪公司或经纪公司通知客户追加保证金，追加后的保证金水平应达到初始保证金标准。另外，我国的保证金是按合约面值的比例来收取，而国际上通常是每张合约收取一定的金额，例如，芝加哥期货交易所小麦的初始保证金为每张合约540美元，维持保证金为每张合约400美元，如果客户买进1张小麦期货合约，应交纳初始保证金540美元，当价格下跌时，客户发生亏损，假如亏损了140美元，此时，客户的保证金只剩下400美元，经纪公司就会通知客户追加保证金。400美元是经纪公司能接受的最低保证金水平，即维持保证金。

国际上对净头寸收取保证金，而我国对双边头寸同时收取保证金。例如某人买进9月份铜的期货合约100张，同时在另一价位卖出9月份铜期货合约50张，国际上按50张（即100-50）收取保证金，而我国按150张（即100+50）收取保证金。对于投机头寸和套期保值头寸，美国的保证金收取比例不同，如芝加哥期货交易所的小麦，套期保值头寸每张初始保证金和维持保证金均是400美元。英国没有投机者与套期保值者之分，自然在保证金收取上一视同仁。对于套利者，国际上收取的保证金一般是投机头寸保证金的1/4～1/2倍，我国目前交易所对套利保证金的收取与投机保证金相同，期货经纪公司对套利保证金的收取比投机保证金稍低，各期货经纪公司对套利保证金的收取没有统一标准。

二、每日无负债结算制度

结算是指根据交易结果和交易所有关规定对会员交易保证金、盈亏、手续费、交割货款及其他有关款项进行计算、划拨的业务活动。每日交易结束后，交易所都按当日结算价结算所有合约的盈亏、交易保证金及手续费等费用，对应收应付的数项实行净额一次划转，相应增加或减少会员的结算准备金，这种制度就称为每日无负债结算制度。

（一）结算的基本原则和制度

结算的基本原则是：结算机构分别成为任何一笔交易的买方与卖方的"交易对手"，买、卖双方成交后不再发生任何关系，皆由结算机构分别对交易者进行结算和接收与交发实物。每份持仓合约的履行，不由买卖双方直接去追究，双方都分别由交易所去追究，其中出现了风险，也由交易所结算部处理和承担。

结算的基本制度是：逐日盯市，即每日结算无负债制度和保证金执行制度。逐日盯市是对每一份合约从其成交当天开始，按照当日的结算价对比原成交价，或者按前后两日的结算价，每日进行账面盈亏结算，当发生账面亏损较大而已交保证金不足以抵偿时，当天立即发出追加保证金通知，当事者应于下一交易日前交纳追加的保证金，以保证不负债，否则，交易所有权进行强制平仓。

（二）结算的基本公式

期货合约均以当日结算价作为计算当日盈亏的依据。而当日结算价是指某一期货合约当日成交价格按照成交量的加权平均价。当日无成交价格的，以上一交易日结算价作为当日结算价。具体公式如下：

$$当日盈亏 = \sum（卖出成交价 - 当日结算价）\times 卖出量 + \sum（当日结算价 - 买入成交价）\times 买入量 +（上一交易日结算价 - 当日结算价）\times（上一交易日卖出持仓量 - 上一交易日买入持仓量）$$

而结算准备金余额的具体计算公式如下：

$$当日结算准备金余额 = 上一交易日结算准备金余额 + 上一交易日交易保证金 - 当日交易保证金 + 当日实际可用充抵金额 - 上一交易日实际可用充抵金额 + 当日盈亏 + 入金 - 出金 - 手续费$$

三、平仓制度

平仓是指在交割期之前，通过卖出（或买进）相同交割月份、相同数量、同种商品的期货合约来了结先前已买进（卖出）的相同的期货合约。

期货合约的平仓原则是：①对原持有的期货合约允许被平仓的时间是该合约交割月份的最后交易日以前任何一个交易日；②拟被平仓的原持仓合约与申报的平仓合约的品名和交割月份，应该相同；③两者的买卖方向应该相反，两者的数量不一定相等，亦即允许部分平仓；④平仓合约申报单应注明是平仓，有的交易所的电子交易系统要求输入拟被平仓合约的原成交单号码，有的则由交易系统自动在客户的持仓合约中查找相应的合约，予以平仓或部分平仓。

平仓原则看似复杂，但实际交易中的平仓很容易理解。例如：某投资者2014年6月买入上海期货交易所12月份的铜10手，在2014年9月卖出12月铜10手，且在卖出时注明是平仓，就实现了全部平仓；如果只卖出 12 月份铜 5 手，则是部分平仓。

申报交易单上注明平仓抑或开仓的必要性在于：首先若是平仓，则在成交中要找到拟被平仓合约，予以平仓，了结这份持仓合约，计算机交易系统应该将这份刚被平仓的持仓合约所占有的保证金退还，这样就增加了可用于交易的资金。而且刚成交的这份平仓合约也不用交纳保证金，但手续费仍要收取。其次，若是平仓，则可优先成交，因为，平仓的目的一般是想了结原有的某份持仓合约，或是由于防止其亏损，或是出于获利的关键时机出现，一般应比新买/卖一份合约更紧迫，因此，有的计算机交易系统考虑了这种优先。

四、持仓限额制度

持仓限额是指交易所规定会员或客户可以持有的，按单边计算的某一合约持仓的最大数额。持仓限额制度，是指期货交易所为了防范操纵市场价格的行为和防止期货市场风险过度集中于少数投资者，对会员及客户的持仓数量进行限制的制度。超过限额，交易所可按规定强行平仓或提高保证金比例。如果同一客户在不同会员处开仓交易，则要将该客户在各账户下的持仓合并计算。

交易所根据不同的期货合约、不同的交易阶段制定持仓限额制度，从而减少市场风险产生的可能性。交易所可以按照"一般月份""交割月前一个月份""交割月份"三个阶段依次对持仓数额进行限制。距离交割月越近，会员的持仓限制会越高，以防止合约到期日实物交割数量过大而引起大面积交割违约风险。

以上指的都是投资和套利头寸的限额，对于套期保值头寸，交易所实行审批制，其持仓不受限制。

例如，中国金融期货交易所对会员和客户的股指期货合约持仓限额具体规定如下：①对客户某一合约单边持仓实行绝对数额限仓，持仓限额为 600 张；②对从事自营业务的交易会员某一合约单边持仓实行绝对数额限仓，每一客户号持仓限额为600 张；③某一合约单边总持仓量超过 10 万张的，结算会员该合约单边持仓量不得超过该合约单边总持仓量的 25%。此外，获批套期保值额度的会员或者客户持仓，不受上述规定的限制。会员、客户持仓达到或者超过持仓限额的，不得同方向开仓交易。

五、大户报告制度

大户报告制度是与持仓限额制度紧密相关的又一个防范大户操纵市场价格、控制市场风险的制度。大户报告制度，是指当会员或客户某品种持仓合约的投资和套利头寸达到交易所对其规定的头寸持仓限量 80% 以上（含本数）时，会员或客户应向交易所报告其资金情况、头寸情况等，客户须通过经纪会员报告。

通过实施大户报告制度，可以使交易所对持仓量较大的会员或客户进行重点监控，了解其持仓动向、意图，对于有效防范市场风险有积极作用。

大户报告制度可以让监管机构及时了解可能造成市场价格操纵的所有大户的头寸，同时帮助监管机构理解，当市场运行正常的时候，价格剧烈波动或者高度波动都可能创造价格操纵的表象。当市场监管可以准确实施的时候，公共政策就会改进，力求最大化地发现市场问题。当没有证据表明市场存在这种问题的时候，力求使监管对市场的阻碍作用最小化。此外，这一制度还可以向监管机构提供关于市场构成的有用信息，比如市场参与者中的商业与非商业交易者、特定种类的投资者持有的头寸等。

大户报告制度有以下规定：①达到交易所大户报告界限的会员和客户应主动在规定时间内向交易所提供相关资料，主要包括持仓情况、持仓保证金、可动用资金、持仓意向、资金来源、预报和申请的交割数量等。达到交易所大户标准的客户所提供的资料须由其经纪会员进行初审，转交期货交易所。经纪会员应保证客户所提供资料的真实性。②进行套期保值交易的会员或客户也应执行大户报告制度。③交易所可以根据市场风险状况改变要求报告的持仓水平。

六、强行平仓制度

强行平仓制度，是指当会员或客户的保证金不足并且未在规定时间内补足，或者当会员或客户的持仓量超出规定的限额，或者当会员或客户违规时，交易所为了防止风险进一步扩大，实行强行平仓的制度。也就是说，是交易所对违规者的有关持仓实行平仓的一种强制措施。

当会员、客户出现下列情况之一时，交易所对其持仓实行强行平仓：①会员交易保证金不足并且未能在规定时限内补足；②持仓量超出其限仓规定标准；③因违规受到交易所强行平仓处罚；④根据交易所的紧急措施应予强行平仓；⑤其他需要强行平仓的情况。

七、信息披露制度

信息披露制度是指期货交易所按有关规定定期公布期货交易有关信息的制度。它包括即时、每日、每周、每月的交易信息。

（一）即时交易信息
即时交易信息是交易者在交易屏幕上看到的即时行情信息。它包括以下信息：
（1）商品的名称：商品的名称，用其代码表示，如铜为 Cu。
（2）交割月份：交割月份用两位数表示，如 2023 年 4 月的铜期货合约，则表示为 Cu2304。
（3）最新价：是指当天某一期货合约交易期间的最新成交价格。
（4）最高买价：是指当天某一期货合约买方申请买入的即时最高价格。
（5）最低卖价：是指当天某一期货合约卖方申请卖出的即时最低价格。
（6）申买量：是指当天某一期货合约当日交易所交易系统中未成交的最高价位申请买入的数量。

（7）申卖量：是指当天某一期货合约当日交易所交易系统中未成交的最低价位申请卖出的数量。

（8）成交量：是指某一期货合约在当日交易期间所有成交合约的双边交易量。国际上成交量指的是单边数即买进的合约数量或卖出的合约数量。

（9）涨跌：是指当天某一期货合约交易期间的最新价与上交易日结算价之差。

（10）持仓量：是指期货交易者所持有未平仓合约的双边交易数量，国际上持仓量也是取单边数量。

（11）结算价：是指某一期货合约当日成交价格按成交量的加权平均价。

（12）开盘：是指某一期货合约开市前5分钟经集合竞价产生的成交价。

（13）最高价：是指当天某一期货合约成交中的最高成交价格。

（14）最低价：是指当天某一期货合约成交中的最低成交价格。

图2-1所示是上海期货交易所即时行情信息。

序↓	名称	最新	买价	卖价	买量	卖量	成交量	涨跌	持仓量	结算价	开盘	最高	最低
1	线材2305	4545	4546	4562	1	1	56	-82	44	4539	4539	4552	4513
2	沪铜2305	68560	68550	68560	15	6	44404	510	158836	68492	68530	68750	68250
3	沪铜2304	68630	68620	68640	16	4	12075	480	95929	68571	68560	68820	68330
4	沪铝2305	18260	18255	18260	85	31	63124	115	222564	18235	18210	18280	18170
5	沪铝2304	18295	18290	18295	22	40	27349	90	95787	18277	18290	18320	18230
6	沪锌2305	22320	22320	22325	12	15	42828	50	102141	22294	22350	22360	22235
7	沪锌2304	22410	22410	22415	1	13	19175	-10	44476	22373	22385	22465	22315
8	沪铅2305	15385	15380	15385	64	2	19919	45	56837	15388	15390	15405	15355
9	沪铅2304	15375	15370	15380	32	46	8190	40	20685	15365	15300	15390	15300
10	黄金2306	436.94	436.92	436.94	13	1	76850	0.68	179192	435.90	434.08	437.50	433.84

图2-1 上海期货交易所即时行情信息（2023年3月）

（二）每日期货交易信息

每日期货交易信息是交易所在每个交易日结束后发布的有关当日期货交易信息。信息内容主要有商品名称、交割月份、开盘价、最高价、最低价、收盘价、前一日结算价、当天结算价、涨跌、持仓量、持仓量变化、成交额；所有合约的成交量、持仓量及套期保值持仓量；交易活跃的合约月份、多头和空头公布当日持仓量的前20名会员名单及对应持仓量、成交量。

值得注意的是，英国、美国在信息披露制度方面与我国有许多不同：美国CBOT和CME收市后并不公布会员成交量和持仓量；CBOT的商品期货交易，就连交易期间，都不公布交易量和持仓量。英国的LIFFE和IPE除了公布成交价格和持仓量，基本上不公布其他交易信息；LME受"住友事件"的影响，在主管当局的要求下，实施了市场透明度的大户信息披露制度，但是，披露的大户信息仅限于持仓在一定百分比以上的大户数量及其持仓总量，既不公布大户公司名称，也不公布持仓分布。

（三）每周期货交易信息

每周期货交易信息是交易所在每周最后一个交易日结束后公布的期货交易信

息。信息内容主要有商品名称、交割月份、周开盘价、最高价、最低价、周收盘价、涨跌（周末收盘价与上周末结算价之差）、持仓量、持仓量变化（本周末持仓量与上周末持仓量之差）、周末结算价、成交量、成交额；各上市商品标准仓单（交割仓库在完成卖方商品的入库商品验收，确认合格后签发给卖方的商品所有权凭证）数量及与上次发布的增减量，已申请交割数量及本周进出库数量；最后交易日后的第一个周五发布交割配对结果和实物交割量。

（四）每月期货交易信息

每月期货交易信息是交易所在每月最后一个交易日结束后发布的期货交易信息。信息内容主要有商品名称、交割月份、月开盘价、最高价、最低价、月末收盘价、涨跌（月末收盘价与上月末结算价之差）、持仓量、持仓量变化（本月末持仓量与上月末持仓量之差）、月末结算价、成交量、成交额；各指定交割仓库经交易所核定的可用于期货交割的库容量和已占用库容量及标准仓单量。

即时期货交易信息是时刻变化的，而每日、每周、每月公布的信息是一次性的，但交易者可从持仓量、交易量、仓单变化中预测期货价格的走势，这些信息对交易者来说非常有价值。

第三节　期货交易的流程

期货交易流程是交易过程中各环节的有机联系。期货交易者进行期货交易时需要处理的基本环节包括开立账户、制订交易计划、入金、下单、成交，以及平仓或交割（见图 2 - 2）。

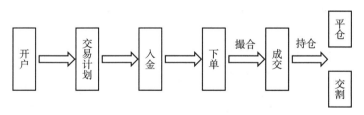

图 2 - 2　期货交易的基本流程

一、开户、交易计划与入金

（一）开立账户

期货交易的场所是期货交易所。考虑到管理风险、提升效率等原因，交易所不允许普通交易者直接进入交易所开展交易，而是设计了经纪制度，由期货经纪机构代理交易者交易。期货交易者从事期货交易必须选择一家期货经纪机构进行交易。因此，在进行期货交易之前，期货交易者就要进行对比、判断选择一个具备合法代理资格、信誉好、资金安全、运作规范、服务水平高的期货公司，然后向该期货公司提出委托申请，开立账户。开立账户通常又简称开户，实质上就是投资者（委托人）与期货经纪公司（代理人）之间建立的一种法律关系。

（二）制订交易计划

交易者在交易前需要制订交易计划，并严格遵守交易纪律。之所以需要制订交易计划是因为交易计划可以使交易者考虑一些可能被遗漏或没有给予足够重视的问题；可以使交易者明确自己正处于何种市场环境，将要采取什么样的交易方向，明确自己应该在什么时候改变交易计划，以应对多变的市场环境；可以使交易者选取适合自身特点的交易方法。交易计划需要把个人的交易方法、详细的资金管理和交易进出原则综合起来。一个切实可行的交易计划包括以下内容：

第一，选择自己最熟悉的期货品种。如果可投资的期货品种多，应根据客观的合意性判断，对可用的投资机会进行次序排列。这里的合意性包括预期利润、相关风险、启动交易需要的投资数额等因素。在制订计划过程中，交易者还需要根据交易量和持仓量判定合约的流动性，选择流动性高的合约。

第二，确定在某一时间可投入的风险资本。期货交易是一种高风险投资，投资者应在拥有一定的风险资本后再进行期货交易。一般不建议用超过总流动性储蓄的25%进行期货交易。投资额须限制在全部资本的50%以内。例如，如果账户的总金额是100000元，那么其中只有50000元可以投入交易中，剩下的一半是储备。投资者还需要在不同的交易机会间分配风险资本。任何一个市场群类（指各品种相关性高，具有相近的用途，如黄金和白银）上所投入的保证金总额必须限制在总资本的20%~25%以内。这一资金分配要领是比较通行的，可以对之加以修正，以适应不同交易者的具体需要。有些交易者大胆进取，往往持有较大的头寸。在资金分配和投资之间进行协调时，可采取多样化的投资形式成组合进行交易。

第三，掌握交易品种相关信息，利用各类分析方法对期货价格趋势进行分析判断。研究工作应由长期逐步过渡到短期，利用图表找准入市/出市点。选择适当的入市时机，未先买先思卖。可考虑在上升趋势中，乘跌买入；在下降趋势中，逢涨卖出。可考虑的建仓方法是金字塔法。利用金字塔法增加头寸时应遵循的原则包括：后来的每一层头寸必须小于前一层，只能在赢利的头寸上加码，不可以在亏损的头寸上增加头寸，把保护性止损指令设置在盈亏平衡点。

第四，确定盈利目标和最大亏损限度。制订交易计划时应考虑顺应趋势，让利润充分增长。同时，还需要评估能够接受的每一机会的损失许可水平在期货交易中，止损至关重要，应始终为所有持有的头寸设置保护性止损指令。据统计，70%的止损是正确的。在交易计划中，按比例止损较为常见。一般来说，在任何单个市场上，总亏损金额必须限制在总资本的5%以内。止损方法还有很多，如根据技术形态和均线设定的技术止损，根据点位设置的绝对数止损，根据时间周期止损。在制订计划过程中，交易者应考虑选择合适的止损方式。

（三）入金和出金

期货交易者可以根据自己的资金实力和交易计划，在交易前将资金划入保证金账户。入金（deposit）是交易者会员和客户交易者向自己的保证金账户存入资金的过程。出金（withdraw）则是指交易所会员和客户交易者从自己的保证金账户中提取资金的过程。我国各期货交易所均对会员的出金标准进行了规定。

期货交易者需要注意，不同交易所对交易账户资金的要求标准不尽一致。例如，中国金融期货交易所《金融期货投资者适当性制度操作指引》规定："期货公司会员为投资者向交易所申请开立交易编码，应当确认该投资者前一交易日日终保证金账户可用资金余额不低于人民币 50 万元。"

二、交易指令

交易指令又称交易订单（order）。一个交易指令的基本内容应当包括：交易品种，合约月份、方向、开平仓、数量、价格、客户编码、交易所等。不同的交易指令按照不同的规则撮合成交。当投资者发出买卖申请但还没有成交的时候，交易者还可以撤回指令，我们将这一过程称为撤单。国际期货市场已经开发出很多交易指令。简单的交易指令有市价指令、限价指令、止损指令、止损限价指令等。复杂的交易指令则五花八门。为开展算法交易，一些软件供应商和公司开发了诸多复杂的指令，如跟踪止损指令、狙击手指令、冰山指令、交易百分比指令。这些不同的指令类型主要用于适时的交易实际选择、隐藏指令数量以及以更高的均价执行指令等。

随着期货市场的快速发展和创新需要，我国期货交易所的交易指令也逐渐增多起来，交易者在下单前应先熟悉和掌握各种不同交易指令的规则安排。下面介绍几种最为常见的交易指令。

（一）限价指令

限价指令是指必须按照限定价格或更好的价格成交的指令。也就是说，限价指令在买入时，必须在其限价或者限价以下的价格成交；在卖出时，必须在其限价或者限价以上的价格成交。在限价指令中，客户必须明确指定具体的价位是多少。限价指令下达后，一般以价格优先、时间优先的原则进行排序和成交。限价指令的优点是，可以按预期价格或者更好的价格成交；缺点是成交的速度可能会比较慢，也可能没有机会成交。

限价指令可以附加立即全部成交否则自动撤销（FOK）和立即成交剩余指令自动撤销（FAK）两种指令属性。即时全部成交否则撤销指令属性是指限价指令中所有数量必须同时成交，否则该指令自动撤销。即时成交剩余撤销指令属性是指限价指令中无法立即成交部分自动撤销。中国金融期货交易所交易细则中指出，即时成交剩余撤销属性可以指定最小成交数量。当该指令成交数量大于或等于指定最小成交数量时，未成交部分自动撤销。若该指令可成交数量小于指定最小成交数量时，该指令全部数量自动撤销。这两类指令可能会在高频交易中发挥出意想不到的作用。

上海国际能源交易中心推出原油期货结算价交易（trade at settlement，TAS）指令。TAS 指令允许交易者在规定交易时段内，按照期货合约当日结算价或当日结算价增减若干个最小变动价位申报买卖期货合约。我国开发的 TAS 指令适用于开市集合竞价和交易日第一节交易时间（含连续交易时段）。TAS 指令已在国际成熟市场得到广泛使用，因此，在原油期货中开发这一指令有利于微观市场结构设计的进一步国际化。

（二）市价指令

市价指令是指交易者不需要标明具体价位，只需要按当时市场上可执行的最好价格（报价）成交的指令。大连商品交易所对市价指令的界定是："交易所计算机撮合系统执行指令时以涨（跌）停板价格参与交易的买（卖）指令。"市价指令有三个设计特点。其一，成交速度快，先于限价指令执行。中国金融期货交易所规定"市价指令只能和限价指令撮合成交，未成交部分自动撤销"等内容。其二，一旦指令下达后不可更改和撤销。其三，市价指令不参与开盘集合竞价。为便于进一步理解，表 2-9 对市价指令和限价指令进行了简单比较。

表 2-9　　　　　　　　　　　　　限价指令和市价指令比较

项目	市价指令	限价指令
执行效率	确定	不确定
执行时间	短期	不确定
执行价格	不确定	确定或者更优
重新提交指令	无须	成交前无限次更改
交易成本	高	低

（三）取消指令

取消指令又称撤单，是指交易者要求将某一指定指令取消的指令。

（四）止损指令

止损指令包括限价止损（止盈）指令和市价止损（盈）指令。限价止损（盈）指令是指当市场价格达到客户预设的触发价格时，即变为限价指令的一种指令。市价止损（盈）指令则是指当市场价格触及客户预先设定的触发价格时，指令立即转为市价指令。

（五）套利指令

期货交易所常对一些指定合约提供套利交易指令，交易所计算机撮合系统收到指令后将指令内各成分合约按规定比例同时成交。套利交易指令分为同品种跨期套利和跨品种套利交易指令。跨期套利指令指同时买进（卖出）和卖出（买进）两个相同标的物，但不同到期日期货合约的指令。跨品种套利指令是指同时买进（卖出）和卖出（买进）两个不同标的物期货合约的指令。套利指令不参与集合竞价。行情出现单方无报价时，交易者不能下达套利指令。

表 2-10 列出了我国期货交易所开发出的常见交易指令的种类和对每次下单数量的限制。当然，这些并不是全部指令，交易所的相关安排也不会是一成不变的。例如，中国金融期货交易所规定，自 2022 年 12 月 19 日交易时起，在沪深 300、中证 500、中证 1000、上证 50 股指期货上，客户某一合约日内开仓交易的最大数量为 500 手。套期保值等风险管理交易的开仓数量不受此限。自 2022 年 12 月 19 日交易时起，在沪深 300、中证 1000、上证 50 股指期权上，客户某一期权品种日内

开仓交易的最大数量为 200 手，某一月份期权合约日内开仓交易的最大数量为 100 手，某一深度虚值合约日内开仓交易的最大数量为 30 手。套期保值等风险管理交易、做市交易的开仓数量不受此限。又如，中国金融期货交易所规定，自 2023 年 3 月 20 日起，沪深 300、上证 50、中证 500、中证 1000 股指期货各合约平今仓交易手续费标准调整为成交金额的万分之二点三。交易者需要在交易前熟悉交易所安排的各种交易指令种类和具体规则。

表 2 – 10　　　　　　　　　　我国各期货交易所的交易指令汇总

交易所	指令种类	下单限制
大连商品交易所	限价指令、市价指令、限价止损（盈）指令、市价止损（盈）指令、套利指令（同品种和跨品种指令）	鸡蛋交易指令每次最大下单数量为 300 手。焦炭交易指令每次最大下单数量为 500 手。玉米交易指令每次最大下单数量为 2000 手。其他品种每次最大下单数量 1000 手
郑州商品交易所	限价指令、市价指令、取消指令、套利指令（跨期套利指令和跨品种套利指令）	期货交易指令每次最小下单量为 1 手，限价指令每次最大下单数量为 1000 手，市价指令每次最大下单数为 200 手
上海期货交易所	限价指令、取消指令	每次最大下单数量为 500 手
中国金融期货交易所	限价指令（可以附加即时全部成交或撤销和即时成交剩余撤销两种指令属性）、市价指令（2011 年 8 月 8 日起，暂停接受后两个季月合约上的市价指令申报）	市价指令每次最大下单数量为 50 手，限价指令每次最大下单数量为 100 手（国债期货暂定 200 手）

注：交易所会根据市场发展条件和需要不断完善交易指令种类，并调整每次最大下单数量。本表仅供参考。

三、委托与成交回报

（一）下单

通常所说的下单就是下达开仓指令或平仓指令用以买卖期货的活动。

平仓是合约了结的过程。这种了结过程既可能具有主动性质，也可能是被动或强制性的。主动平仓源于交易者了结头寸的主观愿望，也就是说无论盈利平仓，还是面临亏损的平仓出局都可归结为主动平仓，而强制平仓则是指期货交易所或期货经纪公司强行了结仓位持有者仓位的过程。平仓需要在交易系统中下达平仓指令。平仓下单的基本原理和注意事项与开仓一致。

（二）委托与指令下达方式

委托是交易者下达交易指令，将其委托于经纪机构进行交易的过程。交易者的下单方式有书面下单、电话下单和网上下单。其中，网上下单已成为我国期货交易中最普遍的方式。采取网上交易的客户，可以通过互联网，使用期货公司提供的专用交易软件收看、分析行情，网上交易下单。客户通过互联网，使用期货公司配置的网上下单系统进行网上下单。进入下单系统后，客户须输入自己的客户号与密码，经确认后即可输入下单指令。下单指令通过互联网传到期货公司后，通过专线传到交易所主机进行撮合成交。此外，投资者也可以通过期货公司的交易员下单进行交易。

（三）人工公开喊价与计算机撮合成交

无论是开仓还是平仓都要通过人工公开喊价或者计算机撮合成交的方式完成交易。

人工公开喊价属于传统的竞价方式，是指交易人聚集在交易大厅，通过互相叫喊进行报价的交易方式，又称为双向拍卖。公开喊价有连续竞价制和一节一价制。其中，流行最广的是连续竞价。连续竞价交易是指由交易者在交易所的交易池内面对面公开喊价进行交易。随着信息技术的发展，计算机撮合成交方式成为日益普及的竞价方式。计算机撮合成交是根据公开喊价的原理设计的计算机自动化交易模式。在计算机撮合成交中，期货交易所的计算机交易系统按照一定的原则，对交易双方的交易指令进行撮合配对以促成交易。中国从20世纪90年代建立期货市场之初，经过快速的探索实践，迅速推广了通过计算机自动竞价撮合的电子化交易。

期货市场的电子竞价可以分为开盘集合竞价和开市后连续竞价。交易者参与开盘集合竞价时，应注意两点。第一，如果该品种没有夜盘交易，开盘集合竞价在当日开盘价前五分钟进行。集合竞价前4分钟为期货合约买、卖指令申报时间，后1分钟为集合竞价撮合时间。第二，如果该品种有夜盘交易，通常开盘集合竞价在夜盘交易开市前5分钟内进行，日盘将不再进行集合竞价。若连续交易（夜盘交易）未交易，则集合竞价顺延至下一交易日的日盘开市前五分钟进行。

（四）成交回报

交易指令在系统中校验通过后发出，参与竞价，一旦成交，交易者会在期货公司的下单系统中获得成交回报，最终确认成交情况。成交回报记录单应包括成交价格、成交手数、成交回报时间等。

第四节　期货交割

交割是由期货交易所统一组织安排，在合约规定的交割日期，对未平仓合约以实物或现金交收的形式了结期货买卖义务的过程。尽管大多数期货交易者的交易不以交割为目的，期货的交割率也并不高，但交割至关重要，是确保期现货价格收敛的重要基础，是期货市场运行不可忽略的基础环节。为推动交割的完成和提高市场配置资源和市场运行的效率，各国期货交易所创设出了种类丰富的交割方式。

一、实物交割与现金交割

（一）实物交割

实物交割是指交易双方在交割日将合约所记载商品的所有权按一定流程、一定价格等规定进行转移、了结未平仓合约的过程。我国的商品期货和国债期货采用实物交割的方式进行交割。在商品期货中，交易所会在期货合约中确定标准的交割等级。例如，之前表 2 - 7 中列出了玉米标准品的品质要求。实物交割中还可以允许交割其他等级的替代品。期货交易所会计算和公布不同商品等级之间的升贴水。之前表 2 - 8 是玉米在交割商品时，买方支付的货款需要考虑交割品和标准品之间的升贴水。

与商品期货交割不同，国债期货交割的独特之处在于交易对象和交割对象之间存在着差异。例如，我国的 5 年期国债期货的交易对象是面值为 100 万元人民币、票面利率为 3% 的名义中期国债，这种国债是一种名义债券或者虚拟债券，现实中并不存在。在国债期货市场运作中，5 年货国债期货可用于交割的国债是距合约到期月首日剩余期限为 4~5.25 年的记账式附息国债，中国金融期货交易所会公布可交割债券的种类。表 2 - 11 列出了部分 10 年期国债期货 T2306 合约可交割国债及相关信息。由于可交割债券种类较多，卖方可以选择基差最小的国债或者隐含回购利率最大的国债品种来进行交割。这类债券通常被称为最便宜可交割债券（cheapest-to-deliver bond，CTD）。无论通过哪种方法来确定 CTD 债券，都需要了解转换因子的作用。转换因子的突出作用是将标准债券和可交割债券建立起可比较的联系。每个可交割债券都有自己对应的转换因子。关于转换因子的计算方法较为复杂，这里不予介绍。通常交易所在挂牌新合约时会公布不同债券的转换因子。转换因子在合约期内并不发生变化。

表 2 - 11   T2306 合约可交割国债和转换因子

国债全称	银行间代码	上交所代码	深交所代码	到期日	票面利率	转换因子
2022 年记账式附息（二十七期）国债	220027	019692	102227	20291215	2.79	0.9877
2020 年记账式附息（六期）国债	200006	019632	102006	20300521	2.68	0.9801
2020 年抗疫特别国债（四期）国债	2000004	019639	102064	20300716	2.86	0.9911
2020 年记账式附息（十六期）国债	200016	019646	102016	20301119	3.27	1.0178
2021 年记账式附息（九期）国债	210009	019657	102109	20310527	3.02	1.0014
2021 年记账式附息（十七期）国债	210017	019665	102117	20311118	2.89	0.9919
2022 年记账式附息（三期）国债	220003	019668	102203	20320217	2.75	0.981

资料来源：中国金融期货交易所网站。

（二）现金交割

现金交割是指按最后结算价对未平仓合约进行自动平仓，然后将客户平仓的净盈亏在客户保证金账户中进行划转的过程。这类交割方法主要存在于无法实物交割的期货品种中，如沪深 300 股指期货就采用现金交割。对于一些商品期货而言，也会采用现金交割。例如，芝加哥商品交易所推动了瘦肉猪期货交割方式的变革，采用了基于其瘦肉猪指数的现金交割。

二、仓库交割与其他地点交割

在商品期货交割中，买卖双方并不是直接进行实物商品的交收，而是通过交收特定的仓单来实现商品所有权的转让。我国期货交易所针对不同商品的生产布局和流通特性设计了不同的交割方式。

（一）仓库交割

仓库交割是指卖方通过将指定交割仓库开具的相关商品的标准仓单转移给买方以完成实物交割的交割方式，标准仓单是由期货交易所指定交割仓库出具、经交易所认定、注册的标准化提货凭证。标准仓单经交易所注册后可以用于交割、转让、提货和质押。

（二）厂库交割

厂库交割是指卖方通过将指定交割厂库开具的相关商品标准仓单转移给买方以完成实物交割的交割方式。其中，厂库是经交易所批准可以为履行实物交割的现货生产的企业仓库。在厂库交割中，标准仓单是指需要交易所批准和按照交易所的指定程序签发，在交易所标准仓单管理系统中生成的实物提货凭证。

（三）车（船）板交割

车（船）板交割是指卖方在交易所指定交割计价点将货物装至买方汽车板、火车板或轮船板，完成货物交收的一种实物交割方式。交割计价点是指车（船）板交割时由交易所指定的用于计算双方各自应承担交割费用的地点。交易所在交割计价点设置指定交割仓库或者其他交割服务机构，买卖双方选择在交割计价点交割的，应通过以上机构开展，并需交付一定的费用。

（四）提货单交割

提货单交割是大连商品交易所设计的一种独特的交割方式，可用于铁矿石交割。其主要特点是，在交割月前一个月的规定时间内由买卖双方主动申请采用提货单形式进行交割。提货单是指在买方完成商品验收、确认合格、并经存货港口对物权转移确认后，卖方签发给买方的实物提货凭证。

（五）中转仓库交割

中转仓库交割是指卖方通过将中转仓库开具的相关商品中转仓单，转移给买方以完成实物交割的交割方式。这种交割方式被郑州商品交易所采用。表 2－12 总结了按照交割地点划分的我国商品期货交易所交割种类。

表 2－12　　　　按照交割地点划分的我国商品期货交易所交割种类

交易	大连商品交易所	郑州商品交易所	上海期货交易所
仓库交割	各品种通用（鸡蛋除外）	各品种通用（强麦、玻璃、动力煤除外）	各品种通用

续表

交易	大连商品交易所	郑州商品交易所	上海期货交易所
厂库交割	豆油、豆粕、棕榈油、焦炭、焦煤、铁矿石、乙二醇、胶合板、玉米淀粉、鸡蛋、粳米	甲醇、菜粕、晚籼稻、粳稻、白糖、PTA、菜油、硅铁、锰硅、棉纱、尿素、动力煤、苹果、玻璃	螺纹钢、线材
车（船）板交割	鸡蛋	动力煤，普麦、强麦、菜籽、苹果	—
提货单交割	铁矿石	—	—
中转仓库交割	—	棉花	

三、集中交割和滚动交割

（一）集中交割

集中交割又称一次性交割，是指到期合约在交割月份最后交易日过后一次性集中交割的方式。上海期货交易所采用一次性交割。大连商品交易所的交割细则规定，交易所上市的所有商品期货合约使用一次性交割。郑州商品交易所和中国金融期货交易所（国债期货）则采用集中交割和滚动交割相结合的方式。为推动集中交割，各交易所均设计了不同特点的集中交割程序。大连商品交易所规定一次性交割在 3 个交易日内完成，分别为标准仓单提交日、配对日和交收日（最后交割日）。在合约最后交易日后，所有未平仓合约的持有者须以交割履约，同一客户号买卖持仓相对应部分的持仓视为自动平仓，不予办理交割。

上海期货交易所则规定，实物交割应当在合约规定的交割期内完成。交割期是指该合约最后交易日后的连续五个工作日，该五个交割日分别称为第一、第二、第三、第四、第五交割日，第五交割日为最后交割日。

集中交割的缺点是：交割时间短，容易引起巨量交割，导致交割库容压力大，使买方无法及时提取货物，卖方无法及时获取货款，降低资源配置的有效性与合理性。

（二）滚动交割

滚动交割是指在合约进入交割月以后，由持有标准仓单和卖持仓的卖方客户主动提出，并由交易所组织匹配买卖双方在规定时间完成交割的交割方式。大连商品交易所、郑州商品交易所和中国金融期货交易所等采用滚动交割。在大连商品交易所，黄大豆 1 号、黄大豆 2 号、豆粕、豆油、玉米、玉米淀粉合约使用滚动交割。郑州商品交易所和中国金融期货交易所国债期货则采用滚动交割和集中交割相结合的方式，即交易所在最后交易日对没有滚动交割的未平仓合约进行一次性集中交割。各期货交易所分别设计了具有各自特点的滚动交割流程。在中国金融期货交易所，国债期货采用滚动交割。表 2 - 13 是我国不同交易所的滚动交割流程设计，可供参考。

第 二 章

第 二 章

表 2 – 13 我国各期货交易所设计的滚动交割流程

交易所	流程
大连商品交易所	1. 配对日闭市前。同时持有标准仓单和交割月单向类持仓的客户通过会员提出交割申请，相应持仓和仓单予以冻结，卖持仓对应的交易保证金不再收取。买方申报意向。持有交割月单向买持仓的买方在交割月第一个交易日至最后交易日前一交易日闭市前可以向交易所申报交割意向。 2. 配对日闭市后。交易所通过系统，按照"申报意向优先、含有建仓时间最早的持仓优先"原则。确定参与配对的买方持仓。对于选取的买卖双方，交易所先以仓库为单位汇总卖方申报交割的仓单数量，在买方和仓库之间按照"最少配对数"原则进行配对，确定买方交割对应的仓库和在该仓库交割的数量；再将配好仓库的买方与申请交割且持有该仓库仓单的卖方以"最少配对数"原则进行配对，确定交割对应的买卖双方。 配对结果一经确定，买卖双方不得变更，配对日闭市后，买方会员的配对持仓的交易保证金转为交割预付款。配对日闭市后，配对持仓从交割月合约的持仓量中扣除，不再受持仓限额限制。《交割通知单》和配对结果等滚动交割信息随配对日结算单通过会员服务系统发送给买卖双方会员，会员服务系统一经发送，即视为送达。配对结果等信息通过相关公共媒体和信息商对社会公众发布。 配对结果确定后，买方应及时向卖方提供有关增值税专用发票开具内容的事项，卖方在配对日后 7 个交易日内将增值税专用发票交付买方。交割增值税专用发票由交割的卖方客户向相对应的买方客户开具，客户开具的增值税专用发票由双方会员转交、领取并协助核实。 3. 交收日闭市前。配对日后（不含配对日）第 2 个交易日为交收日，交收日闭市之前，买方会员须补齐与其配对交割月份合约持仓相对应的全额货款，办理交割手续。 4. 交收日闭市后。交易所将卖方交割的仓单分配给对应的配对买方。交易所给买方会员开具《标准仓单持有凭证》，将货款的 80% 付给卖方会员，余款在卖方会员提交增值税专用发票后结清。
郑州商品交易所	1. 第一日为配对日。在配对日，卖方申请交割（14：30 前），买方响应。 2. 第二日为通知日。双方通过会员服务系统确认（交割通知单）。 3. 第三日为交割日。交割货款 80% 和仓单转让，增值税专用发票流转。
中国金融期货交易所	客户申请交割的，交割在四个交易日内完成，依次为意向申报日、交券日、配对缴款日和收券日。 1. 意向申报日，客户通过会员进行交割申报，会员应当在当日 14：00 前向交易所中心交割意向。收市后，交易所先按照客户在同一会员的申报交割数量和持仓量的较小值确定有效申报交割数量，再按照所有买方有效申报交割数量和所有卖方有效申报交割数量的较小值确定合约交割数量。交易所按照会员交割意向申报时间优先的原则确定进入交割的买方和卖方持仓，并将相应持仓从客户的交割月份合约持仓中扣除。未进入交割的意向申报失效。 2. 交券日。卖方客户应当确保申报账户内有符合要求的可交割国债，交易所划转成功后视为卖方完成交券。 3. 配对缴款日。交易所根据同国债托管机构优先原则，采用最小配对数方法进行交割配对，并于当日 11：30 前将配对结果和应当缴纳的交割货款通知相关会员。当日结算时，交易所从结算会员结算准备金中划转交割货款。 4. 收券日。交易所将可交割国债划转至买方客户申报的国债托管账户。

四、期货转现货交易

期货实物交割面临的普遍问题是：卖方要交割的产品不是交易所的注册品牌、买方在交割过程之中拿到不符合自己需要的品牌产品、距离交割地远的企业参与交割不方便，等等。为解决交割中的这些问题，期货交易所设计出了期货转现货交易（exchange for physical，EFP）以下简称期转现。有些期货交易所还开展了期货转互换交易（exchange for swaps，EFS）。这里重点介绍期转现交易。

（一）期转现的基本原理

期货转现货交易是除对冲平仓、实物交割之外的第三种了结期货合约的方式，通常可以将其视为交割。具体而言，期转现是在期货合约规定的实物交割期之前，持有方向相反且同月份合约的交易者，通过交易所，将期货头寸转换为现货头寸，并按照双方协商的交割条件进行实物交割。

期转现交易的基本步骤如下所述。

第一步，寻找交易对手，自行寻找或通过交易所寻找。

第二步，双方协商平仓价格和现货买卖价格。

第三步，向交易所提出申请。

第四步，办理手续，对冲平仓。

第五步，现货交易。

【例 2 - 2】期货转现货交易

在小麦期货市场，甲为买方，建仓价格为 1100 元/吨，乙为卖方，建仓价格为 1300 元/吨。如果卖方要通过期货交易所进行交割，那么就需要支付小麦搬运、存储、利息的交割成本 60 元/吨。双方商定的平仓价为 1240 元/吨，小麦现货实际交割价格为 1200 元/吨。表 2 - 14 计算比较了买卖双方期转现交易较之于交割所能获得的好处。如果在期货市场上交割，甲方购买小麦的价格为 1100 元/吨，通过期转现则需要 1060 元/吨，每吨节省了 40 元/吨；乙方交割收入是 1300 元/吨，但是扣除交割成本则实际上仅为 1240 元/吨，相比之下期转现的收入则是 1260 元/吨，较之于交割，买方通过期转现交易多收入了 20 元/吨（见表 2 - 14）。

表 2 - 14　　　　　期转现业务中买卖双方收付情况的计算和比较

项目	甲方（买方）	乙方（卖方）
期货建仓价	买入价格 1100 元/吨	卖出价格 1300 元/吨
议定的期货平仓价	1240 元/吨	1240 元/吨
谈判的现货价	1200 元/吨	1200 元/吨
期货交割费用	—	60 元/吨
期转现交易后双方实际的交/收价	现货买入价 1200 -（卖出平仓价 1240 - 买入建仓价 1100）= 1060（元/吨）	现货卖出价 1200 +（卖出建仓价 1300 - 买入平仓价 1240）= 1260（元/吨）
期转现较之于交割节省的费用	1100 - 1060 = 40（元/吨）	1260 -（1300 - 60）= 20（元/吨）

（二）期转现的分类

期转现可以分为标准期转现和非标准期转现。这里以大连商品交易所相关规定为例说明二者的差异。标准仓单期转现在申请当日审批，非标准仓单期转现在三个交易日内审批。标准仓单期转现收取交割手续费，非标准仓单期转现收取交易手续费。标准仓单期转现中，交易所负责买卖双方的仓单交收和货款支付；非标准仓单期转现中，交易所不负责货物交收和货款支付。

（三）期转现的发展

期转现虽是一种典型的非标准期货交割方式，但却是期货交易方式与现货交易方式最有效率的结合，有利于现货流通、满足买卖双方要求、促进期货与现货联系的制度安排。因此，期转现已经成为国际商品期货交易中通行的大宗商品期货交割方式。在国外，期转现不仅在商品期货交易中得到应用，而且在金融工具的交易中也得到广泛应用。芝加哥商品交易所几乎所有品种的期货均开展期转现。进入21世纪后，大连商品交易所、上海期货交易所和郑州商品交易所纷纷推出了商品期货转现货交易。2018年中国金融期货交易所修订了期货交易规则，也开始推出国债期货转现货交易，以降低交易策略执行成本，满足投资者协商议价、灵活交易等多样化需求，助力国债期货市场健康发展。

复　习　题

1. 期货合约的主要条款有哪些？
2. 期货市场的基本制度有哪些？
3. 期货市场中如何进行期转现交易？
4. 期货交易指令有哪些种类，试选取2~3种解释之。
5. 试说明每日结算盈亏和浮动盈亏的区别。
6. 什么是维持保证金？维持保证金和保证金是什么关系？
7. 什么是交易头寸限制和业务报告制度？交易所为何要实行交易头寸限制和业务报告制度？

案　例　分　析

独立结算模式与专属结算模式

专属经营的结算机构往往是交易所下属的一个部门，或者是交易所的全资子公司，作为某一交易所内部机构的结算机构，主要为在该交易所进行的交易提供结算服务。采取独立经营的结算机构一般不从属于任何一家交易所，其所有权和管理结构都与会员交易所相独立，不为某一家特定的交易所独有。

伦敦结算所（LCH）是一家典型的独立结算机构。它自从1888年成立以来，就一直保持着独立于交易所的专业结算机构的组织形式。尽管现在的伦敦结算所的大部分结算会员都是交易所会员，并且有些交易所如伦敦国际金融期货交易所、伦敦金属交易所和伦敦国际石油交易所还掌握了伦敦结算所的部分股份，但是伦敦结算所在法律上独立于这三家交易所，其所有权和管理结构也不同于这些交易所。伦敦结算所不但为上述三家期货交易所提供结算服务，还为股票交易、场外交易、回购和互换交易提供结算服务。

LCH 发展历程大致划分为四个历史阶段。第一阶段从成立到 20 世纪 80 年代初，业务范围很窄，仅限于为伦敦本地的商品市场提供结算服务，如咖啡、糖的交易结算。第二阶段是从 20 世纪 80 年代开始，LCH 的业务触角延伸到金融的现货及衍生产品市场领域。其中，1981 年 LCH 开始为国际石油交易所（IPE）的能源期货交易进行结算。1982 年，LCH 开始为伦敦国际金融期货交易所（LIFFE）的所有期货、期权的交易提供结算服务。1987 年，为伦敦金属交易所（LME）提供结算服务。IPE、LIFFE 的加入使得 LCH 的业务范围从原来纯粹的商品范畴扩展到金融衍生产品领域。由于金融期货的迅速发展，金融衍生产品的结算很快上升为 LCH 的主要业务。进入 90 年代后，LCH 为在英国电子交易所的现货股票提供结算，之后 LCH 的结算客户中又增加了伦敦证券交易所（LSE）。至此，LCH 的业务涵盖了在伦敦交易的大部分股票现货和衍生产品。第三阶段从 1999 年中期开始，LCH 开始为场外交易市场（OTC）市场提供结算服务。1999 年 7 月和 9 月，LCH 分别开始运用 RepoClear 和 SwapClear 结算系统为 OTC 的互换合约提供结算服务，开辟了为 OTC 产品进行结算的先例。第四阶段是指近年来，LCH 利用高速发展的信息技术，进一步加强与其他交易所之间的合作，扩大结算对象范围，提升结算会员价值。

采取独立经营模式的结算所，一般不从属于任何一家交易所，它的所有权和管理机构都与会员交易所相独立，有独立的经营目标。从组织结构上看，结算所与交易所之间呈平等关系，所以也可以称之为"水平式"。LCH 作为一家独立的结算所，充分运用自身的优势，将结算业务不断扩展，使 LCH 业务迅速国际化，不仅在伦敦，而且在整个欧洲的期货结算所中形成有重要的地位。

请分析伦敦结算所采取独立结算模式的优势和劣势，以及独立模式运营的结算机构的发展前景。

第 二 章

| 第三章 | **期货套期保值**

学习提要

1. 了解套期保值的概念、功能和企业套期保值操作的原则
2. 掌握两种套期保值交易类型的原理、步骤和适用条件
3. 认识基差对套期保值效果的影响
4. 了解基差风险并掌握两种基差交易的操作过程

关键词

多头套期保值；空头套期保值；平仓；期货价格；现货价格；盈利性保值；亏损性保值；完全套期保值；买方叫价交易；卖方叫价交易

第一节　套期保值的概念与基本原理

一、套期保值的名称

"套期保值"是从英语"hedge"翻译过来的。"hedge"的本来意思是"对冲"。"对冲"的含义极其广泛，可以用在不同的场合。当你拥有资产甲，面临贬值风险时，如果卖出另一种资产乙，只要资产乙与资产甲之间具有正相关关系，就可称为"对冲"。资产甲贬值时会遭受损失，但由于资产乙也贬值，卖出资产乙就会有收益；资产甲升值时会有收益，但由于资产乙也升值，卖出资产乙就会有亏损。这样，一买一卖就形成了亏损与收益的对冲关系。比如，买进现货的同时卖出同品种的期货，这就形成对冲关系，买进某一月份期货的同时卖出同品种的另一个月份的期货（国内常称为跨月套利），也形成对冲关系。如果两种不同资产之间具

有负相关关系，则同时买进两种资产也形成对冲关系；同时卖出两种资产同样构成对冲关系。

对冲可以将价格基本锁定，从而免除了价格波动导致的重大风险损失。正是在这个意义上，人们才把对冲工具称为避险工具。

在我国，通常已习惯将期货与现货之间的对冲译成套期保值，换言之，套期保值已成为"期货与现货"对冲的特称了。值得注意的是，期货与现货之间的对冲不全是套期保值，还有一种称为"期现套利"（arbitrage）交易方式的，也在期货与现货之间进行交易，两者在形式上差不多，但目的并不一样。

二、套期保值的有效性

为什么利用期货市场可以有效规避现货市场风险？这与期、现价格之间的基本关系有关。期货与现货价格之间有两个基本特点：一是同种商品的期货价格走势与现货价格走势一致；二是期货与现货价格随着期货合约到期日的临近，两者趋向一致，即具有收敛倾向。别小看这两个特点，正是这两个特点维系着套期保值的有效性，使得套期保值者可以放心地进入期货市场并利用期货市场实现自己的避险目的。反过来，我们也可以将这两个特点作为标准来检验某个特定的期货市场是否是规范运作的，以及是否是健康的。

现货市场与期货市场虽然是两个各自独立的市场，但因某一特定商品的期货价格和现货价格在同一市场环境内会受到相同经济因素的影响和制约，故一般情况下两个市场的价格变动趋势应该相同。

在商品期货交易中，一般都规定合约到期时必须进行实物交割。到交割时，如果期货价格和现货价格不同，例如期货价格高于现货价格，就会有套利者买入低价现货，卖出高价期货，以低价买入的现货在期货市场上高价抛出，在无风险的情况下实现盈利。反之，如果期货价格低于现货价格，需要该商品的现货商会在期货市场上低价买进，或者作为自用，或者在现货市场高价卖出。在理论意义上，这种套利交易最终会使期货价格和现货价格趋向一致。在金融期货交易中，有采用现金交割方式的，交割价的确定是以现货价为基准的，等于是强迫期货价与现货价收敛。正是这些交割制度，保证了现货市场与期货市场价格随期货合约到期日临近而趋向一致。

图 3-1 为沪深 300 股指期货 2022 年 5 月合约与沪深 300 现货指数日收盘价示意（2022 年 3 月 21 日至最后交易日的 5 月 20 日）。从图中可见，两者趋势相同且最终几乎合二为一。

三、套期保值的四项基本原则

套期保值的目的是对冲现货价格风险。为了实现这一目的，在操作时必须遵守以下四项基本原则，交易方向相反原则，商品种类相同原则，数量相等或相近原则，以及月份相同或相近原则。套期保值交易操作的四项基本原则是任何套期保值交易都必须兼顾的，忽略其中任何一个，都有可能影响套期保值交易的效果。

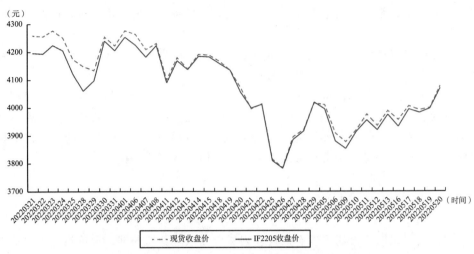

图 3 – 1　沪深 300 期指 2205 合约与现货指数日收盘价

（一）交易方向相反原则

套期保值的目的是对冲现货价格风险，由于期货价格与现货价格具有正相关关系，对冲的前提自然是期货买卖的方向与现货方向是相反的。比如，在现货上现在有货或将来有货，担心未来价格下跌而受损。要对冲价格下跌风险，就必须在期货市场中卖出。这显示为现货上的多头，期货上的空头。又如，手中目前无货或将来要交货，担心到需要买时价格上涨，要对冲价格上涨风险就必须在期货市场中买进。这显示为现货上的空头，期货上的多头。

如果违反了交易方向相反原则，所做的期货交易就不能称作套期保值交易了。因为这样做不仅达不到对冲价格风险的目的，反而增加了价格风险，其结果是要么同时在两个市场上亏损，要么同时在两个市场上盈利。比如，对现货市场上有货或将来有货者来说，如果其同时在期货市场也做买方，那么，在价格上涨的情况下，其在两个市场上都会出现盈利，在价格下跌的情况下，在两个市场上都会出现亏损。

（二）商品种类相同原则

商品种类相同原则是指在做套期保值交易时，所选择的期货品种应该和需要对冲风险的现货商品相同。只有相同的商品，期货价格和现货价格之间才会形成较强的正相关关系，才能在价格走势上保持大致相同的趋势，否则所做的套期保值交易就难以达到规避价格风险的目的。如果期货市场上没有相同的品种，则应该选择那些在价格走势上大致相同的同类商品。比如，对航空公司来说，在期货市场上不存在航空煤油这一品种，但由于航空煤油、燃料油、汽油都是石油的同源性产品，彼此价格有着很高的正相关性，因而采用已经开设的原油期货、燃料油期货对航空煤油进行套期保值也是可行的。

（三）数量相等或相近原则

数量相等或相近原则是指在做套期保值交易时，在期货市场上买卖的数量应该与交易者需要对冲的商品数量基本相等。既然套期保值交易的目的是对冲现货风险，那么就应该是现货上有多少风险头寸就在期货上对冲多少。对冲的数量太少，

第 三 章

必定有部分现货头寸风险依旧；对冲数量过多，多余的头寸就成了投机头寸。对这一原则的理解，大家可以参看当年株洲冶炼厂案例（见案例 3-1）。

案例 3-1

20 世纪 80 年代末，受国际宏观经济的带动，整个伦敦金属交易所（LME）金属期货产品都经历了一场波澜壮阔的牛市，锌锭市场也不例外。但进入 90 年代以后，世界锌锭市场供需发生了重大改变，中国由纯进口国变成了纯出口国。伦敦金属交易所的锌价格也随着供需面的改变，在经历了 1989～1991 年的牛市后进入了漫长的熊市，1991 年 3 月锌期货价格从 1700 美元/吨左右跌至 1992 年初的 1000 美元/吨，1992 年年中涨至 1350 美元/吨后再次陷入低迷，一直持续至 1994 年下半年。1995 年初，锌期货价格走出一波小高潮，最高达到 1250 美元/吨，此后直到 1996 年底一直在每吨 1000 美元上下低迷徘徊。

当时的株洲冶炼厂（以下简称株冶），年锌锭产量为 25 万吨左右。在锌价低迷的走势下，由于担心价格进一步下跌，就考虑在伦敦金属交易所进行卖出套期保值。当时株冶设有专门的进出口公司，进出口公司中设有期货部，专门从事伦敦金属交易所的锌锭期货保值业务。但是，进出口公司的总经理既是公司管理层，又参与伦敦金属交易所的具体交易，甚至还是下单员。

由于交易人员认定锌价还将继续下跌，他们在伦敦金属交易所卖出了 40 多万吨的期货，交割月份为 1997 年 5～8 月，卖出价格基本在每吨 1000 美元左右。这一数量，实际上已经完全超出了其生产能力。此时，一家瑞士巨大的实物贸易商盯上了株冶这个大空头。在不声不响中，这家贸易公司悄然囤积库存，并同时在伦敦金属交易所买入 1997 年 5～8 月交割的期货。在此时间段内，市场上形成了以瑞士贸易商为首的大多头和以株冶为首的大空头对决的局面。当时的株冶认为，反正届时可以交货，根本没有考虑在如此短的时间内，是否能交运这么多的货物。

1997 年 1 月，LME3 月期锌价格开始大幅上扬，每月以每吨 100 美元的速度走高。价格从年初的 1050 美元/吨一路飙升至 7 月的每吨 1700 美元左右。现货价格更是暴涨至 2000 美元/吨，现货升水基本维持在 150～300 美元。到 4 月时，株冶的期货操作人员仍然未能加以足够的重视。进入 5 月，由于期货市场保证金不能到位，短期内又不能交货，株冶被迫在高位全部买入平仓，最终导致 2 亿美元的亏损。

株冶自己生产一定量的锌，在市场价格低迷之时，担心锌价继续下跌而通过期货市场卖出保值是合理的。但是，问题在于其交易数量失控，当交易数量远远超出了自己的能力时，这就不是套期保值了，至少可以说其中已经掺杂了大比例的投机交易。当套期保值转化为投机交易，其带来的风险也因此被放大，甚至超出企业可以承担的能力。从套期保值的观点看，株冶在一开始进入市场大量抛售的决策就已经违背了套期保值的目的和宗旨。初始决策的不慎导致最终不得不吞下苦果。值得注意的是进出口公司的总经理既是公司管理层，又参与交易所的具体交易，甚至还是下单员，这一情况充分说明了公司在分工及决策机制上都有着重大缺陷。公司管理层人员不是从公司整体经营计划出发制定套期保值方案并实施必要的监控，而是亲自操刀，成了一般的交易员。由于缺乏应有的监督和制约，一旦在判断行情、制定方案中产生失误，很难得到及时纠正，最终导致出现不可收拾的局面。

（四）月份相同或相近原则

月份相同或相近原则是指在做套期保值交易时，所选用的期货合约的交割月份最好与交易者将来在现货市场上实际买进或卖出的时间相同或相近。

选用相同或相近时间的期货合约，一是可以使期货合约覆盖的时间与现货暴露的风险时间一致，二是随着期货合约交割期的到来，期货和现货之间的价格差会缩小，这两条都有利于增强套期保值的效果。

比如，某企业每月需采购使用 2000 吨燃料油。年初时，燃料油现货市场价在每吨 1800 元左右，该企业认可此价格，并决定在期货市场进行买进套期保值。在选择合约月份时，最好是一年内每个月份的合约都买进 2000 吨。每个合约都在到期前实施平仓，同时在现货市场上进行采购。

四、利用期权进行套期保值

买进套期保值的主要原因是担心价格上涨。实际上，除了可以采用买进套期保值来解决这种担忧外，买进看涨期权也可以达到同样的目的。

买卖期权实际上就是买卖保险。在期权交易中，买进期权需要支付权利金，相当于买保险需要支付保险费，得到的好处是可以选择到期时是否按约定的执行价格买卖标的物。比如，4 个月后的小麦期货价格是每吨 1200 元，某企业担心在 4 个月之后必须进行采购时价格上涨，一种办法是买进期货，将实际采购价固定在每吨 1200 元左右。另一种办法是买进看涨期权。假如在执行价格 1200 元处看涨期权的权利金是每吨 30 元。该企业买进看涨期权后的效果是实际采购价格不高于每吨 1230 元。如果 4 个月后期货价格上涨到每吨 1200 元以上，该企业执行权利，获得每吨 1200 元的多头期货头寸，加上每吨 30 元的权利金，其实际采购价格是每吨 1230 元。如果 4 个月后期货价格不涨反跌，比如跌到每吨 1100 元，则该企业放弃执行权利。由于在现货市场上的采购价格也同步下跌，如果价格也为每吨 1100 元，考虑到已经支付的 30 元权利金，则该企业的实际采购价格为 1130 元，比采用期货方式每吨还节约了 70 元。

与买进看涨期权可以替代买进套期保值一样，卖出套期保值也可以用买进看跌期权来代替。比如，4 个月后为小麦收获季节，相应的小麦期货价格为每吨 1200元，某农场对以此价格实行销售极为满意，担心 4 个月之后价格下跌。这时，一种办法是卖出期货，将实际销售价固定在每吨 1200 元左右。另一种办法是买进看跌期权。假定执行价格 1200 元处看跌期权的权利金是每吨 25 元。该农场买进看跌期权后的效果是实际销售价格不低于每吨 1175 元。如果 4 个月后期货价格下跌到每吨 1200 元以下，该农场执行权利，获得每吨 1200 元的空头期货头寸，减去每吨 25 元的权利金，其实际销售价格是每吨 1175 元。如果 4 个月后期货价格不跌反涨，比如涨到每吨 1300 元，则该农场放弃执行权利。由于在现货市场上的价格也同步上涨，如果价格也为每吨 1300 元，考虑到已经支付的 25 元权利金，则该企业的实际销售价格为 1275 元，比采用期货方式每吨还多出了 75 元。

　　用期权进行套期保值好，还是用期货进行套期保值好应该说这两种方式各有特点。采用期权方式，权利金相当于保险费，这是比期货多支付的成本，但好处是一旦价格涨跌的方向与你当初担心的方向相反，只要幅度超过了权利金，期权方式就比期货方式好，因为赔掉的仅限于权利金，而在现货市场上可以尽情享受对自己有利的价格（比原先预期更低的采购价或比原先预期更高的销售价）。更多期权套保的分析见本书中的案例 3 - 8。

第二节　套期保值的种类

一、买进套期保值

（一）买进套期保值的概念

　　所谓买进套期保值，是指现货商因为担心价格上涨而在期货市场上买入期货，目的是锁定买入价格。比如，某一出口商已经与对方签订了一笔 3 个月后交货的合同，按照现行价格，可说是利润颇丰。他在准备履行合同时有两种做法：一是现在就在市场上买进现货，储存起来，3 个月后予以交付。但是，这样做不仅需提前支付货款，并且还得支付仓储费和保险费；另一种做法是临近交付时再在市场上买进，但这样做有很大风险。一旦 3 个月后价格上涨，在市场上买货，再和卖方交割，很可能导致这笔本来可以获利的业务变成亏损。怎么办呢？一种可取的办法就是在期货市场上预先买进，由于这时的期货价与现货价差不多，买进期货后，实际上就是将 3 个月之后的采购成本锁定了。

（二）买进套期保值的优点和代价

　　1. 买进套期保值的优点

　　（1）回避价格上涨所带来的风险。如在案例 3 - 2 中，铝型材厂通过买入保值，用期货市场上的盈利弥补了现货市场上多支付的成本，回避了价格上涨的风险。

案例 3 - 2

　　广东某铝型材厂的主要原料是铝锭，某年 3 月铝锭的现货价格为 13000 元/吨，该厂计划在两个月后购进 600 吨铝锭。由于担心届时价格上涨而提升成本，决定进行买进套期保值。3 月初以 13200 元/吨的价格买入 600 吨 5 月到期的铝锭期货合约。5 月初，铝锭现货价已上涨至 15000 元/吨，而此时期货价格也涨至 15200 元/吨。于是，该铝型厂以 15000 元/吨的价格在现货市场上购进了 600 吨铝锭，同时在期货市场上以 15200 元/吨的价格卖出平仓。其最终的盈亏平衡情况如表 3 - 1 所示。

表 3-1　　　　　　　　　　　买进套保盈亏平衡表（1）

时间	现货市场	期货市场
3 月初	现货市场价格为 13000 元/吨，计划在两个月后买入 600 吨	以 13200 元/吨的价格买进 600 吨 5 月到期的铝锭期货合约
5 月初	在现货市场上以 15000 元/吨的价格买入 600 吨铝锭	以 15200 元/吨的价格将原来买进 600 吨 5 月到期的合约平仓卖出
结果	5 月初买入现货比 3 月初多支付 2000 元/吨的成本	期货对冲盈利 2000 元/吨

第三章

可见，该铝型材厂在过了 2 个月后以 15000 元/吨的价格购进铝锭，比先前 3 月初买进铝锭多支付了 2000 元/吨的成本。但是，由于做了买进套期保值，在期货交易中盈利了 2000 元/吨的利润，用以弥补现货市场购进时多付出的价格成本，其实际购进铝锭的价格仍然是 13000 元/吨。

假如 5 月初铝锭的价格不涨反跌，现货、期货都下跌了 500 元/吨，则最终的盈亏平衡情况如表 3-2 所示。

表 3-2　　　　　　　　　　　买进套保盈亏平衡表（2）

时间	现货市场	期货市场
3 月初	现货市场价格为 13000 元/吨，计划在两个月后买入 600 吨	以 13200 元/吨的价格买进 600 吨 5 月到期的铝锭期货合约
5 月初	在现货市场上以 12500 元/吨的价格买入 600 吨铝锭	以 12700 元/吨的价格将原来买进 600 吨 5 月到期的合约平仓卖出
结果	5 月初买入现货比 3 月初少支付 500 元/吨的成本	期货对冲亏损 500 元/吨

可见，该铝型厂在 2 个月后买入铝锭比 3 月初买入少支付了 500 元/吨，但由于在期货市场上做了买入保值，期货市场亏损了 500 元/吨，该铝型材厂铝锭的实际进价成本仍然为 13000 元/吨，即用现货市场上少支付的 500 元/吨弥补了期货市场上亏损的 500 元/吨。

该厂所作的买进套期保值，实际上起到的作用就是将进价成本锁定在 3 月初认可的 13000 元/吨。

（2）提高了企业资金的使用效率。期货交易是一种保证金交易，因此只用少量的资金就可以控制大批货物，加快了资金的周转速度。根据交易所 5% 交易保证金的要求，在案例 3-2 中，该铝型材厂只需运用 396000 元，即 $13200 \times 600 \times 5\%$

即可达成交易，即使加上 5％ 的资金作为抗风险资金，其余 90％ 的资金在 2 个月内可加速周转，不仅减少了资金占用成本，还节约了仓储费、保险费用和损耗。

（3）能够促使现货合同早日签订。如在案例 3 - 2 中，面对铝锭价格上涨的趋势，供货方一般不会愿意按照 3 月初的现货价格签订 5 月供货合同，而是希望能够签订活价供货合同，即成交价格按照到期的现货市场价格。如果买方做了买进套期保值，就可放心地签订活价供货合同，因为即使价格真的上去了，买货方也可以用期货市场的盈利弥补现货多支付的成本。

2. 买进套期保值的代价

买进套期保值付出的代价是一旦采取了套期保值策略，即失去了价格下跌可得到的好处。也就是说，在回避对己不利的价格风险的同时，也放弃了因价格可能出现的对己有利的机会。比如，在案例 3 - 2 中，如果铝锭价格下跌，该厂的买进套期保值出现亏损，尽管现货市场少支付的成本可以弥补期货市场的亏损，但与没有进行套期保值的企业相比，进货成本反而高了。

（三）买进套期保值的适用对象及范围

买进套期保值适用对象为：准备在将来某一时间内必须购进某种商品时价格仍能维持在目前认可的水平的商品购买者。因为他们最大的担心是当实际买入现货商品时价格上涨。买进套期保值一般可运用于如下一些领域：

（1）加工制造企业为了避免日后购进原料时价格上涨。如铝型材厂担心日后购进铝锭时价格上涨，用铜企业担心日后电解铜的价格上涨，饲料厂担心玉米、豆粕的价格上涨，等等。

（2）供货方已经跟需求方签订好现货供货合同，将来交货，但供货方此时尚未购进货源，担心日后购进货源时价格上涨。如某一进出口公司 5 月底跟外商签订了合同。约定 8 月底给外商提供 3000 吨优质小麦，价格为 1200 元/吨，5 月底小麦的现货价格为 1120 元/吨，预计将有 80 元/吨的利润，但由于货款或库存方面的原因，跟外商签订合同时尚未购进小麦，因为担心 8 月初到现货市场购进小麦时小麦价格上涨，造成利润减少或亏损。

（3）需求方认为目前现货市场的价格很合适，但由于目前资金不足或者仓库已满等原因，不能立即买进现货，又担心日后购进时价格上涨，稳妥的办法是进行买期保值。

二、卖出套期保值

（一）卖出套值保值的概念

卖出套期保值是指现货商因为担心价格下跌而在期货市场上卖出期货，目的是锁定卖出价格。比如，大农场在种植农作物时，会对种植成本进行测算，并参照现行价格推算可得利润。由于未来售价是不确定的，一旦卖出时价格下跌，损失就难免了。由于这时的期货价与现货价差不多，卖出期货，实际上就是将未来产品的销售价提前锁定了。

（二）卖出套期保值的优点和代价

1. 卖出套期保值的优点

（1）卖出套期保值能够回避未来现货价格下跌的风险。如在案例 3-3 中，该企业成功地回避了白糖现货价格下跌的风险。

案例 3-3

白糖生产销售具有"榨季生产，全年销售"的特点。在 9 月榨季和年底时，现货价格波动幅度较大，榨糖企业面临较大的生产经营压力。为此，某糖业集团多次利用白糖期货进行套期保值。进入 10 月榨季，白糖现货价格上涨到 5400 元/吨。面对糖价的上涨，该制糖企业对后期价格能否维持在当前高位感到疑虑，决定利用期货市场锁定销售利润。于是以 5600 元/吨的价格卖出 5000 吨来年 1 月到期的白糖期货合约。

假定来年 1 月白糖现货价格果然下跌到了 5100 元/吨，白糖期货合约也跌至 5200 元/吨。此时，该企业按照当时的现货价格卖出 5000 吨白糖，同时将期货空头持仓买入平仓，结束套期保值，则最终的盈亏平衡情况如表 3-3 所示。

表 3-3　　　　　　　　　　　　卖出套保盈亏平衡表（1）

时间	现货市场	期货市场
10 月初	现货市场价格为 5400 元/吨，计划在 3 个月后卖出 5000 吨	以 5600 元/吨的价格卖出 5000 吨 1 月到期的白糖期货合约
1 月初	在现货市场上以 5100 元/吨的价格卖出 5000 吨白糖	以 5200 元/吨的价格将原来 5000 吨 1 月到期的合约买入平仓
结果	1 月初卖出现货价比 10 月初降低了 300 元/吨	期货盈利 400 元/吨

可见，尽管来年 1 月白糖价格下跌了，但由于企业进行了卖出套期保值操作，实际销售白糖的价格却比 10 月初的 5400 元/吨还要高出 100 元/吨，不仅完全规避了白糖价格下跌的风险，利润还有增加。如果不进行套期保值，该企业将遭受每吨白糖销售下降 300 元的利润损失。

假如来年 1 月白糖现货价格不跌反涨到了 5600 元/吨，期货合约也涨至 5720 元/吨。此时，该企业按照当时的现货价格卖出 5000 吨白糖，同时将期货空头持仓全部买入平仓，结束套期保值，则最终的盈亏平衡情况如表 3-4 所示。

表 3-4　　　　　　　　　　　　卖出套保盈亏平衡表（2）

时间	现货市场	期货市场
10 月初	现货市场价格为 5400 元/吨，计划在 3 个月后卖出 5000 吨	以 5600 元/吨的价格卖出 5000 吨 1 月到期的白糖期货合约
1 月初	在现货市场上以 5600 元/吨的价格卖出 5000 吨白糖	以 5720 元/吨的价格将原来 5000 吨 1 月到期的合约买入平仓
结果	1 月初卖出现货价比 10 月初提高了 200 元/吨	期货亏损 120 元/吨

第 三 章

该糖业集团在 3 个月后销售白糖比 10 月销售白糖多获得了 200 元/吨的利润，但由于在期货市场上做了卖出套期保值，期货市场亏损了 120 元/吨。因此，该糖业集团的实际销售价为 5480 元/吨，尽管卖出套期保值后比不做套期保值价格下跌了 120 元/吨，但如果还原初心，当初套期保值的目的就是将销售价格锁定在 10 月初认可的 5400 元/吨，现在为 5480 元/吨，情况好于预期，并不算吃亏。

（2）经营企业通过卖出保值，可以按照原先的经营计划，强化管理、认真组织货源，顺利落实并完成销售计划。如上例中，是加工型企业，原材料和产品两头都有市场价格风险。当原材料价格高企时，公司通过提前卖出高价产品锁定了正常加工利润。

（3）卖出套期保值有利于现货合约的顺利签订。企业由于做了卖出保值，就不必担心对方要求以日后交货时的现货价为成交价。这是因为在价格下跌的市场趋势中，企业由于做了卖出保值，就可以用期货市场的盈利来弥补现货价格下跌所造成的损失。反之，如果价格上涨，企业趁机在现货市场上卖个好价钱，尽管期货市场上出现了亏损，但该企业还是实现了自己的销售计划。

2. 卖出套期保值的代价

卖出套期保值所付出的代价是，保值者放弃了日后出现价格有利获得更高利润的机会，如案例 3 - 3 中如果白糖价格上涨到每吨 5600 元，企业不进行期货保值可以获得多出来的 200 元收益，但如果做了卖出套期保值，该企业必须减去期货市场损失的 120 元。

（三）卖出套期保值的适用对象及范围

卖期保值的适用对象为：准备在未来某一时间内在现货市场上售出实物商品的生产经营者。为了日后在现货市场售出实际商品时所得到的价格仍能维持在当前合适的价格水平上，他们最大的担心就是当实际在现货市场上卖出现货商品时价格下跌，为此应当采取卖出套期保值方式来保护其日后售出实物的收益。具体说来，卖出套期保值主要用在下面几种情况中。

（1）直接生产商品期货实物的生产企业，如农场与工厂等，由于有库存产品尚未销售，或即将生产、收获某种商品期货实物，担心日后出售时价格下跌。

（2）储运商、贸易商手头有库存现货尚未出售，或储运商、贸易商已签订合同，将来以特定价格买进某一商品但尚未转售出去，担心日后出售时价格下跌。

（3）加工制造企业担心库存原料价格下跌。

第三节　套期保值与基差

在前面所举的套期保值案例中，经常假设期货价格的涨跌与现货价格涨跌完全一样，但正常的情况是期价涨跌幅与现价涨跌幅并不一样。涨跌幅差异的存在会给套期保值的效果带来一定的影响，要考虑影响的大小，就必须引进"基差"概念。

一、基差的概念

基差是指现货商品的价格与相同商品的期货价格之间的差额。

基差 = 现货价格 - 期货价格

一般来说，基差所指的现货商品的等级应该与期货合约规定的等级相同，并且基差所指的期货价格通常是最近的交割月的期货价格。例如，6 月 20 日小麦基差为 "10 cents under"，如果没有特别约定，这是指当日与期货合约规定的相同等级小麦的现货价格低于 7 月的期货价格 10 美分，这时候基差就是负值。如果在 6 月 25 日小麦基差为 "5 cents over"，这是指当日与期货合约规定的相同等级小麦的现货价格高于 7 月的期货价格 5 美分，这时候基差就是正值。

因为期货价格和现货价格经常在变，所以基差不是一成不变的。基差随着现货价格和期货价格持续不断地变动而变动，时而扩大，时而缩小。最终，在现货价格和期货价格趋同性的作用下，基差在期货合约的交割月趋向为零。

需要注意的是，特定的交易者也可以用基差来表述自己的情况，这时可称为"他的基差"。例如，在 8 月 1 日，一小麦交易商以 2.00 美元/蒲式耳的价格买入一批小麦，8 月 20 日，现货市场价上升为 2.10 美元/蒲式耳，同时 9 月期货合约收盘价为 2.21 美元/蒲式耳，该交易商以此价格卖出了等量的 9 月期货合约。这时，该日的市场基差为 -11 美分（11 cents under），但对该交易商而言，其基差就为 -21 美分（21 cents under）。

当现货价格低于期货价格时，基差为负值，这种市场状态通常被称为"正向市场"（normal market 或 contango）或"正常市场"。为什么期货合约价格高于现货价格就是正常的呢？这是因为在市场供求关系比较正常的情况下，从购入现货到期货交割，持有者会产生资金占用利息、仓储费及保险等费用，而期货购买者可以省去这笔费用。如果将这笔费用称为持有成本，则期货的理论价格应该等于现货商品价格加上持有成本。在不考虑其他影响因素的前提下，商品期货价格中的持有成本与期货合约时间长短有关系。持有期货合约的时间越长，持有成本就越高；反之，则越低。到了交割月份，持有期货合约的成本，即持仓费，降至零，期货价格趋同于现货价格。

如果现货价格高于期货价格，则基差为正，这种市场状态被称为"反向市场"（inverted market），或称为"现货溢价"（backwardation）。反向市场的出现有两个原因：一是近期对某种商品的需求非常迫切，远大于近期产量及库存量；二是预计将来该商品的供给会大幅增加。总之，反向市场的出现是由于人们对现货商品的需求过于迫切，价格高一点也愿意承担，从而造成现货价格飙升，近期月份合约价格也随之上涨，远期月份合约则因未来供给将大量增加的预测，价格相对平稳。在反向市场上，随着时间的推进，现货价格与期货价格如同在正向市场上一样，也会逐步趋同，到交割月份趋向一致。

二、基差的变化及基差图表

如果对一段时间前后的基差进行观察，可以发现基差经常在变化。基差变化对套期保值交易的结果有着重要的影响，进行基差交易时，不会管现货市场上的实际价格是多少，只要是套期保值者与现货交易的对方协商得到的基差，正好等于开始做套保时的基差，就能实现完全保值。套期保值者如果能争取到一个更有利的基差，套期保值交易就能盈利。所以，必须随时关注套期保值过程中基差的变化情况，套期保值交易者及现货商都会对基差进行深入研究。

基差表与基差图都是用来记载基差及其变动轨迹的数据或图形，是期货交易中的重要分析图表。国际上较大规模的农产品贸易公司都有自己多年统计累积的基差图表，大多自 20 世纪 60 年代起记录各地点每天或每周的基差变化，既有现货价格与近月合约的基差图表，也有现货价格与远月合约的基差图表。如美国的嘉吉（Cargill Incorporated）、艾地盟（Archer Daniels Mid-land）、路易达孚（Louis Dreyfus Company）等大公司在美国各地都设有收购站，采用收购站的买入报价作为当地的现货价格，并据此计算当地的基差。

芝加哥期货交易所（CBOT）网站会根据美国海湾地区及主要农作物产区的大豆、玉米、小麦等现货报价，公布每周基差统计表，并在其各类宣传材料中反复强调应利用基差来指导现货贸易。国内不少网站和国内期货交易所也会统计几乎所有商品期货品种的基差，并指导现货生产和贸易企业进行基差交易。不过，从直观、便于分析的角度衡量，被广泛使用的通常是基差图。

基差图可以将基差的变化过程非常直观地显示出来。图示的形式可以有多种，比如，前面的图 3-1 同时显示了沪深 300 期指 2205 合约与现货指数每日的收盘价，按照基差的定义，我们知道两者之间的直线距离就是基差，但是由于这两者的距离变化在图形中所占比例实在太小，只能获得一个非常模糊的印象，不利于进一步深入观察。对此可以考虑采取将基差放大处理的方法，比如图 3-2，将每日计算得到的基差作为一个数据系列与现货价、期货价同时展示。因为可以将基差的比例用另一个纵坐标加以放大，所以可以克服基差显示太小不易观察的困难。基差与现货价、期货价在同一个图中显示，更具有直观性。

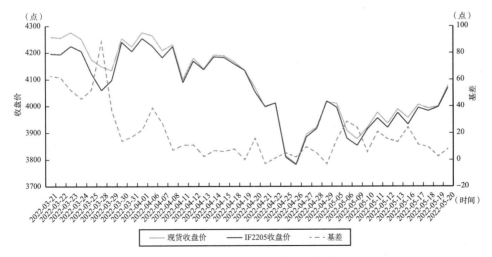

图 3-2　IF2205 合约的现期价格走势及基差示意（1）

　　图 3-3 是另一种显示基差的方法，与图 3-2 的区别是，前者将基差显示为每一点的连线，后者是显示为柱形，零轴线上方的柱形为正基差，零轴线下方的柱形为负基差。

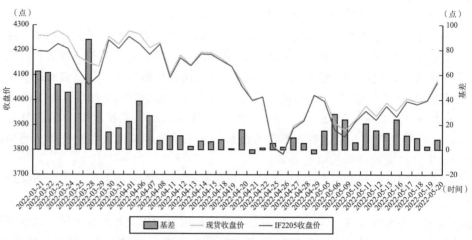

图 3-3　IF2205 合约的现期价格走势及基差示意（2）

　　借助基差图，人们可以更方便地观察历史基差的大致分布范围、变化的过程，并从中作出进一步的分析研究。比如，通过图 3-2 与图 3-3 可以知晓，IF2205 合约在其运行的最后 3 个月内基差表现出两个明显特征，一是基本以正基差为主，表明以反向市场为主，也即期指贴水状态，期初最高的贴水一度接近 90 点；二是开始时基差较大，之后基差逐渐走弱，最后在零轴附近徘徊，具有很好的收敛性。如果进一步进行回顾推断分析可以发现如果在正（向）常市场下，应该是期指升水，而在 4 月下旬，期指贴水几乎达到 2%，这一最大贴水发生在指数下跌期间，表明当初大部分交易者不看好后市而卖出期指。然而，从后面的行情演变看，指数反而上涨了 10% 左右。接近 2% 的期指贴水实际上给了多头一个折价买进的机会，如果当初以买进期指代替买进现指，不仅可以增加 2% 的贴水收益，而且大大节约了资金成本。

三、基差不变情况下的套期保值效果

　　在案例 3-2 中，我们介绍了买进套期保值的情况，当初只是从套期保值前后的价格对比计算买进套期保值的结果，还没有引进"基差"概念，现在不妨再回头从基差角度分析一下。为此，我们将套期保值的表格增加一列变为表 3-5。

表 3-5　　　　　　　　　　　　　　买进套期保值盈亏平衡表

时间	现货市场	期货市场	基差
3 月初	现货市场价格为 13000 元/吨，计划在两个月后买入 600 吨	以 13200 元/吨的价格买进 600 吨 5 月到期的铝期货合约	13000 - 13200 = - 200（元/吨）

续表

时间	现货市场	期货市场	基差
5月初	在现货市场上以15000元/吨的价格买入600吨铝锭	以15200元/吨的价格将原来卖出600吨5月到期的合约平仓卖出	15000－15200＝－200（元/吨）
结果	5月初买入现货价比3月初多支付2000元/吨的成本	期货对冲盈利2000元/吨	基差不变

从基差看，在套期保值开始时，基差为－200元/吨，而在套期保值结束时，基差还是－200元/吨，也就是说，套期保值前后的基差没有变化，或基差变动为0。当基差不变时，意味着一段时间内期货价格的涨跌幅与现货价格的涨跌幅完全相等。如果价格是上涨的，则买进套期保值者在期货上获利，所获利润正好弥补现货上的亏损，结果是不盈不亏，达到锁定价格的目的。对卖出套期保值者而言，在期货上亏损，而在现货上获利，盈亏相抵，正好相当，结果也是不盈不亏。如果价格是下跌的，则卖出套期保值者在期货上获利，所获利润正好弥补现货上的亏损，结果是不盈不亏，实现锁定价格的目的买进套期保值者则在期货上亏损，而在现货上获利，盈亏相抵，正好相当，结果也是不盈不亏。

对套期保值而言，因为基差不变可以完全锁定价格，意味着套保期间面临的风险被完全对冲掉了，所以这一操作堪称"理想"或"完美"。然而，基差不变这种情况真的也只是个理想，在现实中可以说是罕见的。

四、基差走强时套期保值的情况

基差的变化不外乎"走强"或"走弱"，所谓"走强""走弱"，是指基差图中基差价格前后对比，当基差价格比前面的价格高时称为"走强"，反之则称为"走弱"。我们看前面的图3－2或图3－3，得到的直观印象就是基差在一路"走弱"，当然不能排除某些时间点对比基差是"走强"的。

在案例3－3中我们对卖出套期保值进行了介绍，现在同样从基差的角度再回看一下。首先将原先套期保值的表格增加一列"基差"变为表3－6。

表3－6 卖出套期保值盈亏平衡表（1）

时间	现货市场	期货市场	基差
10月初	现货市场价格为5400元/吨，计划在3个月后卖出5000吨	以5600元/吨的价格卖出5000吨1月到期的白糖期货合约	5400－5600＝－200（元/吨）
1月初	在现货市场上以5100元/吨的价格卖出5000吨白糖	以5200元/吨的价格将原来卖出5000吨1月到期的合约平仓卖出	5100－5200＝－100（元/吨）
结果	1月初卖出现货价比10月初降低了300元/吨	期货盈利400元/吨	基差走强100元/吨

从基差看，套期保值开始时基差为 -200 元/吨，套期保值结束时基差为 -100 元/吨，基差从 -200 元变为 -100 元，表明基差走强了 100 元/吨。

对卖出套期保值保者而言，由于现货市场价格从原先的 5400 元/吨跌至 5100 元/吨，销售收入每吨比当初减少了 300 元，但由于提前在期货上做了卖出套期保值，期货价格每吨下跌了 400 元，不仅完全弥补了现货上的损失，而且每吨多出了 100 元。这 100 元/吨的增收来自何方？秘密就是基差走强了 100 元/吨。

同样，将表 3 - 4（价格上涨的情况）也增加一列"基差"变为表 3 - 7。

表 3 - 7　　　　　　　　　　　卖出套期保值盈亏平衡表（2）

时间	现货市场	期货市场	基差
10 月初	现货市场价格为 5400 元/吨，计划在 3 个月后卖出 5000 吨	以 5600 元/吨的价格卖出 5000 吨 1 月到期的白糖期货合约	5400 - 5600 = - 200（元/吨）
1 月初	在现货市场上以 5600 元/吨的价格卖出 5000 吨白糖	以 5720 元/吨的价格将原来卖出 5000 吨 1 月到期的合约平仓卖出	5600 - 5720 = - 120（元/吨）
结果	1 月初卖出现货价比 10 月初提高了 200 元/吨	期货亏损 120 元/吨	基差走强 80 元/吨

现在是现货价每吨上涨了 200 元，比原先的预期销售收入每吨增加了 200 元，但由于提前在期货上做了卖出套期保值，期货价格上涨导致了 120 元/吨的损失，但即使抵消了这 120 元/吨的影响，实际销售收入仍旧比原先的预期提升了 80 元/吨。这 80 元/吨的增收来自何方？同样是因为基差走强了 80 元/吨。

至此我们可以得出如下结论：基差走强对卖出套期保值是有利的，它可以使卖出套期保值的效果超越"完美"。

基差走强对卖出套期保值是有利的，那么对买进套期保值呢？不难想到，其答案将是"不利"的。下面不妨将案例 3 - 2 的数据稍作修改，假定到 5 月初期货价为 15050 元/吨，买进套保附带基差的盈亏平衡表基差变为表 3 - 8。

表 3 - 8　　　　　　　　　　　买进套保盈亏平衡表

时间	现货市场	期货市场	基差
3 月初	现货市场价格为 13000 元/吨，计划在两个月后买入 600 吨	以 13200 元/吨的价格买进 600 吨 5 月到期的铝期货合约	13000 - 13200 = - 200（元/吨）
5 月初	在现货市场上以 15000 元/吨的价格买入 600 吨铝锭	以 15050 元/吨的价格将原来卖出 600 吨 5 月到期的合约平仓卖出	15000 - 15050 = - 50（元/吨）
结果	5 月初买入现货比 3 月初多支付 2000 元/吨的成本	期货平仓盈利 1850 元/吨	基差走强 150 元/吨

从表 3 - 8 中可见，基差由开始保值时的 -200 元/吨变为套保结束时的 -50

元/吨，基差走强。套保结束时，由于现货价格上涨使得采购成本比原先的预期增加了 2000 元/吨，但由于提前在期货上做了买进套期保值且每吨获利 1850 元，大大减轻了损失。美中不足的是，1850 元/吨的获利还不足以全部覆盖增加的采购成本，不足的 150 元/吨差额实际上就是走强的基差带来的。

本例是价格上涨时的情况，如果价格下跌，只要基差是走强的，结果对买进套期保值仍是不利的。

五、基差走弱时套期保值的情况

从基差走强时对套期保值的分析不难想到，当基差走弱时对买进套期保值是有利的，对卖出套保则是不利的。

表 3 - 9 是 IF2020 合约不同时间点的期现价格及对应的基差。

表 3 - 9　　　　　　　　　IF2020 合约期现价格及对应基差

时间	沪深 300 指数（点）	IF2020 合约价（点）	基差（点）
9 月 18 日	4737.09	4686.8	50.29
9 月 30 日	4587.4	4499.2	88.2
12 月 9 日	4942.7	4954	- 11.3
12 月 14 日	4934.84	4931.8	3.04

假定某投资公司甲在 2020 年 9 月初因资金需求必须暂时从股市中撤出大部分资金，同时计划 3 个月后再入市，但由于认为此时的股市已具备长期投资价值，担心 3 个月再入市会踏空，因此决定通过股指期货进行买期保值。9 月 18 日基差为 50.29 点，立即在沪深 300 指数 4737.09 点的价位上将持有对应的股票组合全部清仓，同时以 4686.8 点的价格买进同等规模的 IF2020 期货合约。

12 月 14 日时，前期调出的资金已经到账，临收盘时，基差为 3.04 点，立即在 4931.8 点的价位上将 IF2020 期货合约卖出平仓，同时买进同等规模沪深 300 指数的股票组合，对应的指数点为 4934.84 点，至此套期保值计划全部完成。

买期保值的效果是，不考虑交易手续费，在现货上的确踏空了，损失点数为 197.75 点，即 4934.84 - 4737.09，但由于在期货上获利 245 点，即 4931.8 - 4686.8，合计还多出了 47.25 点，即 245 - 197.75。这一增加的收益恰好为基差走弱的点数 47.25 点，即 50.29 - 3.04。

假定另一家投资公司乙恰好在前述两个时间点上进行卖出套期保值，即在 9 月 18 日基差为 50.29 点时，因为担心股市下跌而导致手中持有的沪深 300 股票组合遭受损失，于是卖出同等规模的 IF2020 期货合约，成交价格为 4686.8 点。12 月 14 日结束套期保值，在 4931.8 点的价位上将 IF2020 期货合约买进平仓。

卖出套期保值的效果是，不考虑交易手续费，在股票持仓上，指数上涨了 197.75 点，即 4934.84 - 4737.09，但在期货上亏损了 245 点，即 4931.8 - 4686.8，合计还有 47.25 点, 即 245 – 197.75 的损失。同样, 这 47.25 点的损失就是基差走弱的点数。

六、基差与保值效果的总结与启示

从上面这些例子中可以看出, 套期保值的效果与基差的变化密切相关。当套期保值前后基差没有变化时, 套期保值能够实现完美的效果, 即正好将现货风险全额对冲。当套期保值前后基差发生变化时, 套期保值的效果分两种情况: 一种情况是当基差在此期间走强 (走弱) 时, 卖 (买) 期保值不仅实现现货风险全额对冲的目的, 而且还有部分盈利, 其盈利额就是基差变动的幅度; 另一种情况是当基差在此期间走弱 (走强) 时, 卖 (买) 期保值只能获得部分保值效果, 其现货风险只有部分得到对冲, 没有对冲的部分也是基差变动的幅度。套期保值效果与基差的关系可以归结为如表 3 – 10 所示。

表 3 – 10 套期保值效果与基差的关系

基差变动	套期保值方向	套期保值效果 (符号相反)
基差不变 (0)	卖出 (–)	完全保值, 期现盈亏相同 (0)
	买进 (+)	
基差走强 (+)	卖出 (–)	完全保值之外还有净盈利 (+)
	买进 (+)	不能完全保值存在净亏损 (–)
基差走弱 (–)	卖出 (–)	不能完全保值存在净亏损 (–)
	买进 (+)	完全保值之外还有净盈利 (+)

表 3 – 10 中括号内的符号可以帮助大家快速记忆。具体方法为: 前面两列是赋予符号, 基差不变 = 0, 基差走强为正, 基差走弱为负; 买进套保为正, 卖出套保为负。要知道套保效果, 只要将前两列的符号相乘然后改一个符号 (正变负, 负变正) 即可, 如果最终的结果为正, 表明套保效果是有利的, 为负, 则表明效果是不利的。

比如, 基差走强为正, 方向卖出为负, 两者相乘是正负得负, 改符号为正, 表明套保效果是完全保值之外还有净盈利; 又如, 基差走弱为负, 方向卖出为负, 两者相乘是负负得正, 改符号为负, 表明套保效果是不能完全保值, 存在净亏损; 至于基差不变为零, 因为无论套保方向为正还是为负, 相乘后还是零, 故套保结果为盈亏相抵。

套期保值的目的是利用期货市场规避现货价格的风险, 但套期保值交易并不像想象中那么简单, 套期保值交易中不仅需要遵守一系列的规则, 而且存在一些其他风险, 在操作中如果不加防范, 完全可能导致套期保值的效果不佳, 甚至导致套期保值交易失败。在套期保值交易的诸多风险中, 基差变动风险就是交易者必将面临风险之一。

第 三 章

　　从套期保值效果与基差的关系中可以得到的启发进行套期保值操作，在进行时机选择时，应该对基差的变化及变化动向给予足够的重视，尽可能在一个有利于自身的基差出现时进行套期保值。比如，对卖出套保而言，应尽可能选择基差较弱未来很可能走强的时机进场；对买入套保而言，则应尽可能选择基差较强未来很可能走弱的时机进场。一些套期保值交易者不明就里，在基差大幅偏离正常水平的情况下进行套期保值，从而增加了风险，极易导致套期保值效果极差，甚至失败。作为案例，不妨做一下"事后诸葛亮"，看看螺纹钢期货 2305 合约期现价格及基差走势（见图 3 - 4）。

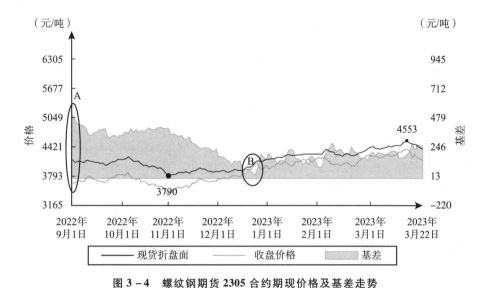

图 3 - 4　螺纹钢期货 2305 合约期现价格及基差走势

注：现货折盘面是现货价格折成交易所现货仓单价格。现货仓单价格 = 现货价格 + 注册仓单相关费用。

　　从图 3 - 4 中可见，基差在 9 月初最高（A 点），12 月末尾最低（B 点），后面的基差基本稳定在 200 元/吨左右，表明临近交割时，期现价格收敛较好。

　　不难发现，在基差最强的 A 点，做买入套保不仅获得完全保值的可能性很大，并且有可能还会出现净盈利。同样，当基差最弱时，在 B 点卖出套保获得完全保值的可能性大，有可能还会出现净盈利。从 A 点到 B 点，基差大幅走弱高达 480 元/吨，最初的现货价也不过 3600 多元/吨，尽管不知道后市是涨是跌，但买进期货进行套保等于先享受 400 多元/吨的补贴，从基差角度看，无疑是安全性非常高的。

七、点价交易中的基差

　　点价交易实际上是确定现货购销价格的一种方法，在点价交易中，现货购销双方在确定现货买卖价格的时候，并不是确定一个明确的价格，而是确定一个定价公式，这个公式就是"现货买卖结算价格 = 期货价格 + 升贴水"。这里的期货价格是确定的某个期货交易所的某个期货合约，而升贴水由双方提前确定。通常在签订买卖合同的时候会规定一个点价期，买方可以在点假期内指定期货价格进行定价。比如签订合同一个月后的某天，买方认为当前期货价格比较合适，于是通知卖方，用这个期货价格来计算现货买卖价格，这就是点价的过程。

通常情况下，点价期由卖方来确定，而买方必须在点价期内点价，否则卖方就可以按既定价格或者最后时刻的期货价格来计算现货买卖价格，称为强行点价。

点价的作用体现在给买方一个日后选择价格的机会。最初，点价常用在大宗商品进出口贸易当中。因为进出口贸易需要比较长的物流时间，而这段时间内货物的市场价格可能发生很大的变动，以致对买方不利。例如，中国的油脂企业从美国进口大豆，船期40天。进口大豆时，要交每船500万元的保证金，每船大约5.5万吨。大豆离开美国港口，要经过40天左右才能到达中国港口。在这40天之内，大豆价格可能已经大幅下降，以至中国的进口商即使放弃这500万元的保证金并再次从别地拿货，也比直接要这船货划算。这样就容易发生违约事件，使生意做不下去了。为此，美国的粮商就跟中国的进口商签订一个点价协议，给予中国进口商签订协议后35天的点价期，在此期间，进口商可以按照CBOT的大豆期货价格进行点价，点价时马上通知美国粮商即可。这样就避免了海上运输期间大豆价格大幅下跌导致的违约问题。中国进口企业可以在价格下跌后，用下跌后的低价来结算，进口成本也降低了，可以说实现了双赢。

美国粮商在签订点价协议时，也会同时在期货上做卖出套期保值，所以后面的价格无论怎么变，都不会影响到他们的预期利润。一旦对方点价，美国粮商也会随即在期货上平仓。

进口企业采用点价交易的确有效地避免了运输期间可能产生的价格暴跌损失。但是，必须知道，采用点价交易后，若40天船期内期货价格有较大幅度上涨，那么进口的成本反而上升了，岂不是"前门拒虎，后门进狼"。解决的办法是，进口企业也在期货上做一笔套期保值，方向应该是买进套保。一旦期货价格上涨，企业在点价上的损失由买进期货的套保来弥补；如果期货价格下跌，期货上亏损，但在可以更低的价格上完成点价，起到锁定价格的作用。

关于点价交易，有以下几点分析：

（1）点价交易属于现货交易，是现货商之间的一种交易方式，但与传统现货交易方式相比，点价交易引进了期货价格，将未来的期货价格作为未来交割时的基准价格，这是由于期货价格具有公平、透明的特质，具有极高的公信力，因而买卖双方都愿意接受。交易双方采用点价交易方式，省去了搜寻价格信息、讨价还价的成本，效率更高，更何况能够给客户更多的时间机会选择，因此点价能够在大宗商品交易中得到推广和流行。采用点价交易的现货商也因此能够把生意越做越大。

（2）点价交易的定价公式为"现货买卖结算价格 = 期货价格 + 升贴水"，如果将等式右面的"期货价格"移到等式左面，就成为"现货买卖结算价格 − 期货价格 = 升贴水"，若与基差的定义"基差 = 现货价 − 期货价"比较一下就能发现点价公式中的"升贴水"就相当于"基差"。升贴水的高低，与点价所选取的期货合约的月份远近、期货交割地与现货交割地之间的运费，以及期货交割商品和现货交割商品的品质差异有关。由于点价交易在国际大宗商品中十分普遍，升贴水的确定也是市场化的，通过对比众多经纪商提供的升贴水报价，交易商很容易确定升贴水的水平。

（3）点价交易本质上是一种现货贸易，从交易条件看，尽管定价中以期货价格作为依据，但并非必须参与期货交易才能进行点价交易。一些规模较小的企业认为期货交易太复杂，或者出于其他原因而不愿意参与期货交易，点价交易正好满足了这种需求。当然，从风险角度看，单纯的点价交易仍旧有风险敞口，比如点价期价格一路上涨，点价买方最终的买价将远高出预期，如果点价期价格一路下跌，点价卖方最终的卖价远低于预期。堵住这些风险敞口的好办法是运用期货工具进行保值。换言之，将期货的套期保值与点价交易结合起来，就可以实现无风险状况下稳健经营的目标。

（4）点价交易最初是国外粮商做进出口贸易时发明的，凭借其便利性与有效性，已经被逐渐拓展应用到粮食贸易之外的其他商品的交易，比如在金属、石油、煤炭、化工等行业，点价交易都已经得到普遍应用。

第四节　套期保值实务

前面对套期保值的原理进行了介绍。准备实际从事套期保值操作的企业不仅应该具备这些知识，而且必须对实际操作中可能面临的问题及一些操作策略有所掌握。

一、套期保值与交割

期货市场的任何挂牌合约都有结束的时候，具体来说，就是最后交易日结束后，继续持有头寸者必须进入交割程序，在商品期货中，基本上都是采用实物交割形式。金融期货中既有实物交割的（比如国债期货），也有现金交割的（如股指期货）。

是否进行实物交割与是否属于套期保值并没有必然的联系。

作为套期保值者，他们进行期货交易的目的是利用期货价格与现货价格的同步走势来对冲期货持有期间现货价格的波动风险。在大多数情况下，套期保值者在完成对冲使命后都会选择对冲平仓的方法来结束套期保值。不能因为他们没有进入交割阶段，就认为他们不是套期保值者。

此外，套期保值者如在最后选择了交割也很正常。从理论上说，期货价格在最后与现货价格应该是一致的，即基差趋向于零，具有收敛效应。但是，在实际运行中，还是会打一些折扣。比如，在某些特殊情况下，由于流动性太小，由于套期保值的双方力量太悬殊，或者由于存在着逼仓因素，都会使期货价格最终拒绝向现货价格收敛或靠拢，这就使得基差不仅不缩小，反而会有所扩大。在这种情况下，套期保值者会发觉，进行交割比不交割更有利，更能达到套期保值的目的。

在期货市场进行实物交割有严格的标准，进出库必须按照交易所指定的地方，因此会发生一些额外费用，如交割手续费、运输费、仓储费、进出库费、过户费、检验费、代办费、打包费等。尽管在现货市场上进行买卖时也会产生一些费用，但一般而言，在期货上交割的费用会多一些。因而，在期货市场上交割是否经济，可以进行比较计算。如果基差为零，在期货市场上交割就是不经济的，只有当不利于自己的基差超过多支付的交割费用时，才是经济的。比如，在 6 月 14 日，6 月期铜交割前一日，期货价格为 27750 元/吨，假定在期货上进行实物买进（卖出），比现货上买进（卖出）每吨要多支付 150 元。前期进行保值的交易者面临着平仓还是交割的选择。如果这时现货市场上价格为每吨 27780 元，即基差为每吨 30 元，买期保值者会算出，先在期货市场卖出平仓，再在现货市场买进是经济的。但是，如果这时现货价格为 28030 元/吨，基差高达每吨 280 元。买期保值者选择交割就是经济的。

如果选择交割，必须对交割规则进行提前研究，以免因为对规则理解不清楚而导致交割失败。不同的交易所及不同的品种对交割的要求不一样。

第一，交割商品的质量和规格应该符合交易所的规定。

第二，交割地点的要求。比如，卖方交割的货物在入库之前必须先与交易所的交割部及交割库联系，并获得批准否则，贸然将货物运到交割库恰逢该交割库已满而无法入库，损失就难免了。

第三，交割的时间要求，以及程序、手续要求。比如，交易所在合约持仓方面都有最大持仓规定，并且离交割日越近，最大持仓数额就越小，但套期保值者有豁免权，不过要享受豁免权就必须提前按照交易所的规则进行报批。如果企业需要交割的量很大，超出了持仓限额，就必须提前办好相应的手续，否则有可能还没有进入交割期就被强制平仓了。

第四，国内各交易所都推出了期转现交易业务，企业在交割中如果进行合理的选择，有可能找到更适合自己的时间、地点进行交割，也因此节约了交割成本。

第五，交割之前应该对所有可能发生的费用进行仔细的核算。

二、套期保值与期转现交易相结合

期货转现货（exchange-for-physicals，EFP，以下简称"期转现"）是指持有同一交割月份合约的多空双方之间达成现货买卖协议后，变期货头寸为现货头寸的交易。期转现是国际期货市场中长期实行的交易方式。国内的期货交易所也都开展了期转现交易业务。

期转现交易的基本做法是：交易双方达成协议后共同向交易所提出申请，获得交易所批准后，分别将各自持仓按双方达成的平仓价格由交易所代为平仓（现货的买方在期货市场须持有多头头寸，现货的卖方在期货市场须持有空头头寸）。同时，双方按达成的现货买卖协议进行与期货合约标的物种类相同、数量相当的现货交换。

期转现交易与期货市场中的实物交割不同。在期货市场的实物交割中，交割的各项规定是由交易所统一确定的，属于"集中交易"；而在期转现交易中，现货买卖是根据交易双方的协商来进行的，交易双方可以根据自己的需要来确定实物交割的细节。

期转现交易的优越性主要体现在以下几个方面：第一，加工企业和生产经营企业利用期转现可以节约期货交割成本，如搬运、整理和包装等交割费用，灵活商定交货品级、地点和方式，提高资金的利用效率。第二，加工企业可以根据需要分批分期地购回原料，减轻资金压力，减少库存量，生产经营企业也可以提前回收资金。第三，期转现使买卖双方在确定期货平仓价格的同时确定相应的现货买卖价格，达到和套期保值一样的避险目的。

在对现货交易实施套期保值交易时，恰当地使用期转现交易可以在完成现货交易的同时实现商品的保值。

例如，一个出口商与客户签订了一项出售铝现货的远期合同，但是他没有现货库存，为防止到交货时铝价上涨，他在上海期货交易所做买进套期保值。某流通商持有铝现货，为了防止铝价下跌，在上海期货交易所做卖出套期保值，所卖出的合约月份与该出口商相同。在期货合约到期前，双方通过交易所信息平台互相获知对方的期转现意向，经过协商后向交易所申请期转现交易，出口商通过换取流通商的空头部位来对冲自己先前持有的多头期货头寸，结束套期保值交易，流通商通过换取出口商的多头头寸来对冲自己先前持有的空头期货头寸，也结束了套期保值交易。最终交易双方按照已协商好的价格、商品品质、交割地点等进行现货商品的交收。

在这个例子中，交易双方都将套期保值交易和期转现交易结合在一起，对交易双方都是有利的。对出口商来说，不仅获得了需要的现货，而且避免了价格上涨的风险。对流通商来说，既出售了现货商品，也避免了价格下跌的风险。

三、套期保值中的转期交易

套期保值四项基本原则中，有一条是"月份相同或相近原则"，是指在做套期保值交易时，所选用的期货合约的交割月份最好与交易者将来在现货市场上实际买进或卖出的时间相同或相近。但是，在实际操作中，交易所的期货合约设置或者市场流动性问题使得这一条有时很难满足。

例如，某企业每月用铜 2000 吨，企业对目前的市场价格比较认同，准备对全年的用铜量进行买期保值。不难想到，理想的方式是每个月的期货合约都买入 2000 吨铜。但问题是期铜交易后面几个月的流动性实在太低，无法在合适价位上顺利建仓。不妨看一下上海期货交易所铜期货合约在 2021 年 1 月 5 日收盘时的成交持仓情况（见表 3 – 11）。前面 5 个月份合约的成交量都在 1 万张以上，买卖报价差除了 2104 合约 120 元/吨稍大外，其余合约都还比较接近。但是，看后面 7 个合约，不仅成交量都很低，买卖报价差也非常夸张，2112 合约买进报价 57530 元/吨，卖出报价 59520 元/吨，相差 1990 元。显然，尽管这些后期合约已经挂牌交易，但从有效性看，等于没有挂牌。

表 3－11　　上海期货交易所铜期货合约成交持仓情况（2021 年 1 月 5 日收盘）

名称	最新（元）	买进（元）	卖价（元）	成交量	持仓量
沪铜 2101	58050	58030	58060	21300	26950
沪铜 2102	58110	58110	58130	103527	96490
沪铜 2103	58180	58170	58180	62922	89861
沪铜 2104	58260	58150	58270	15548	36654
沪铜 2105	58290	58270	58290	13299	29813
沪铜 2106	58340	58200	58350	1104	11256
沪铜 2107	58390	58250	58500	310	3117
沪铜 2108	58340	58010	58600	28	718
沪铜 2109	58500	58220	58790	56	777
沪铜 2110	58540	57500	58850	1	259
沪铜 2111	58540	58400	58550	10	129
沪铜 2112	58550	57530	59520	3	65

在这种情况下，企业只能采用其他办法进行补救。常见的方法是将套保头寸集中分布在前面几个成交活跃的月份上。当前面的合约到期后，除了应该对当月对应的买期保值头寸进行平仓或交割外，必须将其余的头寸进行平仓，同时在远期合约中再买进建仓。比如，2101 合约上有 8000 吨持仓头寸，在到期前平仓，然后在 2105 合约上买进 8000 吨。

用远期期货代替近期期货的交易通常被称作"转期交易"或称为"迁仓"。在套期保值交易中，尤其是对那些需要保值时间较长的套保者而言，转期交易是一个不得不考虑问题。

不难想象，转期交易会有价差风险。对买期保值来说，如果远期期货合约价格比前期期货合约价格低，转期交易可以给企业带来转期价差收益，反之，则会带来转期损失。相反，对卖期保值来说，如果远期期货合约价格比前期期货合约价格高，转期交易可以给企业带来转期价差收益，反之，则会带来转期损失。

降低转期风险的关键在于建仓头寸分布中留下调整的余地，随时关注价差的变化，并在有利于自己的价差出现时及时转期。

例如，每月需要用铜 2000 吨的企业，全年铜需求量为 24000 吨，在 11 月的某个交易日盘中，现货价为 52000 元/吨。明年 1 月、2 月、3 月的铜期货价分别为 52100 元/吨、52200 元/吨和 52220 元/吨。企业可以在每个月平均购买 8000 吨，也可以 1 月、2 月合约各购买 6000 吨，3 月购买 12000 吨。

假如到 1 月时某个交易日，2 月、3 月、4 月、5 月合约价分别为 54500 元/吨、54510 元/吨、54500 元/吨及 54450 元/吨，由于 5 月价低于 3 月价，企业抓住这个机会，将3月合约卖出平仓，同时在4月及5月合约上买进。通过这种方式转期，基本上可以锁定全年的采购成本，而且通过转期得到差价收益，进一步降低了成本。

同样，在卖期保值的转期中，也应该关注价差的大小及变动趋势，抓住后期合约价大于前期合约价的有利时机进行转期，可以获得转期收益。

例如，某交易者拥有玉米现货，因为担心价格下跌而卖出3月玉米期货合约，建仓价为每吨1130元。因该交易者的现货成本价是1090元/吨，故对其而言，已经获得固定基差40元/吨。但过一段时间后，他发现5月期货合约价格比3月期货合约价格高出30元/吨，而两个月之间的持仓费用大约为15元/吨，于是将3月空头期货买入平仓，同时卖出5月期货合约。转期之后，该交易者等于重新建立了具有更好基差的套期保值头寸，扩大了基差收益。

四、原则应该坚持，但不能囫囵吞枣

套期保值有四项基本原则，原则是应该坚持的，但对原则的理解不能囫囵吞枣，生搬硬套。在实际操作中，应该审时度势，根据实际情况灵活运用。

比如，原则中要求"月份相同或相近"，有些企业认为，期货保值头寸建立后，不论期间行情怎么变化，必须持有到最后交易日。但是，在很多情况下，坚持这种做法的企业吃了大亏。比如，建立保值头寸后，中间曾经有巨额盈利，但不为所动，坚持到最后，结果亏损出场。事实上，套期保值是可以动态分阶段进行的。当市场情况出现较大变化时，将套期保值分阶段进行的效果有时会更好。

期货价格比现货价格反应快且更剧烈，经常会出现涨过头或跌过头的行情，随之而来的，往往是反向调整。因此，当企业建立保值头寸后，在大涨大跌行情中已经获得很大利润情况下，可以考虑暂时平仓，然后重新寻找入场点。同样，在出现保值头寸明显不利时，"死保"不动，以不变应万变的操作手法也是极其有害的。

案例3-4

1994年6月下旬，国内铜价涨至2.2万元/吨的历史最高价。此时，某电解铜企业进行了大量卖期保值。但是，随之而来的是LME铜价一涨再涨。公司对市场的基本面及行情重新进行分析，认为铜价还有较大上涨空间，并且由于企业的进料成本也在上涨，有必要提高保值目标价位，于是便在7月下旬铜价涨至每吨2.28万元左右时及时买进平仓。到11月中旬，国内期铜涨至3万元/吨，该公司重新建立了卖期保值头寸。当初认亏时，每吨仅亏800元左右，如果采取"死保"不动的办法，平均每吨亏损就会高达8000多元。由于调整及时，既减少了亏损，又消除了追加保证金的压力，取得了更好的保值效果。

又如，套期保值原则中有"数量相等"的要求。对此也不能机械理解和简单套用。考虑到期货市场本身具有的风险以及套期保值也可能导致获利机会丧失的弱点，企业可以根据自己的实际情况及风险承受能力对套保数量进行平衡。

所谓"保值力度"，是指企业参与保值的数量占企业消耗量（对消费企业）或产量（对生产企业）的百分比，保值力度介于 0～100 之间，零代表"不保"，100 代表"全保"。如果保值力度超出 100，就是"保值过度"。由于保值过度是投机，期保值企业应该杜绝出现"保值过度"的问题。

一般而言，不同企业保值力度大小的决定，主要取决于企业决策层。通常情况下，50% 的力度可以考虑作为一个经常的立足点。数量增减与调整则可以根据不同的市况进行。比如，对需要销售该品种的企业而言，当后市发展比较乐观或在牛市中，可以考虑将保值力度压缩到 1/3；当后市比较悲观或处于熊市，可以考虑将保值力度增大到 80% 乃至更多。反之，对需要采购该品种的企业而言，当后市发展比较乐观或在牛市中，可以考虑增加保值力度；当后市比较悲观或处于熊市，可以考虑压缩保值力度。总之，既要考虑企业经营的稳定性，又要考虑企业经营的灵活性。对于刚进入期货市场进行套期保值的企业，考虑到经验不足，将保值力度控制在更低一些的水平，也是正常的。

"方向相反"原则听起来很容易理解，通常大家都认为，生产企业应该做卖期保值，使用产品作原材料的企业应该做买期保值，案例 3-5 却不是这样。

案例 3-5

1999 年第 1 季度，国内铜价跌破某铜业公司的最低成本线，而且国际铜价也跌破了人们公认的社会平均成本价。该公司判断国际上大规模的减产活动必将导致铜价上扬。为减少亏损，该公司决定采用"限售存库"的营销策略，两个月后该公司的库存已接近 2 万吨，但铜价还是没有出现大幅上升。于是公司改而采取风险保值策略。鉴于期铜的基差为正，出现期货贴水状况，该公司在现货市场上开始加大销售库存的力度以回收资金，同时每日在期货市场买入与现货市场所销售库存数量相等的远期期货合约。数月之后，期货市场价格达到其预设的目标销售价时，将前期买入的期货合约全部平仓，该公司摆脱了亏损的困境。

在这个案例中，该公司打破"生产产品企业应该做卖期保值"的常规取得了很好的效果，充分表明企业在套期保值业务中应该根据市场情况和企业的实际情况灵活运用套期保值原则的重要性。

大豆加工企业需要采购大豆，同时向市场提供豆粕和豆油，从中获取加工利润。在市场价格较稳定时，加工利润差不多在每吨 200 元左右。这种两头对外的企业最担心什么？当大豆价格相对稳定时，担心豆粕和豆油价格下跌，当豆粕和豆油价格相对稳定时，担心大豆价格上涨。当市场波动较大时，究竟应该对大豆进行保值还是对豆粕和豆油进行套保，抑或两头都进行套保？还是需要企业根据市场实际情况进行判断。假如压榨企业按当时的价格以 3500 元/吨的价格订购了一批美国大豆，但需要两个月时间才能运到国内。如果两个月后大豆价格上涨了 500 元/吨，对企业而言那真是吉星高照。但是，如果两个月后下跌了 500 元/吨呢？对企业而言，那就是灭顶之灾了。企业为了稳健经营，在国内大豆期货市场做了相应的卖期保值交易来规避大豆价格下跌风险，是不是很正常的事情？但是，一些不明就里的人看来，会觉得有点奇怪，因为按通常的理解，需要采购大豆作原材料的加工企业应该做买期保值才对啊！

五、套保路上的最大魔障：期货大幅亏损

有人认为，套期保值头寸建立之后，期货与现货的风险被对冲了，不论价格涨跌，都是一边盈利另一边亏损，因此大可以"任凭风浪起，稳坐钓鱼台"。

上述说法听起来似乎没错，但实际上没有考虑到实际操作中可能遇到的问题，一旦出现风波，若不能有效处置，完全可能最终翻船，导致套保失败。因此，对套期保值交易中可能出现的种种磨难不能等闲视之，不仅要充分重视，而且还应该有相应的预案。

在实际操作中，套期保值者遇到的最大磨难表现为套保持仓亏损。比如，买期套保者是因为当初担心价格上涨而在期货市场买进期货进行对冲，当买期保值建仓后，如果期现价格一路上涨，大家都会觉得非常高兴，庆幸当初及时买进了期货。尽管现货价格上涨之后，企业在市场上采购的成本上升了，但看到期货上的盈利（如果需要可以立刻提取）进行补贴后，实际采购价还是原先的低价，特别是看到同行业中没有进行买期保值的企业不得不以高价原材料进行生产时，难免春风得意。但是，如果期现价格一路下跌呢？那就完全是另外一个故事了。

价格下跌，期货账户发生亏损，当然你尽可以安慰自己，期货上亏了，但现货价格也低了，同时企业采购现货的成本也降低，两者相抵，企业的采购价还是维持在原来的价位，这是原本就有思想准备的。然而，当看到同行业中没有进行买期保值的企业在享受低于自己的采购成本时，会不会有些惆怅？相比心情的惆怅，真正的问题是，期货上的亏损必须用现金及时弥补。现货上采购成本是降低了，但那是未来的事。如果套期保值者因为资金紧张而无法满足期货市场的追加保证金要求，套期保值的持仓很可能被强行平仓，导致套期保值失败。更恐怖的是，被强行平仓之后期现价格又双双上涨了，弄得期现双亏，真是"赔了夫人又折兵"！

案例 3-6

1999 年 3 月，国内铜价跌至 14300 元/吨，经过 3 个月的振荡筑底，价格从 6 月起大幅度上扬，至 9 月时，铜价重上 18000 元/吨。此时，国内有一家与铜相关的公司内产生了有两种不同意见：一种认为这是较满意的价位，公司应该开始大规模卖出保值；另一种则认为铜价仍有较大上升空间，应谨慎保值。公司期货领导小组在听取各方意见后，决定从 18300 元起大量保值，总保值量约 3 万~5 万吨。进入 12 月初，国内铜价涨至 18300 元之后，该铜业公司开始大量保值，每涨一个台阶，就抛出（卖出开仓）3000~5000 吨。进入 2000 年元月下旬，随着价格持续上涨，该公司按既定计划继续抛出保值，但此时持仓量已超过 3 万吨。当时该公司每天需追加保证金 1500 万元，由于公司在 19000 元/吨以下持仓量较多，虽然从下单的月份和数量看似乎都没有违背保值的目标与计划，或许是保值的价格和时机稍

早，导致保证金追加困难。至元月25日，该公司持仓占用保证金达1亿多元。公司财务部门告知代理期货经纪公司，如果次日价格再上涨，因无法追加保证金将不得不斩仓了。幸运的是铜价到19450元/吨之后，开始掉头下跌，至4月中旬已跌至17300元/吨，此时该公司分析后市仍可能上涨，及时将保值头寸全部平仓，获利7000多万元。

尽管该公司的套期保值最终可以说是成功了，但从其套期保值的操作经过来看，有着侥幸因素。如果当时价格再上涨一些，很可能导致保值头寸被砍仓出局之后价格才回落，致使公司在期货和现货上两头亏损。

案例 3 - 7

德国金属公司（Metallgesellshaft, MG）是德国最大的工业公司之一，德国最大的两家银行德意志银行和德累斯顿银行拥有其33.8%的股份。德国金属精炼和营销公司（MGRM）是MG在美国的子公司，其主要业务是油品贸易。

1993年，MGRM出售了大量远期供货合同，在未来5~10年以固定价格向需求方供应原油、加热油和汽油，固定价格比签约时现货价高3~5美元/桶；此外，远期供货合同还给了对方一个选择权，内容为如果到时市场价（近期月份期货价）高出合同价之上，可以选择支付差价的一半来终止合同。比如，合同价格为20美元，几个月后，近期月份期货价格上升到24美元，对方可以要求MGRM支付2美元的差价而终止合同。

大多数远期供货合同是在1993年夏天石油价格低迷（17~19美元/桶）并且继续下跌时商定的。终端用户认为这是锁定低价以保障未来供货的好机会，因此愿意支付3~5美元的溢价。就这样，MGRM陆陆续续签订了约1.6亿桶供应原油、加热油和汽油合同，合同总价值为40亿美元。

不难理解，MGRM面临的风险是油价上涨，如果价格上涨3~5美元，溢价就会被吞噬；如果价格上涨得更多，会导致巨额亏损。因此，公司决定运用石油期货和互换进行避险。如果MGRM能够成功地回避价格风险，将可能产生约6亿美元以上的利润（4美元×1.6亿桶）。

由于MGRM和客户的合同长达5年或10年，而期货合约最长只有36个月，而且远期的期货合约流动性很差，MGRM交易的多数是近期月份。在这种情况下，MGRM不得不采用转期策略来应对。一开始持有较近月份合约的多头，随着交割日的来临，将这些头寸平仓的同时再买入后面的合约。当然，在数量上应该减去已经交割给客户的数量。然而，不难想到，转期策略在远月期货价贴水时可以使得这种连续滚动方式产生额外盈利；相反，如果远月期货合约升水，将导致转期亏损。从历史上看，石油市场有时是升水，有时是贴水，但更多的是远期贴水。因而，从概率平均的意义上而言，MGRM预计通过转期还将获得额外的利润。总之，过去的数据提供了对预期转期盈利的合理支持。

MGRM通过期货市场和互换交易进行保值。在期货市场上，到1993年第四季度，MGRM持有的期货多头头寸为5500万桶；而在互换方面有1亿~1.1亿桶，互换的对方都是大的互换交易商，如银行。两者合计几乎和远期供货承诺的 1.6 亿桶相等（套期保值比为 1）。

然而，接下来发生的事情完全出乎人们的意料。

1993 年末，石油现货价格从 6 月时的每桶 19 美元下跌到 15 美元，同时，在 1993 年的时候，石油市场进入了远期升水阶段。价格下跌导致 MGRM 的多头头寸产生了大量的亏损，尽管这一损失可以由远期现货合同的账面盈利抵消，但现货远期供货的盈利必须到交割时才会体现出来。MGRM 不得不在期货上追加大量保证金。另外，远期升水阶段又使 MGRM 在转期时又增加了额外亏损。

1993 年 12 月初，NYMEX 鉴于 MGRM 的头寸过大（最高峰的时候，MGRM 的期货购买量达到了 NYMEX 原油期货总持仓量的 20%），决定取消 MGRM 的"套期保值优惠"，将保证金提高一倍。MGRM 的苦难开始了。MG 监事会对事件进行紧急调查并在短时间内作出了处理决定，认为亏损是由大量投机造成的，因此将 MGRM 董事长和财务总监以渎职和误导的理由"炒了鱿鱼"，同时将 MGRM 的石油期货平仓，并且通过支付违约金的方式解除了远期供货合同。当时的报告显示，MGRM 在期货和互换上的损失高达 13 亿美元，损失额超过 MG 的一半资本，只是由于一笔巨大的 19 亿美元拯救计划才使 MG 不致破产。

从事后看，MG 监事会做出了最糟糕的决定。自 1993 年 12 月 7 日清盘到 1994 年 8 月 8 日期间，原油价格从每桶 13.90 美元上涨到 19.40 美元，而且石油期货又回到远期贴水阶段。清盘发生在最不理想的时刻。同时，清盘计划不仅放弃了远期供货合同可能发生的至少可以抵消部分衍生品亏损的未实现盈利，还多赔了一大笔违约金。如果不清盘，将计划继续执行下去，最终不但不会亏损，初始目标是完全可能达到的。

在案例 3-7 中，监事会认为亏损是由大量投机造成的，但许多学者（包括诺贝尔经济学奖获得者米勒）对此研究之后发表了不同看法，也因此引起当时一场规模颇大的争论。反对者认为这是套期保值而不是投机交易。当然，这个套期保值方案中有漏洞或不合理的地方，MGRM 对套期保值将会面临的风险估计不足，再加上公司高层的不理解及措施不当，最终导致套期保值失败。

有学者指出：不合理的会计准则也是导致失败的原因之一。在德国的会计惯例中，衍生品交易持仓头寸的浮动亏损要在每一会计期末计入公司的财务报表，持仓头寸的浮动盈利却不能计作公司的利润，这样的账务处理确实是遵守了谨慎性原则，但在本案例中却起了反作用，误导了那些还不了解事件全部情况或虽知道一些情况但没有足够时间或能力进行专业判断的投资人和债权人，这在一定程度上堵塞了公司的融资渠道，加剧了危机。结果公司的亏损被夸大，被不合理的会计准则确定为"投机"而造成亏损，这也影响了 MG 监事会的决策。

事实上，MG 并不缺乏资金。MG 在 48 家银行还有未曾动用的 15 亿马克的信用额度。另外，1993 年 12 月，MGRM 在将其远期供货合同进行证券化的基础上还有融资机会。最后，MG 的大股东是德国两家最大的银行，它们有资金可以支持一个被认为是合理的策略。唯一的解释就是 MG 的管理层认为套期保值策略是不合理的，因此作出了一个令人遗憾的决定。

六、套保从计划开始，保值力度至关重要

套期保值的目的是规避现货价格的风险。但是，一旦进入期货市场，就必须接受期货市场的一系列规定，接受套期保值交易自身可能带来的风险。因此，对企业而言，在决定进行套期保值之前，全面估量可能存在的风险，制订出一套适合自己的套期保值计划不仅是重要的，而且是必要的。没有计划的套期保值，就像盖房子没有图纸一样，难免付出惨重的代价。

企业在制定套保计划之前，首先要进行战略思考及战略规划。所谓战略思考及战略规划，是指企业要事先考虑与套期保值有关的一些重大问题。这些问题应该是企业领导人在专家的帮助下亲自解决的。比如，企业面临的价格风险有多大；有没有必要进行避险；交易市场上存在着多种对冲方式时应该如何选择，是选择期货还是期权；企业能否在资金、人才、制度上作出合理的安排，以支持期货交易的要求；企业在进行套期保值时，应该制定怎样的原则、操作流程及风险管理制度。

套期保值计划的内容主要涉及保值工具、保值数量、保值时间和保值价格四项。其中，保值工具是确定选择哪个交易所、哪个品种、哪种方式（期货还是期权，买还是卖），甚至是哪个合约来进行交易，在确定时必须考虑该工具对企业的适用性。保值数量是确定保值交易的头寸数量及分布，在计划时既要考虑企业的实际需要，又要考虑到匹配资金的能力。保值时间是保值头寸持有的时间跨度，它与企业现货敞口风险的时间跨度有关。保值价格是保值头寸的建仓价格，合理的建仓价格不一定是企业的理想价格，必须既要考虑到企业的现货业务、生产成本，也要考虑到市场价格，包括现货价格、期货价格及两者间的基差。

套保计划必须具有可行性和一定的灵活性。比如，超出资金允许或一旦发生交割无力实现的方案都是不可行的；当交易量颇大时，不考虑市场的流动性也是不合理的。灵活性主要体现在建仓的时机和价格及平仓的时机和价格上，一般可以规定一个区间及幅度，以便操作人员根据市场实际情况进行操作。

完整的套保方案还应该包括方案的风险评估，制定不同情况出现后相应的对策，包括危机处理方法。

上述计划涉及很多方面，前面一些问题属于战略层次，后面一些问题属于战术层次。有必要对最前面两个问题作更进一步的分析。

企业面临的价格风险有多大，有没有必要进行避险交易，最终都要落实到当前应该实施的保值总量为多少。这个问题则必须对企业经营状况及市场状况进行综合分析之后才能确定。对此，大家可以参看前面的"原则应该坚持，但不能囫囵吞枣"中的"保值力度"概念。比如，市场价格相对比较稳定，企业经营受价格波动影响较小，在这种情况下，企业进行套保的紧迫性并不强，这时可以决定暂时不进行套期保值或者仅仅进行少量的套期保值交易；反之，在市场价格波动较大、企业经营受价格波动影响较大的情况下，参与套期保值的必要性非常突出，保值的力度就应该加大。比如，石油市场价格波动频繁而且激烈，对航空公司而言，航油占

航空公司的成本比重又非常高，因此对油价进行套期保值应该成为航空公司财务运作的一项重要业务内容，由于需要长期运作，很有必要设立专门的部门负责此项业务。

在保值力度上，必须再强调两点。其一，保值力度的天花板是 100，超出 100 肯定就是投机，应该牢记株冶过量套保的血泪史，这一点大家都容易接受。重要的是其二，应该进一步认识到，"超过需要的套保也是投机"，必须警惕有关套保论述中的一些似是而非的说法，比如轻描淡写地明示或暗示因为套期保值后锁定了价格，隔离了风险，因而操作是无风险的。但实际上期货交易天然就是具有高风险特征的衍生品工具。在套期保值的过程中，你的期货持仓与投机者的持仓同样必须遵守期货交易的管理规则，同样会面对盈利的喜悦与亏损的煎熬，同样会在无法追加保证金时被强行平仓。

因此，对那些在年度中需求原材料或销售产品比较均衡的生产型企业而言，保值力度达到 80 以上已经属于高保值力度了，没有必要追求百分之百的保值力度。将套保的基准放在 50，根据市场情况有所增减是比较稳妥的做法。"套保路上的最大魔障：期货大幅亏损"中的两个案例，都是套保者满打满算不留余地。第一个案例是差一点被砍仓；德国金属公司更是胆比天大，企图将未来 10 年的现货合同风险毕其功于一役地在期货市场中解决，结果反被期货市场所吞没。

当然，对那些贸易型公司或保值时间较短的一次性业务，针对风险敞口进行全额保值另当别论。比如，进出口商或压榨企业进口一船大豆，针对该船大豆进行全额保值交易。又如，某出口企业 3 个月后可以结汇一大笔外汇资金，因为担心届时人民币升值而通过银行进行全额远期结汇。

七、套期保值的建仓，一锤子买卖好不好

建仓是套期保值交易的开端，什么时候建仓，怎么建仓？是一步将计划的保值数量全部建完，也即进行"一锤子买卖"式的建仓，还是按时间分批建仓或者按照不同价位分批建仓？

"一锤子买卖"式的建仓可称为"单一目标建仓策略"，是指企业在市场条件允许下，当计划保值设定的目标价位已经达到或可能达到时，企业在该价位一次性完成保值操作。从理论上看，的确是不管今后市场如何变动，企业产品的采购价或售价都被锁定了，市场上的价格波动对企业不再产生实质性影响。该策略的特点是目标明确、操作简单，可以限制企业的投机性思维。尤其是当价格走势与原来设想的价格走势相符时，更显得当初建仓时的果断是正确的。在这种情况下，由于期货持仓是获利的，一切都显得顺风顺水。但是，从实际操作中看，一旦市场走势与原先预想的情况相反（买期保值遇到期货价格大跌，卖期保值遇到期货价格大涨），就会非常被动。一是随着期货亏损额逐渐增加，追加保证金的压力越来越大，如果原先估计不足，没有足够的资金追加保证金，完全有可能导致套保失败；二是即使有足够的资金不断追加保证金且坚持到最后，但由于保值价位早早地被一次性锁定，事前看还可以接受，而事后来看却是非常吃亏的；三是由于"一锤子买卖"

导致本来在套期保值过程中可以适度机动进一步提高保值效果的余地丧失，因为在亏损的情况下，患得患失的心态最重，要作出机动决策的难度是非常高的。在前文的"案例 3 - 4"中，电解铜企业在铜价涨至 2.2 万元/吨的历史最高价时，认为已经是合适的卖期保值机会了，因此大量卖出期货。还好当期货上涨至每吨 2.28 万元左右时发觉苗头不对及时平仓止损了，最后在期铜涨至 3 万元时重新入场建立了卖期保值头寸。如果当时一拖再拖，后续资金跟不上，结局难以预料。即使能挺过去，其实际的套保效果也是非常不理想的，因为在铜价 3 万元时回头一看，自己的铜全在 2 万多元的低价卖完了。

多级目标建仓策略是指企业在难以正确判断市场后期走势的情况下，为避免一次性介入期市造成重大损失，从而设立多个保值目标价位，分步、分期在预先设定的不同目标价位上按计划进行保值操作。在实施分步、分期保值损失操作时，通常又有两种策略可以采用：一种是均衡进入保值策略，即在各级目标价位上等量实施保值操作；二是逐级增加保值策略，即在更满意的下一级目标价位逐步加大保值力度。该策略的特点是具有更大的灵活性和弹性，在市场呈现大牛市或大熊市时，可以有效抓住不同价位进行战略性保值，逐步提高或降低平均保值价位，避免给企业造成较大的机会损失，有效地提高企业利用市场机会的能力，增大企业的获利空间。比如，在前文的"案例 3 - 4"中，鉴于期货已经创新高，有可能出现趋势行情。如果一开始不是大量卖出，而是采取分批建仓的办法，且在开始时采用小规模建仓方法，之后逐步增加建仓，不仅追保压力可以减轻，保值均价也会大幅提高。

应该说，两种不同的建仓策略在不同的行情走势上表现是不一样的。事实上，保值者在选用建仓策略时也都会对未来行情走势有一个基本判断。采用一锤子买卖策略的隐含前提就是认为现在这个价格是有利的，且担心这有利价格不会持久存在，因此赶紧押上全部仓位；分步建仓的隐含前提是现在这个价位是有利的，但未来很有可能出现更有利的价格，因此目前建一部分仓是合适的，可以等到更加有利的价格出现时再增加部分仓位。

套期保值者通常都是与现货有关的企业，他们对市场非常熟悉，这当然是一个优点。但是，某种程度上，正因为对市场太熟悉了，对后市的看法很容易受到惯性思维的影响。比如，在一波较大的上升行情发生之前，价格通常会呈现极度低迷。对企业来说，由于一直沉浸在这种极度低迷之中，感受自然会更加强烈。这种感受会使他们对后市非常悲观。一旦价格有所回升，供应商会觉得在这时进行套期保值卖出已经很满足了，但后来的事实表明卖得太早了。相反的情形是在一波大跌行情之前，价格会呈现极度高亢。高亢的氛围环境下，一旦价格有所回落，就会感觉应该赶紧进行买期保值，但后来的事实表明买得太早。这就表明，提高对后市的判断能力，不仅是投机者的必修功课，也是套期保值者必须认真对待的一项功课。

在价格预判和风险控制方面，套期保值者可以向一些经验丰富的投机者学习。比如，趋势投机者强调行情的趋势判断，不斤斤计较于某一价位，主张顺应趋势，不轻易判断市场的顶点和底点，并在交易中设置止损目标。这些都是值得套保者借鉴的。

八、监督和内控制度决不能缺

企业必须明白，套期保值交易具有防御性特征。作为套期保值者，进行交易的最终目标是保值。

有的企业一开始是为了套期保值而从事期货及衍生品交易的，但在初战告捷，特别是连续几次获得成功后，觉得在期货或衍生品市场挣钱远比做实业容易，以为自己对市场已经十分熟悉，可以"胜过投机者"，于是在交易中渐渐偏离了套期保值的方向而转向投机。一开始可能是过度保值，到后来索性"甩开膀子大干"了。相反的情形则是当套保头寸失利时仗着自己的实力，不甘认赔，当损失进一步扩大时觉得无法承受，于是想方设法进行挽救。在强烈的挽损愿望下，套期保值的初衷早就丢光了，剩下的只有投机，甚至是加大投机力度。

避免诱惑的唯一办法就是不忘初心并强化内控制度和监控制度。套期保值者面临的风险既有内部风险也有外部风险。内部风险与人为错误、系统失灵以及程序步骤或控制措施不当有关。操作风险造成的后果可能极为严重，比如，引起国际期铜市场极大波澜的滨中泰男，导致住友商社损失 30 多亿美元；百年老店的巴林银行居然被一个名叫里森的交易员搞得最终不得不破产；中航油在 1994 年惨亏 5.5 亿美元的案例也是一个沉痛的教训。这些案子的最终原因，或者是内部管理制度疏漏，使一线交易员可以胡作非为，或者是决策者自己有章不循，抱着侥幸心理。搞垮巴林银行的里森集交易、结算和监管大权于一身；引发"住友事件"的滨中泰男也是同时集交易部负责人、交易员、会计、出纳于一身；中航油案例中，主要负责人陈久霖凭借以往的光辉业绩，可以独断独行，内部监管控制机制形同虚设，集团公司的外部监管也完全失效。正是这种制衡机制的缺失为他们的豪赌提供了土壤。当大祸已经铸成，这些银行或集团公司知道真相后，也只有接受事实了。

有效的内控制度涉及 3 个关键点：一是适当的授权，二是重要岗位的分离，三是建立严格的报告制度与及时检查制度，三者缺一不可。

出生于 1961 年的陈久霖在 1997 年被派接手管理中国航油（新加坡）股份有限公司（CAO）。在总裁陈久霖的带领下，CAO 从一个濒临破产的贸易型企业成为国际性石油公司，净资产从 1997 年起步的 21.9 万美元快速增长为 2003 年的 1 亿多美元，总资产近 30 亿元，可谓"买来一个石油帝国"，一时成为资本市场的明星。2001 年 12 月 6 日，CAO 在新加坡交易所主板成功挂牌上市，成为新加坡交易所当年上市公司中筹资量最大的公司。2003 年 10 月，陈久霖被《世界经济论坛》评选为"亚洲经济新领袖"并入选"北大杰出校友"名录。

CAO 在 1999 年进入石油衍生品交易时是有赔有赚的，当时公司有两个交易员私自进行期权交易亏了钱，被陈久霖开除了。这表明公司在刚进入这个市场试水时还是比较谨慎的。2001 年开始，公司在石油衍生品交易中赚钱了，2002 年 2 月在获得公司董事会批准之后再次进入期权市场。2003 年 4 月，中国航空油料集团公司成为第二批国家批准有资格进行境外期货交易的国有企业，CAO 在取得集团公司授权后开始做油品期货套期保值业务。下半年时因判断石油价格下跌，通过石油

第 三 章

期权做空卖出 200 万桶而赚了 3400 万新加坡元，占中航油当年收入的 60%。

2004 年 3 月 28 日，由于油价攀升（见图 3 – 5）导致公司做空的潜在亏损额已达 580 万美元。作为主营航油进口的公司，套期保值交易的心态应该是担心价格上涨而导致高价采购，因此套保的方向无疑应该买入。CAO 看跌后市也正常，只要采取保值力度为零的策略就可以。因为看跌而做空，寄望于两头通吃，显然属于投机交易。尽管 CAO 在 2003 年下半年因为做空而获得了不菲的收入，但也只能算是成功的投机并非套期保值的成功。退一步讲，即使认为适度投机也无妨，那至少也得严格执行投机的风控规则吧。

图 3 – 5　2000 ~ 2011 年 WTI 原油月平均价

CAO 有风险控制规则吗？有，比如，内部规定非常明确：损失 20 万美元以上的交易，都要提交给公司的风险管理委员会评估；累计损失超过 35 万美元的交易，必须得到总裁的同意才能继续；任何将导致 50 万美元以上损失的交易，将自动平仓。如果 CAO 能够严格按照公司风险管理制度进行决策，毫无疑问亏损额在 580 万美元之前就应该止损出场了。遗憾的是，面对 580 万美元的亏损，CAO 不甘心认赔，在某国际大银行的鼓动下，他们决定将亏损的看涨期权空头头寸展期并卖出更多的看涨期权。这样做的好处是，通过卖出更多的看涨期权可以收到一笔权利金，这样不仅可以堵掉眼前的亏损窟窿，如果油价回落，还可以反败为胜，这种套路实际上也就是投机中的通过更多的卖出提高卖出的平均价。

然而老天不作美，随着油价持续升高，至 2004 年 6 月，CAO 的潜在亏损额增加到 3000 万美元左右。于是公司再次展期，再次加大做空量。2004 年 10 月，国际原油期货价格创 55 美元/桶新高，至 10 月 10 日，公司的潜在亏损额已高达 1.8 亿美元，卖出的看涨期权合约达到 5200 万桶石油的巨量，是公司每年实际进口量 1700 万桶的 3 倍多。持续不断地补充保证金几乎耗掉了 CAO 所有的可用资金，包括原计划安排用于战略投资的资金和流动资金贷款。为了支付交易商追加的保证金，避免被交易对手清算，CAO 不得不向母公司呈报交易和账面亏损。至此，母公司方知 CAO 已经危在旦夕，但在知晓情况后，也未要求按照风控规则进行平仓止损，而是积极施救。10 月 20 日，母公司以私募方式卖出手中持有的 15% 的股份，获资 1.08 亿美元，立即交给 CAO 用于保证金的支付。

10 月 26 日和 28 日，CAO 的交易对手日本三井公司发出违约函，催缴保证金。CAO 被逼强行平仓，造成实际亏损 1.32 亿美元。11 月 8～25 日，CAO 不断遭到诸多国际投行逼仓，截至 25 日，实际亏损高达 3.81 亿美元，相对于其 1.45 亿美元的净资产已经资不抵债。11 月 29 日，在亏损 5.5 亿美元后，CAO 宣布向法庭申请破产保护。陈久霖在 2006 年 3 月被新加坡初等法院判处入狱服刑 4 年零 3 个月，判刑原因是股东售股拯救公司没有向交易所呈报亏损。

公司的风控制度规定，任何将导致 50 万美元以上损失的交易，将自动平仓，但最终以亏损 5.5 亿美元收场，这个金额足以让公司自动平仓 1100 次！更奇怪的是，10 月 10 日，当公司潜在亏损额已高达 1.8 亿美元时，母公司才知道情况，难怪媒体在报道时将这一事件称为"中国版的巴林事件"。

九、不以成败论英雄，正确评价套期保值效果

套期保值的评价是在套保活动结束或告一段落之后进行的。当然，也有因为在套保中途套保工具端出事了——比如巨额亏损无法满足追加保证金——不得不由公司最高层或上级出面紧急处置，在处置之前必须进行评价。一些较大的公司或上市公司因为有着较大的社会影响力，加上套保数量较大，一出事就是大事，极易引起媒体关注，立刻成为新闻热点，引发各种各样的评论。其中，既有中肯的评论，也有不少滥竽充数的外行之说。

评价工作的重要性在于它能很好地总结经验教训，以发现当初的方案有哪些成功之处，哪些不足之处，有哪些应该改进的地方。不断总结经验教训，对于提高企业在今后套保活动中的能力和水平是非常有益的。不过，总结时要避免两个倾向：一是期货端只能盈利不能亏损，只将期货端盈利的交易称为套期保值交易，期货端亏损就归结为投机，这种倾向实质上是把投机交易的评价标准套用在套期保值头上，混同了期货交易与投机交易之间的区别。二是简单地拿事后价格的变化来讥讽套保者当初是如何如何的头脑简单。

合适的评价首先应该是从企业的整体经营目标出发，将期、现两个市场结合起来进行，看是否实现了当初降低价格风险的目的。在这种情况下，回顾当初制定套保方案时的初衷及忧虑是非常有必要的，从中也可发现当初思考的欠妥之处。其次，企业该不该保值，进行保值交易有多大好处，不能从单纯的一次操作中看期货市场是否盈利，而应该就整体而论、从长期效果来看。最后，对那些套保失败的项目，也应该实事求是地找出导致失败的真正原因以及关键因素，比如是内控制度或监督制度缺失，还是违背了套期保值四项基本原则，是过量套保，还是遭遇极端行情，抑或是其他原因导致。

在当今众多的大宗商品行情中，石油可以说是波动涨跌最厉害的一个品种，几个月内上涨 50% 或者下跌 50% 的行情比比皆是。与石油相关的企业经营规模通常

都比较大，如石油公司、石化公司、航空公司等，套期保值的需求量自然不会小，一旦在期货端失利，爆出来就是热点新闻。2008 年以东方航空公司（以下简称东航）为首的众多航空公司陷入套保危机就是一个典型案例。

2003 年开始，东航就已经涉足套期保值交易，从 2006 年年报有披露开始，直到 2008 年 6 月份之前，东航的燃油套期保值业务头寸一直都有盈利。截至 2008 年 6 月 30 日，国际油价为 140 美元/桶时，东航航油期权合约资产尚有 4.17 亿元。

2008 年 7 月 11 日，国际油价在飙升至每桶 147.27 美元之后突然调头下挫。到 2008 年 12 月底，国际原油价格一度跌破每桶 40 美元，跌幅超过 70%。本来油价下跌对航空公司来说是件好事，然而因为担心上涨而进行买期保值，当石油价格狂跌时，这些航空公司在石油衍生品上遭受的亏损可想而知。

2008 年 11 月 27 日，《关于航油套期保值业务的提示性公告》指出截至 2008 年 10 月 31 日，东航套期保值亏损共计 18.3 亿元，实际亏损将随航油价格变动（10 月 31 日油价跌至 65 美元/桶）。之后的 11 月，东航发生实际现金损失约 42 万美元；12 月实际赔付约 1415 万美元。2009 年 1 月 12 日，东航发布公告称，公司航油套期保值合约于 2008 年 12 月 31 日的公允价值损失约为人民币 62 亿元（未经审计），当时的油价约为 45 美元/桶。公司年报显示，套保头寸按公允价值计算为损失 65.18 亿元，当年净亏损高达 139.28 亿元，创下民航史上最大亏损纪录，几乎占全国民航业亏损额的一半。东航至 2008 年底的净资产为 -115.99 亿元，每股净资产 -2.38 元，公司股票也因此被戴上 ST 的帽子。

东航出现了巨大的问题。舆论更是不依不饶，各种专业的和非专业的声音纷纷出来指责或评点。有的指责东航没有获得境外套保的资格因此属于违规；也有的说东航不通过期货交易所而通过与国际投行签订的场外结构性期权合约进行套保是上了人家的当，期权买方与卖方权利不对等，是不平等条约，由此有人认为应该通过诉讼减少损失；还有的说东航结构性期权中的卖出期权不能算套保，只能算投机，因此下结论说东航的套保方案实际上是投机方案。种种说法，不一而足。

那么，东航的交易行为究竟是投机还是套期保值？

第三章

案例 3-8

东航套期保值交易剖析[①]

2008 年东方航空半年报显示"公司在 2008 年 6 月 30 日签订的航油期权合约是以每桶 62.35～50 美元的价格购买航油约 1135 万桶，并以每桶 72.35～200 美元的价格出售航油约 300 万桶，此等合约将于 2008～2011 年到期"。这个合约形式跟 2007 年披露的基本一样，但套保数量是上年的 1.4 倍。东航签订的期权合约组合形式主要是买入看涨期权、卖出看跌期权和卖出看涨期权这 3 种。

---

① "讲故事　学期货"金融国民教育丛书编写组：《期货的套保和套利》，中国财政经济出版社 2021 年版。

买入看涨期权

即东航以约定价（比如半年报中提到的最高价每桶 150 美元）在未来规定的时间从对手方买定量的航油，行权日时东航有权选择是否购买，如果行权日时市场价高于约定价，东航肯定要买的；反之，如果行权日时市场价低于约定价，则肯定不买。然而，得到这个权利可不是免费的，东航要付出一笔称为权利金的费用给对方，权利金的多少与约定价格的高低及时间长短有关。

卖出看涨期权

在本案例中，卖出看涨期权即东航以更高的约定价（如半年报中提到的最高价每桶 200 美元）在未来规定的时间向对手方卖定量的航油，行权日时对手方有权选择是否买航油，东航必须接受。当然，对手方买入这些看涨期权，也得支付权利金，不过在相同时间点，当约定价更高时，权利金也会小得多。

有人认为，作为需要大量采购航油的东航担心价格上涨而买入看涨期权是合理的套期保值行为，而卖出就不对了，因为一旦油价上涨，你得按约定价卖油给对方，不是与套保方向相反吗？其实不然，如果你在低约定价买进了看涨期权，再在高约定价卖出，即使价格上涨超过高约定价，也不会有风险，因为可以以低约定价买进的油交割给对方，相当于赚了两者间的差价（当然还得扣除两者间的权利金差价）。

卖出看跌期权

本案例中卖出看跌期权即对方以较低的约定价（如半年报中提到的每桶 62.35 美元）在未来规定的时间卖给东航定量的航油，行权日时对手方有权选择是否卖油，如果到时市场价高于约定价，对方肯定选择不卖了，东航因此可以白得一笔权利金；如果到时市场价低于约定价，对方肯定选择卖出，东航必须接受。

从实际后果看，正是这些合约将东航砸得头破血流。一些事后诸葛亮式的评议纷纷指责东航卖出看跌期权是投机活动，但实际上也有偏颇。如果市场价跌破62.35 美元，公司必须以 62.35 美元买进，等于是当时将采购价格固定在 62.35 美元。试想，当初期货石油价都在 130 美元/桶之上，如果通过买进期货进行买期保值，与卖出看跌期权相比，结局不是赔得更多吗？

场外交易

通过场外交易而不是通过期货交易所进行套期保值也是东航被广泛指责的一个理由，但这种见解又不乏谬误。场内交易有其长处，但并不能包打天下，满足所有企业的需求。其一，通常的期货合约都是近期比较活跃，时间稍长的合约要么还没有挂牌，要么无人问津，流动性几乎为零。还记得前面德国金属公司惨败的案例吗？该公司将 10 年的保值交易全押在原油期货的近期合约上，然后再不断向后转期，但每次遇到后期合约升水时就会被"剥一层皮"，而且不断转期还会增加手续费支出。其二，期货市场采用保证金制度及逐日盯市当天结清制度，而场外交易是大企业或机构之间凭信用进行的交易，不需要保证金，也不采用逐日盯市制，通常都是在合约到期时直接按差额进行盈亏清算。幸亏东航采用的是场外交易方式，如果采用了期货方式，2008 年底 −65.18 亿元的公允价值①就是实亏了，如果追加保证金不能及时到位，也许在 10 月底时亏损 18.3 亿元就已经爆仓出局了。

进入 2009 年，随着石油期货价格的回升，东航的公允价值亏损数额也开始缩小了。表 3 − 12 的数据摘自东航历年的年度报告。从表中可见，2009 年的公允价值已缩小为 −11.265 亿元，2011 年进一步缩小为 −1.126 亿元；同时，由于公允价值亏损值缩小，净资产及每股净资产也在快速回升，2011 年每股净资产达到1.81 元，是 2007 年 0.59 元的 3 倍。

表 3 − 12　　　　　　　　　　　东航公允价值历史变动值

年份	公允价值（亿元）	净利润（亿元）	净资产（亿元）	每股净资产（元）
2007	0.578	6.04	25.18	0.59
2008	− 65.18	− 139.28	− 115.99	− 2.38
2009	− 11.265	7.12	33.66	0.32
2010	− 2.454	5380	155.77	1.38
2011	− 1.126	48.87	204.37	1.81

2008 年的油价暴跌实际上是美国次贷危机引发全球金融危机的组成部分，在金融危机爆发之前，几人能够提前预测？全球航空公司，包括美国的航空公司在内的套保头寸在这次金融危机中普遍受损，国内的中国国际航空公司、上海航空公司等凡是参与套保的航空公司也同遭此难，不足为怪。

东航的交易行为可以定性为套期保值。但是，的确也应该看到他们的套保方案是存在瑕疵的，尤其在保值力度方面，严重缺乏整体性和战略性眼光。当时罗伟德出面说明，东航至 2011 年的套保合约为 2463 万桶，合 312 万吨，相当于每年 104万吨，是东航董事会授权交易数量的 74%。从其表述看，似乎没有超量没有违规就"OK"了。但必须认识到，74% 的保值力度并不低，更何况是 3 年的，要知道期货交易是逐日清算，场外期权也需按市价进行公允价值计算，3 年的 74% 相当于一年的 222%，一旦市价走势对持仓头寸不利，面临的财务压力将直线上升。由图3 − 6 可见，自 2002 年开始，油价从 20 美元启动，接连多年上涨，东航自 2003 年开始进行套期保值交易，由于油价持续上涨契合其买入套保的方向，衍生品交易端年年有收益。正因如此，胆子也会越来越大，导致 2008 年的套保数量比上年扩大了 1.4 倍。价格越高，规模越大，一旦遭遇价格暴跌，自然会将多年累积的套保收益悉数抹尽。从油价的历史看，相隔几年就产生一次暴跌情况，因此对于时间较长的套保头寸，应该考虑到出现暴跌并非小概率事件，不应一味沉溺于短期的市场感觉。更合理的做法应该是，在油价低位时加大套保力度，在高位，尤其在迭创新高

---

① "公允价值"的含义就是没有到期的合约若按当前价格清盘计算的价值。

时，降低保值力度。

复 习 题

1. 多头套期保值的定义是什么？在什么情况下使用空头套期保值和多头套期保值策略？

2. 什么是基差？基差变化如何影响套期保值的效果？

案 例 分 析

套期保值与竞争者

如果套期保值不是某一个行业的行业准则，那么一家特立独行采取套期保值策略也是没有意义的。行业内的竞争压力如此激烈以至于产品和服务的价格都反映着原材料的成本、利率和汇率等的变化，一家不进行套期保值的公司的边际利润大致上是一个常数，而一家进行套期保值的公司其边际利润是波动的。

假设有两家黄金首饰制造商，S 公司和 T 公司。假设行业内大多数公司包括 T 公司并不对冲黄金价格波动带来的风险，而 S 公司决定采取不同于其竞争者的策略，使用套期保值合约来对冲其未来 18 个月购买黄金的风险。

试分析，在未来 18 个月内，黄金价格的波动将分别对两家公司的利润产生什么影响？套期保值的规避风险功能是否能够实现？

第四章 期货套利与投机

学习提要

1. 认识套期保值，投机和套利之间的区别
2. 熟悉套利行为的基本策略和操作方式
3. 掌握价差变动对跨期套利效果的影响
4. 掌握期现套利的成本分析
5. 掌握跨品种套利和跨市套利的常用方法
6. 了解投机行为的分类和市场地位

关键词

投机；套利；做多做空（买空卖空）；杠杆效应；期现套利；跨期套利（牛市、熊市、碟式）；跨市套利；跨商品套利

第一节 期货套利交易

一、套利的概念与基本类型

如果套利交易在期权交易上进行，那么可以称为"期权套利"，而"期货套利"顾名思义就能想到那是在期货交易中套利。

"期货套利"是指套利交易者针对期货市场上的相关合约暂时出现的不合理价格差同时进行一买一卖的交易。如果这种不合理价差缩小或消失，套利者再做相反的买卖，获取套利利润。如果套利交易买卖中涉及的都是期货合约，通常称为"价差套利"。"价差套利"又可细分为"跨期套利""跨市套利"和"跨品种套

利"三种类型。如果套利组合中一个是期货合约，另一个是现货资产，则称为"期现套利"。

（一）跨期套利

同一交易所内同一品种不同交割月份的期货合约，其对应的基础资产是完全相同的，区别仅仅是到期时间的不同，通常称为跨期套利（calendar spread）或跨时间套利（time spread）。

（二）跨市套利

可以发现有些品种同时在多家期货交易所上市的情况，比如黄金期货、铜期货、石油期货以及相同指数的股指期货等在全球多家交易所交易。当套利交易在不同的交易所进行时，通常称为跨市套利（inter-market spread）。

（三）跨品种套利

类似大豆期货、豆油期货和豆粕期货，这 3 个期货品种看上去是无关的，但当你知道大豆压榨后的产品就是豆油和豆粕时，就不难想到，三者之间的价格还是有关联的。在这些品种不同但又相互关联的商品期货中套利，称为跨品种套利（inter commodity spread）。跨品种套利既可在同一市场中进行，比如大豆期货、豆油期货和豆粕期货都在大连商品交易所交易；也可跨市场进行，比如，螺纹钢与铁矿石、焦煤是关联品种，在我国，螺纹钢在上海期货交易所交易，铁矿石和焦煤在大连商品交易所交易，组合起来的套利就属于跨市套利。

（四）期现套利

如果套利是在期货市场与现货市场上进行，则通常称为期现套利（arbitrage）。比如，当股指期货指数大幅高于现货指数时，卖出股指期货同时买进现货指数代表的一篮子股票组合，就属于期现套利。

四种期货套利类型具有一个共同点，即每一种套利组合中的合约（或资产）都是相关的，且这种相关性是可以理解也可以识别的。相关性决定了它们在价格走势上具有近似性，如果从价差角度考察，价差的波动范围会环绕着平均价差波动，波动幅度是有限的。如果套利组合中的资产不相关，在价格走势上没有相关性，两者之间是互相独立的，那就不能称为套利交易了，即使在形式上是一买一卖，也只能称为两个独立的买卖活动。比如，买进小麦期货，同时卖出石油期货或卖出铜期货，都不能称为套利交易。

套利交易的目的与投机一样也是赚钱，但与投机交易也有不同之处。期货交易中的投机是指单边买进（卖出）期货合约，买入（卖出）投机者寄希望于价格绝对水平上涨（下跌）而获利，价格上涨（下跌）的幅度越大，得到的投机利润也就越高。如果行情走势出现意外，则亏损额也会很大。套利交易则是同时进行一买一卖，盈亏取决于价差变化。因价差的变动幅度一般是有限的，故盈利或亏损的数额不会很大。两者的区别可以归纳为两条：第一，单边交易和双边交易的区别；第二，风险大小的区别。

套利交易对期货市场发挥了正面作用。首先，套利者发现相关合约价格关系不正常时，会积极入市套利。价差越大，套利的积极性越高，套利的人也越多，客观上起到了促使各种价格关系趋于正常的作用，即起到了"纠偏"作用。这对于市场形成比较公平的价格是非常有益的。其次，套利行为有助于市场流动性的提高。套利行为的存在增加了期货市场的交易量，提高了期货交易的活跃程度，起到市场润滑剂和减震剂的作用。这对于排除或减弱市场垄断力量，保证交易者的正常进出和套期保值操作的顺利实现有很大好处。

二、套利图表

价差的走势时高时低，套利交易者要进行套利，必然碰到合理价差的判断问题。好在套利组中的品种之间不仅具有一定的相关性，且合理价差某种程度上可以按照大家认可的经济方式进行测算。比如，在期现套利中，期货价格如果高出现货价太多，套利者可以买进现货，卖出期货，即使持有至最后交割，只要期间发生的成本加现货价低于期货价，套利就不会亏损，据此不难测算合理价差。又如，在跨期套利中，远月合约价高出近月合约价的幅度如果大于持仓费用，买近月卖远月的套利通常都比较安全。还有，在同品种的跨市套利中，如果价差超出两地运输及相关费用就显得不太合理了。最后，在跨品种套利中，也可通过对生产成本或加工利润的计算来估算合理价差。

必须指出，合理价差的定量估算只是价差研究的部分工作，套利交易更重要的研究工具还是历史价差图表。对套利交易者而言，历史价差图表的研究是必不可少的。这是因为影响价差的因素并不是单一的，除了合理价差定量估算中的一些影响因素外，价差还会受到其他因素的影响，比如投机因素、季节性因素、供求关系的因素、合约交割规定因素等都会发挥影响作用。研究历史价差资料既可以验证前面的定量测算，又可以帮助我们发现历史上实际价差偏离合理价差的大致范围以及一些特殊规律。这对于提高套利者的判断力是很有好处的，同时对选择套利的合适时机、提高套利交易的成功率也有帮助作用。

历史价差图表的显示，通常有两种方法。一种是价差法，即将价格直接相减，一般适用于度量单位相同的情况。在上一章的图 3 - 2 和图 3 - 3 中，两张图都是"现货价 - 期货价"，在套期保值中，这个"差"称为"基差"，但在套利中，这个"差"实际就是"价差"。

图 4 -1 是上海期货交易所螺纹钢期货 2307 合约 - 2305 合约跨期价差图，时间从 2022 年 11 月 1 日至 2023 年 3 月 22 日。从图中可见，日收盘价差基本分布在 -64 元和 4 元之间，再看图 4 -2 的分钟价差图（3 月 22 日），日收益价格分布范围在 -65 元和 -48 元之间，价差波动范围只有 17 元。

另一种方法是比价法，一般适用于度量单位或货币单位不相同的情况。比如，在涉及不同国家的跨市套利中，由于货币单位不一样，度量单位也不一样，两个价格无法直接相减，只能采用价格比的方法。图 4 -3 为沪铝连三与伦敦铝电 3 的比价图，波动范围在 8.1 ~ 7.1 之间。

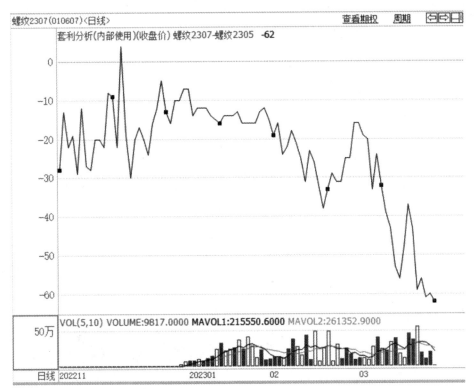

图 4 - 1 上海期货交易所螺纹钢期货 2307 合约 - 2305 合约跨期价差

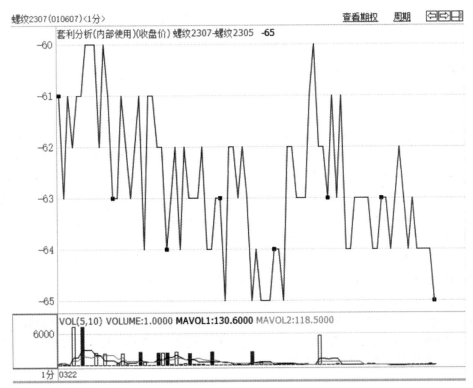

图 4 - 2 上海期货交易所螺纹钢期货 2307 合约 - 2305 合约分钟价差

第四章

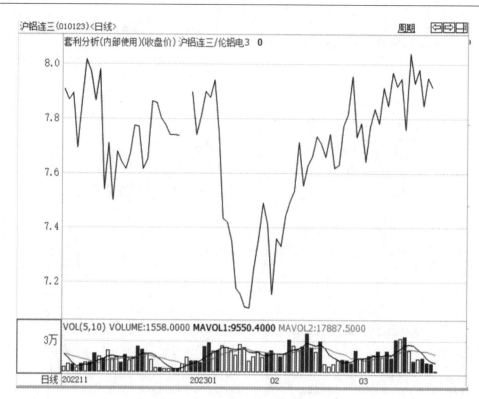

图 4 – 3　沪铝连三与伦敦铝电 3 的比价

三、套利指令

套利交易对维持期货价格合理性以及对提高市场流动性都有好处，因此交易所对套利交易者采取一定的鼓励或优惠措施是可以理解的。交易所采取的优惠及便利措施主要有：第一，收取较低的保证金，比如，在单边买卖一张合约需要 2000 美元保证金的情况下，进行同品种跨月套利交易的一对买卖保证金可能只要 500 美元。这样可以节约套利者的资金成本，使交易者在同等资金条件下可以做更多的套利交易。第二，较低的手续费。第三，持仓上限的豁免。第四，合约价格的最小跳动点减半设置。第五，开设套利交易通道，将常用的套利配对合约组合成一个套利合约，这样交易者在套利交易下指令时不用分别买卖两个合约，只要输入一个套利合约即可。

国内期货市场中，郑州商品交易所和大连商品交易所都已经推出了自己的套利交易指令。图 4 – 4 显示的是大连商品交易所 2023 年 3 月 22 日收盘时的部分套利合约行情，其中第一行 "SP m2307&m2308" 的含义为 "跨期豆粕 2307 合约 – 豆粕 2308 合约"，图 4 – 5 为该套利合约当日的分时图。图 4 – 4 中倒数第二行的 "SPC y2305&p2305" 的含义为 "跨品种豆油 2305 合约 – 棕榈油 2305 合约"，图 4 – 6 为该套利合约当日的分时图。

序号	名称	最新	买价	卖价	买量	卖量	开盘	趋势度
13	SP m2307&m2308	−58	−59	−59	7	3	−27	−0.72
14	SP m2307&m2309	−43	−45	−43	13	8	−25	−0.75
15	SP y2305&y2307	−6	−8	−6	27	19	−16	0.29
16	SP y2305&y2309	20	18	22	7	78	26	−0.11
17	SP y2307&y2308	14	4	6	2	6	56	−0.52
18	SP y2307&y2309	26	24	26	8	20	42	−0.28
19	SPC y2305&p2305	552	548	554	1	1	506	0.49
20	SPC y2307&p2307	672	656	676	1	2	662	0.13

图 4 - 4　2023 年 3 月 22 日大连商品交易所部分套利合约行情

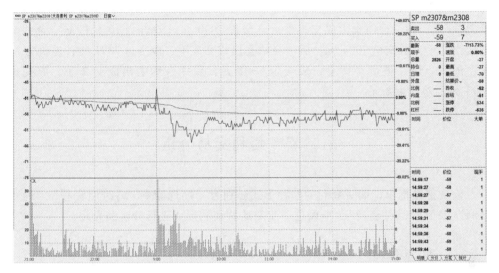

图 4 - 5　2023 年 3 月 22 日 SP m2307&m2308 套利合约分时图

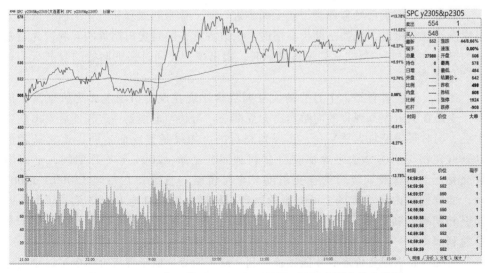

图 4 - 6　2023 年 3 月 22 日 SPC y2305&p2305 套利合约分时图

　　从上面两个例子可以看出，套利合约的命名方式为："SP 或 SPC" + "A 合约&B 合约"，其中 "SP" 代表跨期套利，"SPC" 代表跨品种套利交易。下套利指令单时注意，价差 = A 合约价格 - B 合约价格，即前面的合约价减去后面的合约价，当 A 合约价格高于 B 合约价格时，即价差为正数如果相反，则价差为负数。

　　在申报套利指令时，同样要输入买卖数量和价格，不过这里的数量并非单个合约，而是成对的合约；价格也并非单个合约的价格，而是前一合约与后一合约的价格差。从图 4 - 5 中可见，收盘时买卖双方挂单情况为：买价 - 59 元 7 手，卖价 - 58 元 3 手。比如，某交易者申报套利指令为：买进 2 手 "SP m2307&m2308"，限价 10 元，意味着 "买进豆粕 2307 合约的同时卖出豆粕 2308 合约"，两者成交的数量必须相等，且价差不能超过 10 元（即前一合约价必须不高于后一合约价 10 元时才能成交）。下列最终成交回报都是符合要求的：前一合约买进成交 2 手，成交价 7900 元，后一合约卖出成交 2 手，成交价 7890 元，差价为 10 元；前一合约买进成交 2 手，成交价 7901 元，后一合约卖出成交 2 手，成交价 7891 元，差价为 10 元；前一合约买进成交 2 手，成交价 7901 元，后一合约卖出成交 2 手，成交价 7893 元，差价为 8 元。

第二节　套利交易分析

　　前文曾经指出，期货套利的四种形式分别为 "期现套利" "跨期套利" "跨市套利" 及 "跨品种套利"。下面进一步对这些套利形式进行分析和介绍。

一、期现套利

（一）核心分析：持仓费用

　　当套利在期货市场与现货市场上同步进行时，称为期现套利。如果期货价格大幅度高于现货价时，也就是期价高估时，买进现货，同时卖出期货的套利行为通常称为 "正向套利"；反之，当期价低估时，卖出现货，同时买进期货的套利行为称为 "反向套利"。

　　比如，交易者看到 3 个月后的大豆期货价比现在现货市场上大豆价格高出许多，于是在买进大豆现货的同时卖出大豆期货。当基差走强到一定程度后卖出现货大豆，同时买进期货大豆平仓，实现套利目的。如果基差反而走弱，该交易者可以采取实物交割的办法来确保获得套利利润。比如，2004 年 7 月期间，上海期货交易所天然橡胶期货合约在交割前几个月价格一直维持在每吨 15000 ~ 17000 元，而同期国内现货市场上可交割的国产胶价格大致在每吨 13000 元。巨大的差额引起期现套利热潮，大量货物涌向交割库，期现套利交割者基本上都得到了丰厚的利润。

　　期货价高出现货价多少才能进行套利，或者期货价低于现货价多少可以套利这一问题是可以通过详细计算来解决的。下面先看正向套利的情况。正向套利者买进现货在期货市场中卖出交割是会发生费用的，这些费用包括交易和交割手续费、运输费、检验费、入库费、仓租费、资金利息、仓单升贴水等，可以将这些费用称为"持仓费用"或"持仓成本"。当"期货价格≥现货价格＋持仓成本"时，正向套利至少不会亏本。

例如，2020 年 3 月 4 日，郑州商品交易所尿素期货 2005 合约价格为 1830 元/吨，当日现货价格为 1750 元/吨，期货价比现货价高出 80 元，如果买进现货进行交割，持仓成本将会是多少？

尿素实物交割有厂库交割和仓库交割两种方式，某交易商按照交易所的交割规则分别进行了测算（见表 4 - 1）。

表 4 - 1　　　　　　　　　　尿素持仓成本计算　　　　　　　　单位：元/吨

方式	距交割时间	资金利息（7%）	交易及交割手续费	质检费	运费	入库费	仓储费	合计
厂库	70 天	30.54	1	1	0	0	0/28	32.54/60.54
仓库		23.49	1	1	60	30	28	143.49

从持仓成本计算表看，若采用厂库交割，成本最少为 32.54 元/吨，最多为 60.54 元/吨，主要的差别是仓储费上有所变动。采用仓库交割的话，由于增加了运费和入库费，成本会上升至 143.49 元。由此可见，当期货价格比现货价高出 80 元/吨时，若可以采取厂库交割方式，套利可以获利，若采用仓库交割的话，不仅赚不到钱，反而会亏钱。

注意，上面的计算中没有考虑增值税的影响因素，当用 1750 元/吨的价格买进后，尽管在期货中已经以 1830 元/吨的价格卖出，但因为在交割卖出时必须开发票，而日后交割在之前是不确定的，如果到时交割价就是 1750 元/吨，那么增值税就是 0；如果交割价为 2000 元/吨，按 9% 的增值税率计算，增值税为 22.5 元，即（2000 - 1750）×9%，几乎将套利利润消耗大半。

正向套利比较适合商品的生产厂家和贸易中间商，因为生产厂家和贸易中间商的经营目的本来就是卖出商品，由于在现货贸易的组织落实及物流运输方面具有一定的优势，当期货价格较高时通过期货市场出售货物不失为一个较佳的选择。

当期价低估时，可以进行反向套利，就是卖出现货，同时买进期货。因为进行反向期现套利必须具备一系列的条件，所以能够实施的人也就更少了。通常，下面两类人具备这种条件：一类是具有储备功能的现货商，以高价卖出现货的同时买进期货，在期货上买进交割后补库，等于是在最终不影响库存的前提下既降低了库存费，又赚到了一笔差价；另一类是可以借到货的交易者，在付出一笔借货费后，将货物在现货市场以高价卖出，同时买进低价期货，到时进行买进交割并以此归还原来的出借方。

作为实例，不妨回看一下前面"套期保值篇"中的"原则应该坚持，但不能囫囵吞枣"，其中案例 3 - 5 讲述的内容为某铜业公司在期铜基差为正，出现期货贴水状况时，在现货市场上开始加大销售库存的力度，以回收资金，同时每日在期货市场上买入与现货市场上所销售库存数量相等的远期期货合约。数月之后，期货市场价格回升到其预设的目标销售价时，将前期买入的期货合约全部平仓，该公司从而摆脱亏损的困境。

在这个案例中，该公司在期货贴水时通过卖出现货买入期货保持库存，实质上就是在实施反向套利策略。

反向套利是否可行，也得计算套利成本，但反向套利的成本构成方式与正向套利有较大差异，比如入库费、运输费、检验费以及仓储费这些都是不存在的，因为在现货上不占用资金，资金占用成本还可能节约一些，如果是借货卖出需要支付出借费，那是另外的项目。

（二）期现套利的反向思维：无套利区间

从上面的讨论中我们知道，当现货价格确定后，只要计算出与期现套利相关的套利成本后，就可以知道现在的期货价格是否可以进行套利。当期货价格高出现货价格时的套利称为正向套利，但可以获利的前提是"期货价格 > 现货价格 + 正向套利成本"；如果"期货价格 < 现货价格 + 正向套利成本"，那正向套利就是不可行的，是会亏损的。显然，"期货价格 = 现货价格 + 正向套利成本"是一条界线，如果将此界线称为上边界，则在上边界线之上可以正向套利，而上边界线之下是不能正向套利的区域。

同理，当期货价格低于现货价格时的套利称为反向套利，但可以获利的前提是"期货价格 < 现货价格 – 反向套利成本"；如果"期货价格 > 现货价格 – 反向套利成本"，那反向套利就是不可行的，是会亏损的。显然，"期货价格 = 现货价格 – 反向套利成本"是一条界线，不妨将该界线称为下边界，在下边界线之下可以套利，而下边界线之上是不能反向套利的区域。

有了上下边界线概念后就可知，当期货价格落在上下边界线之间时是无法进行期现套利的，因此可以将此上下边界线之间的区域称为"无套利区间"。

例如：假定某商品的即时现货价为每吨 10000 元，而两个月的全部持仓费（包括运输费、检验费、注册费、仓储费及资金利息等）为 300 元，则两个月后的期货合约价的上边界就是 10300 元。假如交易者能够借到现货并约定 2 个月后归还，同时支付 200 元借货费用，交易交割费用、运输费用、利息费用（注意提前卖出现货有资金收入，冲抵后利息费用很小）等为 150 元，总计为 350 元，则两个月后的期货合约价的下边界就是 9650 元。因此，无套利区间就是 9650 ~ 10300 元。

无套利区间的可靠性与上下边界线的准确计算有关。值得注意的是，在金融期货中，无论是上下边界线的计算容易程度还是准确程度，都比商品期货来得高。下面，不妨以股指期货作为金融期货的代表与商品期货进行比较。

在商品期货中，持仓成本的复杂性主要表现在现货端，诸如采购价、运输费、检验费、入库费、仓租费、升贴水等，其中采购价与运输费的高低具有一定程度的不确定性，比如对农产品而言，不同的采购商即使在同时进行交易，成本也不可能完全相同。另一个不确定因素是增值税的高低，事前只能大致估计。股指期货对应的现货是一篮子股票组合，由于股市与期货市场同样采用集中性交易方式，对交易者而言，买进或卖出股票组合通过电脑操作即可完成，不存在运输费、检验费、仓租费等。股指期货采用现金交割方式，增值税这一不确定因素自然也不存在。

于是，股指期货正向套利成本或边界计算只剩下四个因素。一是买卖现货指数代表的股票组合需要多少资金。二是套利期间的资金成本费用，费用高低既与利率高低有关，也与时间长度有关，同时还可考虑扣除持有股票期间或许能得到的股票分红。三是考虑买卖时存在的冲击成本（指买进股票时实际成交价高出盘面显示价，卖出时的实际成交价低于盘面显示价）。四是股票及期货交易会产生的交易手续费。对反向套利而言，如果采用融券卖出股票组合方式，则需要增加一项融券费用，但融券卖出后的资金也会有一些利息收益可以抵扣。

例如，沪深 300 现货指数为 5000 点，沪深 300 股指期货还有 2 个月到期，计算上边界时，首先假定借入的资金年利率 6%，期货保证金按 20% 计，则两个月的资金成本为 1.2%，即 $(1 + 0.2) \times 1\%$，预计两个月期间可以收到股票分红为 0.3%，此项为负成本。其次是交易成本，期货基本可以忽略不计，股票买卖来回包括印花税按 0.15% 计算。最后是交易的冲击成本，冲击成本假定为 0.2%。三者合计为 1.25%。那么，正向套利成本为 62.5 点，即 $5000 \times 1.25\%$，无套利区间上边界为 5062.5 点。再看下边界，假定融券成本为 8%，则两个月的成本为 1.34%，融券卖出股票的资金中 20% 充当期货保证金，多余的 80% 按资金年利率 6% 贷出，两个月可以获得利息收入 0.8%，但在归还融券时还需支付 0.3% 的股票分红，融券借贷成本为 0.84%，即 $1.34\% - 0.8\% + 0.3\%$ 再加上股票交易手续费 0.15% 及冲击成本 0.2%，三者合计为 1.19%。那么，反向套利成本为 59.5 点，即 $5000 \times 1.19\%$，无套利区间下边界为 4940.5 点。

注意，上下边界是随时间变动而变动的。对上面的例子而言，假定沪深 300 股指期货还有 1 个月到期，其他数据都不变，上下边界线也发生变化了。比如，正向套利时，资金成本为 0.6%，即 $(1 + 0.2) \times 0.5\%$，股票分红变为 0.15%，交易成本和冲击成本不变。三者合计变为 0.8%。则正向套利成本为 40 点，即 $5000 \times 0.8\%$，无套利区间上边界变为 5040 点。按同样规则可以计算得到下边界变为 4961.5 点。

图 4-7 为股指期货无套利区间示意，图中的中间曲线代表指数现货价格，环绕指数现货价格上下波动的曲线代表指数期货价格，上下两条曲线就是上下边界。当指数期货价格超出上边界时，就是正向套利的机会；当指数期货价格位于下边界之下时，是反向套利的机会；上下边界线之间的区域就是无套利区间。从图中可以看到，无套利区间一开始比较宽，随着时间临近期指到期日越来越窄，其重要的原因是随着指数期货到期时间减少，套利所需的资金成本越来越低。从无套利区间的计算推导中可知，期现套利的成本中已经包含了所需资金的借贷成本，因此其利润实际是已扣除机会成本后的净利润，是无本之利。因而通常将期现套利称为无风险套利，相应的利润称为无风险利润。

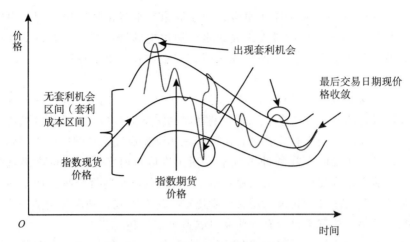

图 4 – 7　股指期货无套区间示意

　　从形式上看，期现套利与套期保值似乎有相似之处，比如同样是在期现两个市场，同样是方向相反，同样是数量相等，甚至同样是时间上同步。两者的区别可以归纳为下面两条。首先，两者在现货市场上所处地位不同，期现套利者与现货并没有实质性的联系，现货风险对他们来说是身外之物而套期保值者、生产者或者是经营者，现货的风险是无法摆脱、不得不关注的。其次，两者的目的及价位观不同。期现套利交易的目的在于"利"，看到有利可图才进行交易。套期保值的根本目的在于"保值"，即为了避险而进行期货交易。比如对卖期保值而言，担心将来价格下跌而卖出期货，即使现在期价比现价低一些，也会卖出期货进行保值。对期现套利者而言，则会因为无利可图，不可能进行操作。

二、跨期套利

（一）跨期套利的概念

　　跨期套利是指在同一交易所内同一品种但不同交割月份的期货合约之间套利。由于其差别主要体现在合约的时间上，故称为跨期套利（calendar spread）或跨时间套利（time spread），国内也有译作跨月套利的。这种价差是在同一市场同一品种内发生的，故也称为市场内价差（intramarket spread）或商品内价差（intracommodity spread）。

　　比如，上海期交所 8 月期铜价格比 7 月期铜高 120 元/吨时，交易者认为这一价差不合理，并认定价差将会回到每吨 80 元左右。于是，同时买入 7 月合约卖出 8 月合约。一段时间后，价差果然缩小至 80 元/吨。该交易者同时卖出 7 月合约买入 8 月合约平仓，在不考虑交易手续费情况下就获得了 40 元/吨的套利利润。

　　跨期套利在各种套利交易形式中具有最广泛的应用，可以说已经成为各种套利交易形式中的主力军。之所以如此，与其非常容易进行以及套利机会众多有很大关系。跨期套利在同一交易所同一期货交易账户上进行，不涉及现货，也不涉及其他交易所，简单易行，即使是资金量较小的散户，也可操作自如。再加上各交易所的支持，如单边收取保证金以及提供便捷的跨期套利专用指令通道，跨期套利的王者风范因此得以确立。

我们知道，期现套利是无风险套利，而跨期套利属于风险套利，因此这是两种不同类型的套利。无风险套利当然大家都喜欢，但必须是期货价格在无套利区间之外才能进行，机会相对少得多，一些期货品种在一年内出现两三次机会已属难得，而跨期套利是冒着一定的风险进行的，当前的价差是高还是低，在不同的风险套利者眼中是不同的，这意味着时刻存在套利机会。

期现套利之所以无风险，重要的原因是随着期货合约临近期交割，期货价格与现货价格的差异会逐步缩小，即具有收敛性而跨期套利交易的两个到期日不一样的期货合约，两个期货合约的价格并不具备收敛性。

比如，上海期交所8月期铜价格比7月期铜高200元/吨时，交易者认为这一价差不合理，于是买入7月合约卖出8月合约。但是，交易之后价差一直没见缩小，眼看再过几天7月合约即将摘牌了，怎么办？

对策一：认赔出场，假定平仓时价差为240元/吨，跨期套利结果是每吨损失40元。

对策二：将7月合约平仓，留下8月合约，这实际上是将跨期套利头寸转化为单边投机头寸，完全违背了当初套利的初衷，将面临更大的风险。

对策三：买进的7月合约进入交割，拿出全部货款获得金属铜的实物仓单，同时继续持有8月期货空头合约，实际上将跨期套利转化为期现套利。因为涉及交割，"对策三"只有法人账户可以操作。表面上看，这一期现套利锁定了每吨200元的价差，但即使是期现套利，也得计算套利成本。

假定铜期货价格为每吨6万元，将前月合约买进交割至下月合约再卖出交割，首先看资金利息，按照4.8%的年利率成本计算，一个月利率为0.4%，折合利息240元/吨，扣除仓租费、交割费等不算，亏损就已经超过40元/吨，浪费了一个月时间，结果还不如"对策一"，真是"赔了夫人又折兵"！有人可能会提出：如果当时锁定的价差不是200元/吨而是600元/吨甚至更高，"对策三"不就可以了吗？是的，如果真的出现这种罕见的情况，当然可以操作一下。之所以说"罕见"，那是前月合约接近到期时，前月合约的价格类似于现货价，跨月价差仍旧这么高，意味着期现套利的大好机会出现了！

在评估"对策三"时还有两个隐含的风险需要知道。一是不确定的增值税，如果到8月卖出时交割价高于7月的交割价，需要缴纳的增值税是少不了的。二是7月交割接到的期货仓单到8月是不是还在有效期内，这事无法确定，如果恰巧接到的是不能交割的仓单，那麻烦就大了。在商品期货中接到下次不能交割仓单的情况并非罕见，比如在农产品中有新旧粮之分，旧粮仓单的有效期都是有明确规定的。一些人可能又会提出：期现套利不是同样会面临这个问题吗？是的，期现套利交易者同样会面临增值税风险，但期现套利交易者通常在现货市场采购并运往交易所注册仓库（厂库）生成新的仓单，只要注册成功，就不存在下月不能交割的风险。

跨期套利的特点是风险不大，但潜在的利润也不高，有些交易者专注于跨期套利，有时赚一点，有时亏一点，积累一定经验后能够实现"胜多败少"，最终成为长期赢家。能够坦然接受小亏损是他们的共同特点，不会因为不甘赔几个小钱而久久恋战，更不会考虑那种增加十几倍的资金且拖上几个月时间的"对策三"。

上面讨论的是远期合约价格高于近期合约价格的情况，这种情况通常称为持仓费市场或正向（常）市场。与其相反的情况是近期合约价格高于远期合约价格时，通常称作反向（转）市场。对跨期套利者而言，正向市场情况下似乎还有持仓费可以作为定量估算依据。如果遇到反向市场，经典的原因解释为：价格差没有限制，取决于近期供给相对于需求的短缺程度，以及购买者愿意花多大代价在近期得到商品供给。也就是说，连定量估算都无法进行了，自然也不存在类似的"对策三"了。

（二）跨期套利中的术语

在期货交易中，跨期套利的历史几乎与期货交易同样悠久，一些交易者在长久的实践中按照自己的理解和总结，从不同角度提出了各种各样的名词术语，如果对这些术语进行一番考察，不难发现其间的重复交叉之处，对初学者而言带来的感觉就是"乱"。下面看一下其中的一些常见术语，顺便将它们捋一下。

（1）价差：远期合约价格减近期合约价格称为价差，但近期合约价格减远期合约价格也叫价差。这一点与基差有所不同。基差的定义是现货价减期货价，定义之后就不会引起误解。然而，在价差上并没有规定，因此当人们说价差时必须先问清楚是"近减远"还是"远减近"，否则很容易出现鸡同鸭讲的局面。

（2）价差的变化：价差变化通常用"扩大"（widen）或"缩小"（narrow）来描述。比如，原先的价差为50元，后来价差变为80元，这就是价差"扩大"，如果价差变为30元，那就是价差"缩小"；如果价差变为"-20元"，那也是价差"缩小"。需要注意的是，度量价差前后变化时，价差的定义应该一致，比如原先采用"远减近"定义的价差，则后面也应该使用"远减近"方法来定义价差。同样，如果一开始采用"近减远"定义价差，则后面也应该使用"近减远"方法。不难明白，价差的定义不同，价差变化的结论正好相反，若以"近减远"定义得出价差"扩大"的结论，换成"远减近"来定义价差，结论就是"缩小"。还有一点可以记住的是，在基差变化的描述中，通常所用的词汇是"走强"或"走弱"而不是"扩大"或"缩小"。

（3）正向市场与反向市场：前者指远期合约价格高于近期合约价格，后者指远期合约价格低于近期合约价格。

（4）正向套利与反向套利：前者指买入近期合约同时卖出远期合约，也简称为"正套"，后者指买入远期合约同时卖出近期合约，简称为"反套"。需要注意的是，"正套"交易并非一定发生在"正向市场"上，在"反向市场"中也可以进行"正套"交易。同样，在"正向市场"中也可以进行"反套"交易。"正向市场"与"反向市场"描述的是价差的状态，"正套"与"反套"描述的是价差交易的方向。

（5）牛市套利（Bull spread）与熊市套利（Bear spread）：前者指买入近期合约同时卖出远期合约，后者指买入远期合约同时卖出近期合约。与上面的"正套"

"反套"比较一下就能发现两者完全相同，所谓的"牛市套利"就是"正向套利"，"熊市套利"就是"反向套利"。为什么会取"牛市""熊市"的名称据说是有人认为在很多商品期货中，当市场是牛市（看涨的）时，较近月份的合约价格上涨幅度会大于较远期合约价格的上涨幅度，意味着"远减近"的价差会缩小，因此买近卖远进行套利成功的可能性比较大，买近卖远就得名为牛市套利。同样，他们认为在熊市中较近月份合约价格下降的幅度大于较远期合约价格的下降幅度，意味着"远减近"的价差会扩大，因此卖近买远进行套利容易获利，卖近买远即被称为熊市套利。这种说法有道理吗？也许在历史中的某个时期的某些品种上曾经出现过这种情况，但如果以为这是普遍规律，可以照搬套用，那就无异于刻舟求剑。事实上，影响价差变化的因素可以说错综复杂，并非牛市、熊市可以简单归纳的。

（6）买进套利（buy spread）与卖出套利（sell spread）：买进套利是指买进价格较高的一边合约同时卖出价格较低的一边合约；相反，卖出套利则是指卖出其中价格较高的一边合约，同时买进价格较低的一边。注意，现在命名的依据不是合约的远近，而是价格的高低。例如，按照前面的介绍，假如在正向市场时做正向套利，那就是"卖出套利"，如果做反向套利，那就是"买进套利"，其他各种情况自己可以推断。

（7）国内期货交易所套利指令：不妨回看一下"交易所的套利指令"这一节。现在可以明白，交易所的跨期套利是按照"近减远"规则对跨期套利价差进行定义的。这意味着价差如果是正值，那就是反向市场，如果是负值就是正向市场。买进价差意味着"买近卖远"，也就是"正向套利"或"牛市套利"，如果这时的价差为正值，意味着买高卖低，就是"买进套利"如果价差为负值，则是"卖出套利"。相反，卖出价差意味着"卖近买远"，也就是"反向套利"或"熊市套利"，如果这时的价差为正值，意味着卖高买低，就是"卖出套利"如果价差为负值则是"买进套利"。

（三）跨期套利案例

2021 年 3 月 1 日，鸡蛋期货 6 月、7 月合约的收盘价分别为 4246 元和 4640 元，远月合约价高于近月，属于正向市场，按"近减远"定义的表观价差为 - 394 元，套利者评估后认为 7 月价格高出 6 月已超过 9%，这种情况很难持久，于是在 3 月 2 日通过大连商品交易所价差指令买入 5 张 SP jd2106&2107，成交价为 - 390 元。4 月 20 日，6 月合约收盘价 4436 元，7 月合约收盘价为 4655 元，表观价差为 - 219 元，交易者认为差不多可以择时平仓了，于是 4 月 21 日在价差通道挂出 190 元平仓 5 张合约的指令，不一会儿就全部成交。该交易者在不计交易手续费的情况下实现盈利 10000 元，即 $5 \times 10 \times [-190 - (-390)]$。

若将两合约的表观价差拆解后比较，可以发现，6 月合约在这期间上涨了 190 元，即 $4436 - 4246$，而 7 月合约在这期间上涨了 15 元，即 $4655 - 4640$，近月合约上涨的幅度大于远月合约的上涨幅度。由于是"买近卖远"，自然就赚钱了。

对此，可以用图 4 - 8 进行说明。

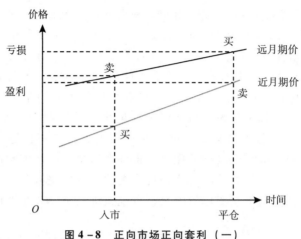

图4-8　正向市场正向套利（一）

　　从图4-8可见，在正向市场中实施正向套利，当期货价格都上涨时，只要近期月份合约价格上涨幅度大于远期月份合约价格的上涨幅度，就能获利。如果价格不涨反跌呢？结论是，只要近期月份合约价格下跌幅度小于远期月份合约价格的下跌幅度，也是获利的。对此可参见图4-9的示意。

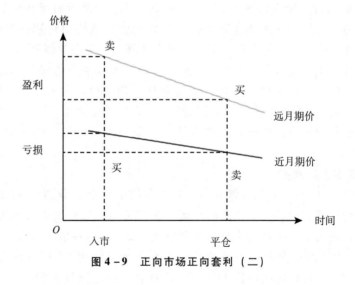

图4-9　正向市场正向套利（二）

　　如果从价差角度分析，图4-8和图4-9显示的共同之处是"远减近"的价差缩小了，当然，如果将价差定义为"近减远"，那就是价差都扩大了。由此不难推断得出结论正向市场中正向套利时，如遇到"远减近"的价差扩大（"近减远"的价差缩小）就会导致亏损。

　　前面提到所谓"牛市套利"实际上就是正向套利，从图4-8和图4-9可见，"牛市套利"获利与否取决于价差变化是否符合预期情况，与期价本身的"牛"还是"熊"没有必然联系。

　　同理，可以分析正向市场中反向套利的情况。反向套利是"卖近买远"，

图 4 - 10 显示了两种获利情况，其共同点都是"远减近"的价差扩大（"近减远"的价差缩小），或者说，下跌时只要近月跌得更多，上涨时远月涨得更多就能获利。如果未来情况与其相反，就会发生亏损。

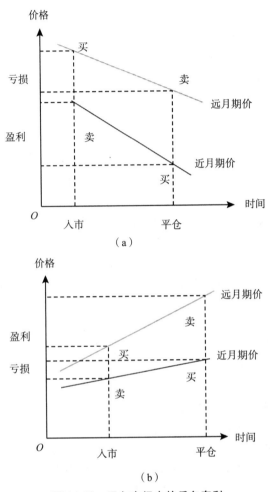

图 4 - 10　正向市场中的反向套利

　　前面的分析都是针对正向市场而言的，反向市场的分析这里不再继续展开。

（四）　蝶式套利与跨作物年度套利

　　所谓蝶式套利（Butterfly spread），是指由两个方向相反、共享居中交割月份的跨期套利组成。蝶式套利的原理与跨期套利一样，是利用同一商品但不同交割月份之间的价差来获利，不同之处在于，蝶式套利交易涉及三个交割月份的合约，即近期、远期和居中 3 个月份，相当于两个跨期套利的组合。蝶式套利的具体操作方式是买入（或卖出）近期月份合约，同时卖出（或买入）居中月份合约，并买入（或卖出）远期月份合约，其中居中月份合约的数量等于近期月份和远期月份数量之和。这相当于在近期与居中月份之间的牛市（或熊市）套利和在居中月份与远期月份之间的熊市（或牛市）套利的一种组合。因近期和远期月份的期货合约分别居于居中月份的两侧，形同蝴蝶的两个翅膀，故也称为蝶式套期图利。

例如，买入2份5月小麦期货合约、卖出4份9月小麦期货合约，同时买入2份12月小麦期货合约，这可以看作一个正向套利（买入5月合约，卖出9月合约）和一个反向套利（卖出9月合约，买入12月合约）的组合。

又如，卖出2份5月玉米合约、买入6份7月玉米合约，同时卖出4份9月玉米合约，这可以看作一个反向套利（卖出5月合约，买入7月合约）和一个正向套利（买入7月合约，卖出9月合约）的组合。

从理论上看，蝶式套利的风险和利润都比普通的跨期套利低。

跨作物年度套利（intercrop spread），是根据新作物年度期货合约价格一般低于上一作物年度期货合约价格的特点，利用新旧作物年度农牧产品期货合约的价差来赚取利润的套利交易。跨作物年度套利从形式上看仍旧属于跨期套利，与一般的跨期套利相比，不过是增加了一个条件，就是两个合约分别处在两个不同的作物年度。

作物年度是指从农作物大量收获月的第一天到次年收获月的前一日这一段时间。例如，美国小麦、燕麦的作物年度从7月1日到次年6月30日；棉花作物年度从8月1日开始到次年7月31日；大豆从9月1日开始，玉米从10月1日开始。由于作物年度关系，农产品期货便有新、旧产期货之分。旧产期货是在次年农产品收获之前到期的合约，因其交割月在收获季节之前，只能以上年度所产农产品办理交割。新产期货是以新产农产品办理现货交割的期货合约。例如，郑州商品交易所小麦合约有1月、3月、5月、7月、9月、11月几个交割月，9月合约开始就有新小麦可以交割了，于是规定，只有去年和今年收获的小麦才能进行交割，前年收获的小麦不能进行交割。

影响新旧作物年度期货合约价格的主要因素包括上年度结转库存量、来年的收成情况、消费量以及未来的需求量等，套利者可以根据这些因素来预测新旧作物年度期货价格差异是否正常，从而寻找套利机会。如果预期旧作物年度价格相对于新作物年度价格上涨，套利者就可以买进旧作物年度的期货合约，同时卖出新作物年度的期货合约；反之，则买进新作物年度的期货合约，卖出旧作物年度的期货合约。

三、跨品种套利

跨品种套利（intercommodity spread）是指在两个不同但相关联的商品之间套利。具体来说就是在买入或卖出一种商品期货合约的同时卖出或买入另一相关联的商品期货合约，并在未来某一时间同时将两种期货合约对冲平仓的交易。

跨品种套利的前提是两个品种之间尽管有区别，但应该具有重要的共同影响因素或在用途上具有较高的相互替代性。比如，燃料油、汽油、航空油这些油类产品，尽管用途不一样，但都是石油生产的，它们的价格都会受到石油价格的影响。又如玉米和小麦，不仅都是农产品，而且在使用上都可用作食品加工及饲料，并且在很大程度上具有可替代性。此外，原材料商品和其产成品之间的价格具有很高的相关性，比如，豆油、豆粕都是大豆加工产品，螺纹钢生产的主要原材料有铁矿石和焦煤，在这些原材料品种与其制成品之间进行套利交易，就称为商品产品套利（commodity product spread）。不难发现，按照产品之间的关联情况，有时跨品种套利涉及的期货品种可能超过两个，比如交易商按比例买进大豆期货，同时卖出豆油期货和豆粕期货；或者相反，卖出大豆期货，同时买进豆油期货和豆粕期货，这也是跨品种套利。

在时间结构上，跨品种套利涉及的期货合约月份基本上是相同的，这是一种同时关系，而跨期套利涉及的期货合约月份具有时间上的先后关系。

在风险与收益上，跨品种套利通常比跨期套利更多一些。尽管跨品种套利的品种之间具有一定的相关性甚至依赖性，但毕竟是不同的品种，仍旧具有各自的差别与特点，当其中的一些差别与特点受到特定因素的刺激，价差的波动将会非常大。

与跨期套利一样，国内一些期货交易所，如郑州商品交易所和大连商品交易所，在跨品种套利上也提供了专用通道，交易者可以利用专用通道中的跨品种套利指令，既得到了便捷交易的好处，又可以享受保证金优惠。大连商品交易所的跨品种套利指令前缀是 SPC，郑州商品交易所跨品种套利指令的前缀是 IPS。截至 2023 年 3 月，两家交易所共推出了 12 对跨品种套利组合（见表 4-2）。

表 4-2　　　　大商所和郑商所提供的跨品种套利配对组合

序号	品种组合	说明	交易所
1	硅铁和锰硅	同属于铁合金	郑州商品交易所
2	棉花和棉纱	棉花是原材料	郑州商品交易所
3	玻璃和纯碱	纯碱是原材料	郑州商品交易所
4	PTA 和短纤	PTA 是原材料	郑州商品交易所
5	豆一和豆粕	豆一是原材料	大连商品交易所
6	豆二和豆粕	豆二是原材料	大连商品交易所
7	玉米和玉米淀粉	玉米是原材料	大连商品交易所
8	聚乙烯和聚氯乙烯	同属于塑料	大连商品交易所
9	豆油和棕榈油	同属于食用油	大连商品交易所
10	聚乙烯和聚丙烯	同属于塑料	大连商品交易所
11	聚丙烯和聚氯乙烯	同属于塑料	大连商品交易所
12	纤维板和胶合板	同属于板材	大连商品交易所

值得注意的是，尽管已有两家期货交易所提供了一些跨品种套利指令，但数量并不算多。国内 4 家期货交易所目前交易的品种中，可以进行跨品种套利的有很多，交易者可以借助一些软件商提供的套利交易软件进行。下面列举一些市场上比较流行的套利配对组。

（一）钢材系列

钢铁生产中最重要的原料就是铁矿石，其次是焦炭。生产 1 吨生铁，大约需要 1.5～2 吨的铁矿石，以及 0.4～0.6 吨的焦炭。因此，钢铁的价格基本上取决于铁矿石与焦炭的价格，由于成本比重关系，钢铁与铁矿石的相关性更强，与焦炭的相关性次之。螺纹钢和热轧卷板都是钢材，原材料成本相近，因此两者价格具有较好的相关性。热轧卷板是一种钢板，以板坯为原料，加热之后进行粗轧和精轧后产出。作为一种重要的钢材，热轧卷板广泛应用于基建、船舶、汽车等领域。螺纹钢则主要用于建筑。由于下游消费市场具有差异，两者短期的供需关系会有不同。从这些介绍中可以想到，跨品种套利既可以在螺纹钢和铁矿石、焦炭之间进行（比如按一定的配比买进螺纹钢同时卖出铁矿石和焦炭，或者相反），也可仅仅在螺纹钢和铁矿石之间进行。在上述组合中，以热轧卷板代替螺纹钢也可以。同样，螺纹钢和热轧卷板之间也存在套利机会。

（二）焦煤与焦炭

焦煤是焦炭的上游产业，按照现在的生产技术，1.3 吨焦煤可以产出 1 吨焦炭。因此，两个价格之间存在较强的相关性强，可以进行跨品种套利。

（三）大豆与豆油、豆粕

大连商品交易所已经提供了大豆和豆粕之间的跨品种套利指令，但作为大豆压榨产品，豆粕仅是其中一种，另外一种产品是豆油。一般而言，100% 大豆可以出产 18.5% 的豆油和 80% 的豆粕，剩余 1.5% 为损耗。按照三者的期货市场价格，交易者可以计算出期货大豆的压榨利润（减去正常的生产成本）。如果理论压榨利润明显高于正常压榨利润，表明大豆价格偏低，高额利润将会刺激压榨厂加大采购生产力度，增加豆粕和豆油的供给。套利者买进大豆合约，同时按比例卖出豆油和豆粕进行套利，此举通常称为"大豆提油套利"。套利之后如果期货压榨利润回到正常区间，套利就会获利。反之，若理论压榨利润明显低于正常利润甚至亏损，这也不正常，表明的是大豆价格偏高，压榨商持续下去的难度较高，正常的反应就是降低压榨产量，减少豆粕和豆油的供应量。针对这种情况，套利者卖出大豆合约，同时按比例买进豆油和豆粕进行套利，此举通常称为"反向大豆提油套利"。套利之后，如果期货压榨利润回归正常区间，套利就会获利。

（四）豆油、棕榈油与菜籽油

大连商品交易所已经提供了豆油与棕榈油的跨品种套利指令。然而，郑州商品交易所的菜油同样属于食用油，菜油与豆油或棕榈油之间某种程度上可以成为替代品。豆油的原料大豆主要产自美国、巴西和阿根廷，棕榈油则一般产自印度尼西亚和马来西亚。在不同地区气候差异等因素的作用下，豆油与棕榈油的价差往往会出现较大波动。菜籽油由于营养更为丰富且原料价格高，其价格一般高于豆油，两者的价差一般较为稳定，当两者价差受到季节性气候等影响时，也会出现套利机会。郑州商品交易所除了有菜油品种外，还有菜粕，菜粕与豆粕同样可作为动物饲料，两者之间也存在套利机会。

（五）石油化工产品系列

上海国际能源交易中心的石油原油期货交易已推出多年，除此之外还有低硫燃料油期货，上海期货交易所的燃料油、沥青期货，以及大连商品交易所的塑料、PVC、PP、苯乙烯期货，这些品种都是石油加工后的制成品。石油价格的涨跌自然会影响这些产品的价格，然而由于各品种在生产端及需求端上各有特点，彼此之间的价差也会处于波动中，因而形成众多的套利机会。

四、跨市套利

在期货市场上，有许多交易所在交易相同或相似的期货商品，例如，在美国有多家交易所交易小麦，芝加哥期货交易所、大连商品交易所都进行大豆期货交易，伦敦金属交易所、上海期货交易所和纽约商业交易所都进行铜、铝等有色金属交易。跨市套利（intermarket spread）就是指在某个交易所买入（或卖出）某一交割月份的某种商品合约同时，在另一个交易所卖出（或买入）同一交割月份的同种商品合约，以期在有利时机分别在两个交易所对冲在手的合约获利。

跨市套利的基本原理与跨期套利是相同的。

一般来说，同一品种在不同交易所的期货价格关系通常是比较稳定的。这是因为由于合约到期后要进行实物交割，如果两个交易所同种商品的期货价差不合理，套利者就会通过从价格相对较低的交易所买入期货，同时在价格相对较高的交易所卖出期货，然后等合约到期时进行实物交割，将前者低价买入的商品用于后者高价卖出，从而获利。在实际操作中，套利者并不需要持有合约至交割，当价差发生有利变化时即可平仓获利。

跨市套利的条件是两个交易所开设同样的品种交易，在国内尽管目前有 4 家期货交易所（上海国际能源交易中心归属上海期货交易所），但基本遵循一个品种只在一家期货交易所挂牌，交易所之间没有相同品种，因此交易者也就无法在国内进行这种套利交易。如果不限于相同品种，如前面介绍的"螺纹钢和铁矿石、焦炭"套利，螺纹钢在上海期货交易所交易，而铁矿石和焦炭在大连商品交易所交易，这个跨品种套利差不多也可算跨市套利了。

因此，目前国内交易者的跨市套利交易基本上是在境内外不同的交易所之间进行的。常见的品种有上海期货交易所与伦敦金属交易所或纽约商业交易所的期货铜品种，除此之外，上海期货交易所与伦敦金属交易所之间有多种相同的金属商品，如铝、锌、铅等，大连商品交易所与芝加哥期货交易所的大豆品种也是专业套利者关注的品种，上海国际能源交易中心与芝加哥商业交易所（CME）同时进行原油期货合约交易，价格相关性较强，也会产生套利机会。

跨市套利是在境内外进行，而境内外交易所的合约规则存在较大的差异，因此在实施时必须将这些差异彻底搞清楚。比如，芝加哥期货交易所大豆的标准品为美国 2 号黄大豆，替代品为黄大豆 1 号（升水 6 美分/蒲式耳）或者 3 号黄大豆（贴水 6 美分/蒲式耳）；交易单位为每张合约 5000 蒲式耳；报价方式为美分/蒲式耳。大连商品交易所有黄大豆 1 号和黄大豆 2 号两个合约，其中黄大豆 2 号比较接近美国大豆的交割品质，标准品规定为粗蛋白（湿基）≥34.5 的大豆，粗蛋白（湿基）在 33.5（含）至 34.5 之间则贴水 50 元/吨交易单位为每张合约 10 吨报价方式为人民币元/吨。

1 蒲式耳大豆 = 27. 2154 公斤，5000 蒲式耳 = 136. 077 吨，即芝加哥期货交易所的一张合约等于大连商品交易所的 13. 6 张合约。由于每吨合 36. 744 蒲式耳，如果要将（美分/蒲式耳）换算成美元/吨，只要乘以（36. 744 蒲式耳/吨）（美元/100 美分）即可。比如，CBOT 1500 美分/蒲式耳的大豆价格，相当于 1500 × 36. 744/100 = 551. 16 美元/吨。

由于货币单位或度量单位不一样，在利用历史数据进行图表分析时，无法采取前面经常提及的价差分析法，解决之道是采用价格比率法，不妨回看前面的"套利图表"，前面图 4 - 3 就是一张典型的价格比率图。

跨市套利通常也被划分为正向套利和反向套利两种，划分的依据是贸易流向，如果套利方向与贸易流向一致，称为正向套利。例如，国内铜以进口为主，在 LME 做多同时在上海期货交易所做空，这样的开仓交易称为正向套利，因为其与中国铜的贸易流方向一致。相反，如果在 LME 做空，同时在上海期货交易所做多，则称为反向交易。

相对于其他几种套利交易而言，跨市场套利是一种更复杂、涉及风险因素更多的套利方式。首先，跨市套利涉及不同的交易所，尽管是相同品种，但不同的交易所，尤其是涉及跨境交易所在合约设计、交易规则上存在较大差异，对交割商品的要求也不尽相同。其次，境内套利者喜欢进行正向套利，因为正向套利与贸易流一致，即使套利不顺，也可以实施实物交割，将货物运至国内销售，但不难明白，进口贸易远比国内贸易复杂，将新增报关、关税及海运等一系列环节，而增加的环节越多，面临的意外风险也会增加。最后，由于涉及不同的货币，增加了一项汇率变动风险。

显然，跨市套利交易者必须具有更强的专业性，事实上，在跨市套利中比较活跃的交易者通常也都是一些具有专业背景的贸易公司。对一般交易者而言，没有金刚钻最好还是不要去揽这个瓷器活。当然，作为增加知识，学习了解一下跨市套利的原理和方法还是可以的。

第三节　期货投机

一、期货投机的概念

期货投机是指交易者通过预测期货合约未来的价格变化，以在期货市场上获取价差收益为目的的期货交易行为。

期货投机与套期保值的区别主要有以下三点。

（一）从交易目的来看

期货投机交易是以赚取价差收益为目的，而套期保值交易是利用期货市场规避现货价格波动的风险。

（二）从交易方式来看

期货投机交易是在期货市场上进行买空卖空，从而获得价差收益；套期保值交易则是在期货市场上建立现货市场的对冲头寸，以期达到对冲现货市场的价格波动风险。

（三）从交易风险来看

期货投机者在交易中通常是为博取价差收益而主动承担相应的价格风险，套期保值者则是通过期货交易规避现货价格风险。因此，从交易者的风险态度看，期货投机者大多是价格风险偏好者，套期保值者大多是价格风险厌恶者。

二、期货投机者的类型

根据不同的划分标准，期货投机者大致可分为以下两种类型。

（一）按交易主体划分

按交易主体划分，期货投机者可分为机构投机者和个人投机者。机构投机者是指用自有资金或者从分散的公众手中筹集的资金专门进行期货投机活动的机构，主要包括各类基金、金融机构、工商企业等。个人投机者则是指以自然人身份从事期货投机交易的投机者。

（二）按持有头寸方向划分

按持有头寸方向划分，期货投机者可分为多头投机者和空头投机者。在交易中，投机者根据对未来价格波动方向的预测确定交易头寸的方向。若投机者预测价格上涨则买进期货合约，持有多头头寸，被称为多头投机者；若投机者预测价格下跌则卖出期货合约，持有空头头寸，被称为空头投机者。

三、期货投机的作用

期货投机交易是期货市场不可缺少的重要组成部分，发挥着特有的作用，主要体现在以下几个方面。

（一）承担价格风险

期货市场的一个主要经济功能是为生产、加工和经营者提供现货价格风险的转移工具。期货投机者在博取风险收益的同时，承担了相应的价格风险。如果期货市场上只有套期保值者，没有这些风险承担者参与交易，那么只有在买入套期保值者和卖出套期保值者的交易数量完全相符时，交易才能实现，风险才能得以转移。但从实际来看，买入套期保值者和卖出套期保值者之间的不平衡是经常发生的现象，期货投机者的加入恰好能抵消这种不平衡，从而使套期保值交易得以顺利实现。由此可见，如果没有投机者的加入，套期保值交易活动就难以进行，期货市场风险规避的功能也就难以发挥，可以说，正是期货投机者承担了期货价格风险，才使得套期保值者能够有效规避现货价格波动风险，也使其现货经营平稳运行。

（二）促进价格发现

期货市场汇集了几乎所有关于期货合约商品的供求信息。期货投机者的交易目的不是实物交割，而是利用价格波动获取价差利润，这就要求投机者必须利用各种手段收集整理有关价格变动的信息，分析市场行情。同时，期货市场把投机者的不同交易指令集中在交易所内进行公开竞价，由于买卖双方彼此竞价所产生的互动作用使价格趋于合理。期货市场的价格发现功能正是由所有市场参与者对未来市场价格走向预测的综合反映体现的。交易所每天向全世界发布市场交易行情和信息，使那些置身于期货市场之外的企业也能充分利用期货价格作为其制定经营战略的重要参考依据。

（三）减缓价格波动

适度的投机能够减缓期货市场的价格波动。投机者进行期货交易，总是力图通过对未来价格的正确判断和预测赚取价差利润。当期货市场供大于求时，市场价格低于均衡价格，投机者低价买进期货合约，从而增加了市场需求，使期货价格上涨，供求重新趋于平衡；反之，当期货市场供不应求时，市场价格则高于均衡价格，投机者会高价卖出期货合约，从而增加了市场供给，使期货价格下跌，也能使供求重新趋于平衡。可见，期货投机对缩小期货价格波动幅度发挥了很大作用。

当然，减缓价格波动作用的实现是有前提的：一是投机者要理性化操作。违背期货市场运作规律进行操作的投机者最终会被市场所淘汰。二是适度投机。操纵市场等过度投机行为不仅不能减缓价格波动，而且会人为拉大供求缺口，破坏供求关系，加剧价格波动，加大市场风险。因此，遏制过度投机，打击市场操纵行为是各国期货市场监管机构的一项重要任务。

（四）提高市场流动性

市场流动性即市场交易的活跃程度。一般来说，在流动性较高的市场上，交易者众多，交易也较为活跃；反之，如果市场流动性较低，则交易较为冷淡。可以说，期货交易是否成功，在很大程度上取决于市场流动性的大小，而流动性又取决于投机者的多寡和交易频率。期货市场上的投机者，就像润滑剂一样，为套期保值者提供了更多的交易机会。投机者通过对价格的不同预测，有人看涨，有人看跌，交投积极，实际上扩大了交易量，使套期保值者无论是买进还是卖出都能很容易地找到交易对手，自由地进出期货市场，从而客观上提高了市场的流动性。

复 习 题

1. 投机交易的功能是什么？它与套期保值交易有什么区别？
2. 在跨期套利中，什么市况使用牛市套利？什么市况使用熊市套利？
3. 什么是跨市套利，在进行跨市套利时应注意什么？

案 例 分 析

　　2004 年 1 月末，我国暴发高致病性禽流感疫情。豆粕是禽类饲料的主要原料，禽流感的暴发使豆粕春节后开盘即报跌停，两天后再次下跌 80 多个点。据中国饲料行业协会估计，2003 年中国豆粕产量为 2100 万吨，其中的 40% ~ 50% 用于家禽饲料，可见在我国每月家禽饲料平均要消耗豆粕 70 万 ~ 87.5 万吨。如果禽流感不能在 1 个月内得到控制，将使国内豆粕用量下降 3% ~ 4%，超过两个月会使豆粕用量减少 150 万吨左右。据统计，我国 1 月大豆到港 210 万吨左右，装船量 123.5 万吨，这批装船大豆 2 月份到港后要么存在港口每天支付库存费，要么压榨商被迫开工腾出仓库让给新进口的大豆。无论哪种方式，压榨商都要赔钱。在这种情况下，即使禽流感得到控制，豆粕价格也不会很快就涨起来。因为前期的陈豆粕还没有被消化，豆粕的储存期较短，这有可能是豆粕价格刚有复苏的迹象就会出现大量的现货抛售，所以近月合约总是要受到现货的压制。在远月合约上，原料价格高会迫使压榨商尽力维护其产品售价以保护利润，另外全球大豆的减产，供给严重不足使压榨商有理由给出更高报价。因此，在禽流感被有效控制前后的一段时间内豆粕远月合约和近月合约的价差会拉大。在 2 月 11 日，5 月豆粕期货价格为 2740 元/吨，9 月豆粕期货价格为 2800 元/吨。

　　如果你是投资者，你将选择何种套利策略，说明如何操作。如果到 5 月 11 日，5 月豆粕合约价格为 3050 元/吨，9 月豆粕合约价格为 3250 元/吨，投资者盈亏状况如何？

交　易　篇

| 第五章 | 商品期货交易的基本面分析

学习提要

1. 理解商品期货基本面分析的含义
2. 掌握商品期货价格的影响因素
3. 了解棉花期货的基本面分析方法
4. 了解石油期货的基本面分析方法
5. 了解铜期货的基本面分析方法
6. 了解豆类期货的基本面分析方法

关键词

基本面分析；供求关系；产业链分析；棉花期货；石油期货；铜期货；豆类期货

第一节　商品期货基本面的影响因素

一、基本面分析的含义

基本面分析主要研究商品或金融衍生品标的物的供求变化及相关的政治、经济状况、经济政策等变量对该标的物价格的影响，对价格走势作出预测。

基本面分析方法以供求分析为基础，并结合对宏观经济因素、经济周期、经济政策等进行分析，研究价格变动的内在因素和根本原因，侧重于分析和预测价格变动的中长期趋势。

二、商品期货基本面分析

对于商品期货而言，基本面分析是指对期货标的物现货市场供求状况进行研究，从宏观分析出发，探究经济周期、经济政策等因素对商品供求的影响进而引起商品价格的变化，研判期货价格未来走势的方法。

基本面分析是对商品价格变化背后的原因进行研究，其理论基础是经济学中的供求分析，是从因果关系的角度去解释一段时间内价格变化的缘由。每种商品有不同的特点和用途，因而其价格变化的影响因素也存在差异。如黄金，它兼具商品属性和金融属性，其商品属性使其主要受黄金的供求影响，而金融属性的黄金则与美元关系密切，也与一国宏观经济状况如通货膨胀水平密切相关；另外，投机活动也对黄金价格有着较大影响。而农产品类的商品如大豆的价格，虽然也受到一些宏观经济和宏观政策的影响，但商品的供求关系是最主要的影响因素。尽管对于不同的期货品种，其价格影响因素各有不同，但其中不乏一些共性因素，这些因素包括宏观经济状况、宏观经济政策、自然因素、政治因素，以及投资者行为因素等。

（一）供求分析

供求分析是商品期货基本面分析的核心。对商品期货价格的供求分析基于经济学的均衡价格原理。根据该原理，一种商品的均衡价格是在供给与需求的共同作用下，供求平衡时所形成的价格。当影响商品的供给和需求的因素发生改变，该商品的价格会发生变化。

1. 供给及其构成

供给是指在一定时间和地点，在不同价格水平下卖方愿意并能够提供的产品数量。本期供给量由期初存量、本期产量和本期进口量构成。影响供给的因素有商品自身的价格、生产成本（要素价格）、生产的技术水平、相关商品的价格、生产者对未来的预期、政府的政策以及其他相关因素等。

可以用供给曲线来表示商品与价格的关系。通常情况下，一个商品的供给量与该商品的价格呈正相关关系，价格越高，商品的供给量越多，即供给曲线是向右上方倾斜。商品的供给则是指在商品价格给定的情况下，其他因素如成本、技术改进、政策、预期等所引起的商品供给数量的变化。当这些因素改变时，引起的是整个供给曲线的位移。

一种商品的供给的构成包括如下几个方面：

（1）期初库存量。期初库存量也就是上一期的期末结存量。期初库存量的多少，直接影响本期的供给。库存充足，将制约价格上涨；库存较少，则当期价格会有上涨压力。对于耐储藏的农产品、金属产品和能源化工产品，分析期初库存量非常重要。

（2）当期国内生产量。通常产品生产产量在短时间内并不会发生较大改变，可以根据历史的生产产量进行预估。但不同产品的产量受到不同因素的影响，某些因素的变化可能会使实际产量发生较大变化。例如，农产品的产量与播种面积和天气状况密切相关，恶劣天气会导致农产品大幅减产；矿产品的产能因新矿的发现和开采增加而增加；原油产量会受到石油输出国组织（OPEC）减产协议的影响；等等。因此，需要对产品产量的影响因素进行具体分析。

（3）当期进口量。进口量是本国市场销售的国外产品的数量。进口量主要受国内市场供求状况、内销和外销价格比、关税和非关税壁垒、汇率等因素影响。进口是国外生产者对本国的供给，若国内需求旺盛，进口量增加；反之，则进口量减少。

2. 需求及其构成

一种商品的需求是指在一定的时间和地点，在不同价格水平下买方愿意并有能力购买的商品数量。本期需求量由国内消费量、出口量和期末结存量构成。一般而言，影响某种商品需求的因素主要包括商品自身的价格、替代品和互补品的价格、消费者对商品价格的预期、消费者的收入水平、消费者的偏好、政府的消费政策等。

可以用需求曲线来表示商品需求数量与价格的关系。在通常情况下，一个商品的需求数量与该商品的价格呈负相关关系，价格越高，该商品的需求数量越少，即需求曲线是向右下方倾斜。商品的需求则是指在商品价格给定的情况下，其他因素，如偏好、收入、替代品或者互补品价格、政策、预期等因素所引起的商品需求量的变化。当这些因素改变时，引起的是整个需求曲线的位移。

一种商品需求的构成包括如下几点：

（1）当期国内消费量。国内消费量包括居民消费量和政府消费量，主要受消费者人数、消费者的收入水平或购买能力、消费结构、相关产品价格等因素影响。

（2）当期出口量。出口量是指本国生产的产品销往国外市场的数量。出口量主要受国际市场供求状况、内销和外销价格比、关税和非关税壁垒、汇率等因素影响。出口是国外市场对本国产品的需求，若总产量既定，出口量增加则国内市场供给量减少，出口量减少则国内市场供给量增加。

（3）期末结存量。期末结存量即当期供给数量超过需求数量的部分和以往期末结存量的累加。当本期产品供大于求时，期末结存量增加；当供不应求时，期末结存量减少。期末结存量的变动，可反映本期的产品供求状况，并对下期的产品供求状况产生影响。期末结存量是分析商品期货价格变化趋势最重要的数据之一。

3. 供求分析平衡表分析

供求平衡表分析是一种常见的供求分析方法。一些重要的大宗商品都有专业的统计机构进行数据整理和跟踪，这些机构既有官方的，也有非官方的。官方统计机构如美国农业部，定期公布各种农产品的数据报告；非官方统计机构如国际橡胶研究组织，定期向会员提供全球橡胶的统计研究报告。在这些研究机构的各种统计报告中，供求平衡表（balance table）备受市场关注。

供求平衡表列出了大量的供给与需求方面的重要数据，如上期结转库存、当期生产量、进口量、消费量、出口量、当期结转库存等。除此之外，供求平衡表还列出了前期的对照值及未来的预测值。

通过供求平衡表，可以清晰地看到各种影响需求与供给因素的变动情况，尤其是对那些易储存的大宗商品，供求平衡表能够反映统计期末的结转库存，而库存数量对价格影响很大。这些数据便于投资者判断和预测未来价格的走势。表 5 - 1 是美国农业部公布的美国国内大豆供求平衡表。

表 5 - 1   美国大豆供求平衡表（2012～2021 年）

项目	2012～2013 年	2013～2014 年	2014～2015 年	2015～2016 年	2016～2017 年	2017～2018 年	2018～2019 年	2019～2020 年	2020～2021 年
期初库存（百万吨）	4.16	3.83	2.5	5.19	5.35	8.21	24.74	24.74	14.28
产量（百万吨）	82.79	91.39	106.88	106.86	116.93	120.07	96.67	96.67	112.55
进出口（百万吨）	1.1	1.95	0.9	0.64	0.61	0.59	0.42	0.42	0.54
总供给（百万吨）	88.5	97.17	110.28	112.69	122.89	128.87	121.83	121.83	127.37
压榨量（百万吨）	45.97	47.19	50.98	51.34	51.74	55.93	58.91	58.91	58.24
内需总量（百万吨）	48.83	50.09	54.96	54.47	55.72	55.93	61.85	61.85	61.1
出口（百万吨）	35.85	44.57	50.14	52.86	58.96	58.07	45.7	45.7	61.65
总需求（百万吨）	84.68	94.66	105.1	107.33	114.68	114	107.55	107.55	122.61
结转库存（百万吨）	3.83	2.5	5.19	5.35	8.21	11.92	14.28	14.28	4.76
库存消费比（%）	4.52	2.64	4.94	4.98	7.16	10.46	13.28	13.28	3.88

注：美国大豆一般每年 4～6 月种植，9 月开始采收，所以从 9 月份开始作为一个作物年度的开始。2012/2013 指的是 2012 年 9 月 1 日到 2013 年的 8 月 31 日，依此类推，中国的大豆年度比美国晚一个月。

资料来源：飞创信息，www.dfitc.com.cn。

（二）宏观经济分析

1. 宏观经济数据

一种商品的供给和需求受到多种因素的影响而发生波动。其中，宏观经济的影响对于各种商品的影响具有普遍性。在商品价格变化的基本面分析中，一个非常重要的方法是基于宏观经济来对商品期货等衍生品价格进行研判。一国整体经济运行情况可以通过宏观经济指标来反映。经济数据的变化，揭示了一国宏观经济所处的状况，进而大宗商品的价格会作出相应反应。投资者可以从宏观经济数据和相关经济指标的分析入手，寻找宏观经济、大宗商品价格和其他相关因素的内在规律，分析和预测期货价格。

在宏观经济数据中，判断经济增长与经济周期的主要指标有国内生产总值（GDP）、经济增长率、采购经理指数（PMI）、失业率、通货膨胀率、利率、汇率等。国内生产总值是指一个国家或者地区在一定时期内生产出来的全部商品的市场价值总和，国内生产总值的增长速度则一般用来衡量一个国家或者地区的经济增长率，是用来反映一定时期经济发展水平程度的动态指标，也是反映一个国家经济活力的重要指标。采购经理指数是通过对采购经理的月度调查汇总出来的指数，反映制造业或者服务业的状况，进而能够反映经济的变化趋势。一般把 50 作为经济荣枯的分水岭。当采购经理指数在 50 以上，说明经济是向好的，而低于 50 则表明经济在衰退。失业率也是一个衡量经济活力的重要指标，在通常情况下，失业率高企，往往与经济衰退相关，而经济繁荣则往往伴随着失业率下降。通货膨胀率衡量一般物价水平上涨的幅度，常用指标是消费物价指数（CPI）。过高的通货膨胀率会扭曲商品相对价格，降低资源配置效率，损害一国经济的健康发展。

判断金融市场形势的主要指标主要有货币供应量、利率和汇率等。货币供应量是指某一时点流通中的现金量和存款量之和，其变化反映了中央银行货币政策的变化，对企业生产经营、金融市场以及投资者的影响较大。货币供应量影响大宗商品有两种途径。首先，为本期通货膨胀的水平。货币供应量增加将直接导致货币名义收入的上升，短期内将会刺激对大宗商品的需求，推动大宗商品价格的上涨。其次，随着货币供应量的增加，会使得单位货币量的购买力下降，人们会放弃货币而选择大宗商品等物品以进行保值。大宗商品的投资性需求增加，推动大宗商品价格上升。

利率是在借贷过程中资金的价格，利率变化反映了资金供求的变动情况。以利率作为货币政策变量时，利率变化对大宗商品价格的影响以负相关为主。在我国，大宗商品真实价格与短期真实利率存在显著的负相关关系，而与长期真实利率并没有明显相关性。这是由于我国市场利率目前仍然存在一定的管制，利率传导的有效性不足。

汇率是外汇市场上一国货币与他国货币互相交换的比率，是国际市场商品和货币供求关系的综合反映。通常，本币贬值会扩大国内总需求，本币升值则会使得国内总需求减少。一国的汇率受该国国际收支、利率、通货膨胀、经济增长等各种因素的影响；反过来，汇率也会影响到一国的进出口贸易和投资，进而影响一国的经济增长。在经济全球化背景下，国际贸易和国际投资的范围和规模不断扩大，各国经济间的联系非常紧密，汇率的波动对一国的国内经济必然产生重大影响。特别是世界主要货币汇率的变化，对期货市场有着显著的影响。例如，目前国际大宗商品大多以美元计价，美元贬值将直接导致大宗商品价格普遍上涨，商品期货价格相应也随之上升。

对于绝大多数大宗商品而言，其需求和供给受宏观经济波动的影响。虽然不同商品的受影响程度存在较大差异，但总体而言，如果经济指标向好，表明经济处于良好增长过程中，人们对未来是乐观的，对商品的总体需求就会增加；反之，则会减少对商品的需求。在商品期货中，通常金属、能源类的生产性原材料品种受宏观经济状况的影响大，如黄金、铜、铝、铁矿石、螺纹钢、焦煤、焦炭、原油、聚丙烯、精对苯二甲酸（PTA）、天然橡胶、甲醇等。货币供应量和利率对于大宗商品具有普遍的影响。在一般情况下，货币供应量的增加，将引起大宗商品价格普遍上涨。而进出口交易量大的商品，如铁矿石、大豆等品种，则受汇率影响更显著一些。

2. 经济周期

经济周期是一个国家或地区的整体经济活动中出现波动的现象，一般由复苏、繁荣、衰退和萧条四个阶段构成。在经济周期性波动的不同阶段，大宗商品的供求和价格具有不同的特征，进而影响期货价格。这使得大宗商品价格的波动与宏观经济周期的波动呈现一定的相关性，尤其是对经济周期波动敏感的品种相关性较高。

　　在进行期货价格分析时，首先要明确所处经济周期的阶段，进而分析该阶段大宗商品供求关系以及对价格的影响。此外，还应关注宏观政策的逆周期取向对大宗商品价格的影响。

　　一般而言，复苏阶段开始时是前一周期的最低点，产出和价格均处于最低水平，随着经济的复苏、生产的恢复和需求的增长，价格也开始逐步回升。对于大宗商品而言，金属类的品种对经济周期的变化较为敏感。在复苏阶段金属类产品的反应往往要快于农产品品种和能源品种。繁荣阶段是经济周期的高峰阶段，经济扩张进入后期。由于投资需求和消费需求的不断扩张超过了产出的增长，刺激价格迅速上涨到较高水平。企业生产能力增速减慢，通胀水平较高。在此阶段，大宗商品价格保持与通胀水平同涨，此时，金属类资产表现较好。衰退阶段出现在经济周期高峰过去后，经济开始滑坡，由于需求的萎缩，供给大大超过需求，经济放缓，大宗商品价格尤其是金属、能源等迅速下跌。萧条阶段是经济周期的谷底，供给和需求均处于较低水平，商品价格停止下跌，处于低水平上。在整个经济周期演化过程中，商品价格波动略滞后于经济波动。

　　3. 经济政策

　　当宏观经济出现波动，政府的有关部门会采取一定的经济政策来熨平。常见的经济政策主要有货币政策、财政政策、汇率政策、产业政策等。经济政策对于商品期货价格的影响具有普遍性。

　　（1）货币政策。货币政策是世界各国普遍采用的经济政策。货币政策工具主要有法定准备金率、再贴现率和公开市场业务操作。核心是对货币供应量的管理。货币供应量是一国在某一时点上的货币存量，它由包括中央银行在内的金融机构的各项存款和现金货币两部分构成。通过对货币供应量的调整，影响利率，进而传导到实体经济和金融市场。通常，为了刺激经济增长，增加就业，中央银行实行宽松的货币政策，增加流通中的货币量，市场利率降低，通货膨胀预期增强，一般商品物价水平随之上升，受此影响，商品期货价格通常会上涨；反之，为了抑制通货膨胀，中央银行要实行紧缩的货币政策，减少流通中的货币量，市场利率提高，通货膨胀预期减弱，一般商品物价水平随之下降，商品期货价格通常会下跌。

　　（2）财政政策。财政政策也是一国对宏观经济进行调控的重要手段。财政政策主要是调节财政收入与支出，直接影响生产供给和市场需求状况。财政政策工具包括税收与政府支出，如政府购买和转移支付等。在经济繁荣的时候，往往采取紧缩的财政政策以使过热的经济降温，使大宗商品市场走弱，商品期货价格亦随之下跌；而经济萧条时则采取宽松的财政政策以刺激经济恢复，使大宗商品市场的外部环境得以改善，促使商品期货价格回升。

　　（3）汇率政策。汇率波动会对一国进出口贸易和国际投资等产生影响，引起国际收支失衡，进而对宏观经济运行带来负面作用。因此，各国政府部门常常对汇率的变动进行干预甚至对汇率直接管制。如当汇率上升时，为维持汇率稳定，政府部门可能会动用外汇储备，即抛出外汇，购入本币，从而使本国货币供给减少。另外，国际收支失衡反过来也会影响汇率，因此，政府部门也可能会采取关税政策、国际贸易补贴等方式以改变社会总需求和总供给，达到稳定汇率水平的目的。

（4）产业政策。产业政策也是常用的经济政策之一。产业政策往往有特定的产业指向，即扶持或抑制哪些产业的发展。例如，为了应对 2008 年国际金融危机，中国出台的十大产业振兴规划，明确了政府鼓励发展的产业，提出了相应的政策措施。产业政策主要通过财政政策和货币政策实现其目标。2018 年，供给侧结构性改革政策，采取了化解钢铁、煤炭、煤电等行业过剩产能的措施，使得相关行业供求关系显著改善。这对相关大宗商品的价格必然会产生影响。

（三）产业链分析

产业链分析，是指从期货品种的上下游产业入手，研究产业链各环节及相关因素对商品供求和价格影响及传导，从而分析和预测期货价格。

以铜的产业链为例。广义的铜产业分为铜矿开采、冶炼、加工和消费四个环节。其中，铜矿开采属于产业链上游，由于铜资源稀缺，铜矿开采获得了大部分的行业利润；冶炼环节属于产业链的中游，一般只赚取一定幅度的粗炼与精炼费用；中下游加工企业的生产主要根据消费企业的需求而定，消费环节主要包括电子元器件、机械制造、通信电缆、建材行业和空调行业，各个产品的利润视具体种类而定。从狭义上讲，铜产业仅包括铜冶炼的生产环节，它的上游包括铜矿开采，下游包括铜的加工、消费环节。

要研究铜价影响因素，可从铜产业链入手，进行深度挖掘，找出铜价波动的内在驱动因素。

（四）其他影响因素

1. 政治因素

期货市场对国家、地区和世界政治局势变化的反应非常敏感。罢工、大选、政变、内战、国际冲突等，都会导致供求状况发生变化进而影响期货价格。例如，2001 年 "9·11" 恐怖袭击事件在美国发生，投资者纷纷抛售美元，购入黄金保值，使得世界黄金期货价格暴涨。同时，铜、铝等有色金属期货价格和石油期货价格也暴涨，而美元则大幅下跌。

2. 自然因素

自然因素主要是气候条件、地理变化和自然灾害等。具体来讲，包括地震、洪涝、干旱、严寒、虫灾、台风等因素。期货交易所上市的粮食、金属、能源等商品，其生产和消费与自然条件密切相关。自然条件的变化也会对运输和仓储造成影响，从而间接影响生产和消费。尤其是自然因素对农产品的影响大、制约性强。当自然条件不利时，农作物的产量受到影响，从而使供给趋紧，刺激期货价格上涨；反之，如气候适宜，会使农作物增产，从而增加市场供给，促使期货价格下跌。例如，巴西是咖啡和可可等热带作物的主要供应国，因而巴西灾害性天气的出现，对国际上咖啡和可可的价格影响很大。

3. 国际性行业组织政策

对期货市场产生影响的政策因素，既有来自各国政府的宏观调控政策，也有来自国际性行业组织的经济政策。例如，石油输出国组织（OPEC）经常根据原油市场状况，制定一系列政策，通过削减产量、协调价格等措施控制国际原油市场供求和价格。目前，国际大宗商品，包括石油、糖、可可、咖啡等的供求和价格，均受到相应国际性行业组织的影响。

4. 投资和心理因素

心理因素是指投机者对市场的预期。当人们对市场信心十足时，即使没有利好消息，价格也可能上涨；反之，当人们对市场失去信心时，即使没有利空因素，价格也会下跌。当市场处于牛市时，一些微不足道的利好消息都会刺激投机者的做多心理，引起价格上涨，利空消息往往无法扭转价格坚挺的走势；当市场处于熊市时，一些微不足道的利空消息都会刺激投机者的做空心理，引起价格下跌，利好消息往往无法扭转价格疲软的走势。在期货交易中，市场心理变化往往与投机行为交织在一起，相互依赖，相互制约，产生综合效应。过度投机将造成期货价格与实际供求相脱节。

在有些情况下，包括专业咨询机构的文章和观点、基金行为、多空双方资金性因素等对期货价格的波动产生影响，投资者也需要关注。

三、高科技在大宗商品交易基本分析中的应用

对于大宗商品交易参与者而言，准确分析预测相关品种价格走势的前提之一，就是尽可能全面、及时、准确地获取大宗商品供需相关的基本面信息。传统的方法一般通过大宗商品的行业协会、仓储企业、交易所、政府统计部门、媒体等渠道获取，但所获取的数据信息往往比较零散，甚至有缺失，且存在较长时滞，更严重的是，由于利益冲突等问题，很多数据的真实性和可靠性很难保证。因此，越来越难以满足现代大宗商品交易的要求。

近年来，随着科学技术的不断进步，以大数据、人工智能、卫星遥感、全球定位、移动通信网络为代表的新技术被运用到大宗商品基本面分析的各个环节分析中，不仅提高了分析的准确性和时效性，而且也在更大的层面上保护了国内投资者利益，维护了国家安全。

（一）及时跟踪大宗商品的生产状况

遥感卫星最早应用于大宗商品交易主要发生在农业领域。由于不同农作物以及同种农作物的不同生长期的电磁反射特征不尽相同，这就使得我们可以利用电磁波、红外辐射、微波观测某种大宗农作物生长过程，并对未来产量进行评估。1972年美国宇航局（NASA）发射地球观测卫星"土地卫星1号"，探索遥感技术在农业上的应用，20世纪70年代后半叶，美国已可以利用多光谱卫星并结合区域气象情报估算世界主要粮食作物的种植面积和一些地区的粮食产量。随着遥感技术进步，我们目前已经可以通过卫星、无人机或飞机上搭载的传感器，利用遥感技术精确识别主要粮食和油料作物、棉花、甘蔗等不同作物的种植地域和面积，跟踪观测其生长、发育、成熟，乃至病虫害情况等。随着遥感传感器以及数据处理系统不断迭代完善，目前存储和处理海量数据和卫星图像的能力大大提高，使农作物遥感观测识别在准确性、及时性、可靠性以及地域覆盖等方面大大高于传统的农业实地调查，已经成为预测农产品产量和价格的重要技术手段。

（二）准确反映大宗商品运输和库存变化

通过卫星对石油、铝、铜、锌、钢矿区的采掘设备、装载车辆、周边堆场情况进行观察，以及对车站、港口的装载、堆垛、进出等状态进行持续监测，可以估算大宗商品的采掘量和运输情况。通过监测仓储区域的原油存货信息，可以预测未来油价。例如，2011～2017 年，美国遥感卫星数据应用商 RS Metrics 利用卫星对美国44 个主要零售商的 67000 个商场进行观测，按日生成基于停车场车辆计数的数据报告供投资者使用。随着应用场景的不断挖掘，RS Metrics 利用高分辨率卫星对铜、铝等金属冶炼厂堆放的原料、成品量进行测算，进而预测相关商品的价格变化并形成指示信号。位于美国硅谷的地理空间分析公司（Orbital Insight）是基于卫星数据提供另类数据服务的另一个代表。它基于第三方商业遥感卫星运营商获取的遥感大数据，监测大型原油存储基地的原油存量，为原油期货交易商提供库存信息。

（三）全面掌握需求动态情况

随着大众消费越来越依赖移动端电子商务，相关消费数据采集和分析为预测相关大宗商品需求量提供了重要线索。例如，衣食住行等领域的电子商务平台的大数据，可以揭示不同年龄段、不同地域、不同性别等方面的消费倾向、消费模式和消费水平。通过数据模型，可以建立对某种大宗商品需求的联系，进而分析预测未来的需求变动。此外，卫星遥感技术在获得房地产开工信息方面有较大优势，从而为分析螺纹钢等大宗商品需求提供了重要线索。

（四）提升大宗商品定价的自主权，维护国家利益

大宗商品基本都是关系到国计民生的战略资源。由于使用范围广、使用量大，即使是小幅的价格波动往往也将影响到国家宏观经济稳定，造成国民财富得失。因此，能否有效开发和利用相关高新技术，确保我国国内投资者在大宗商品价格供需信息的可获得性、准确性、及时性方面不处于劣势，已经成为当前大宗商品基本分析中更重要的一个考虑因素。例如，WTI（西得克萨斯轻质原油）的合约交割地位于美国库欣地区，目前该地区的库存数据来源主要依靠美国能源署（EIA）每周三发布，但该发布频率不能满足当下市场对时效的要求。对此，我国的中科星睿推出了美国库欣地区原油库存日频数据。该数据早于 EIA 发布时间向市场推送库欣原油库存状况，使相关交易者获得市场优势。尤其是在当前部分国家推动对华进行技术封锁的情况下，掌握相关技术的核心知识产权，确保不受制于人，才能有效掌控大宗商品定价的自主权，更好地保护国内投资者利益和国家利益。

第二节　棉花期货的基本面分析

一、棉花产业主要数据来源

美国农业部（USDA）和国际棉花咨询委员会（ICAC）每个月定期发布棉花产业各方面的统计和预测数据。中国棉花协会、中国国家发展改革委、中国国家统计

局、中国农业农村部等政府机构是中国棉花数据发布的重要渠道。投资者可以从这些官方网站获得第一手数据，也可以通过中国棉花网、中国纺织网等行业网站获得经过整理的数据。表 5 - 2 是美国农业部在 2022 年 7 月发布的对 2022/2023 年度①全球棉花供求的预测。

表 5 - 2　　　美国农业部 2022 年 7 月全球棉花供求预测（2022/2023 年度）　　单位：万吨

国家或地区	期初库存	总供给		总消费		损耗	期末库存
		产量	进口量	国内消费量	出口量		
全球	1829.8	2614.3	1009.6	2611	1009.8	-2.2	1834.6
印度	172.9	598.8	37	544.3	80.6	0	183.8
中国	813.9	598.8	217.7	816.5	1.1	0	812.8
美国	74	337.6	0.2	54.4	304.8	0.2	52.3
巴西	268.7	283	0.4	69.7	202.5	0	280
非洲法郎区	45.1	138.3	0	2.4	131.3	0	49.4
巴基斯坦	39	135	108.9	124.7	1.1	0.7	39.6
澳大利亚	91.4	119.8	0	0.2	130.6	-4.1	84.5
中亚五国	42.2	115.2	0.4	81.6	33.5	0	42.5
土耳其	62.3	93.6	108.9	187.2	14.2	0	63.4
欧盟	5.2	34.4	12.6	13.3	33.3	0	5.7
墨西哥	7.6	29	24	41.4	8.7	0.7	9.8
孟加拉国	55.3	3.5	185.1	187.2	0	0.2	56.4
印度尼西亚	10.7	0	54.4	54.4	0.2	0	10.7
泰国	2.2	0	15.2	15.2	0	0.2	2
越南	22.4	0	156.8	154.6	0	0	24.6

资料来源：中国棉花协会。

　　如表 5 - 2 所示，2022 年 7 月美国农业部预测全球棉花产量将减少至 2614.3 万吨，其中中国产量增加为 598.8 万吨，同印度的产量相近。2022/2023 年度全球棉花消费量增加至 2611 万吨，消费量接近产量，因此 2022/2023 年度全球棉花期末库存变动不大，约 1834 万吨。除中国外，其他国家和地区年末库存总计在 900 万吨左右，全球除中国以外地区的库存消费比约为 50%。

---

　　① 棉花年度是当年 9 月（采收交易）到来年 8 月（种植完成），2022/2023 年度是指 2022 年 9 月 1 日～2023 年 8 月 31 日。以此类推。

二、棉花的生产

中国棉花生产有着悠久的历史，在种植方面已积累了丰富的经验。近代科学技术突飞猛进，育苗技术和种植工艺的革命又极大推动了中国棉花生产。

（一）我国棉花生产历史

我国是世界上种植棉花历史最悠久的国家之一。据公元前 2 世纪的《尚书》记载，海南岛上的居民在当时就已经种植棉花了。到公元前 1 世纪，海南岛居民已经可以织"广幅布"。这是关于棉花生产和利用的最早的文字记载。宋代之前，长江流域和黄河流域没有大量种植棉花。宋末元初，棉花从南北两路传入内地。元世祖用强制办法要求农民种棉花，并用棉布实物交税，棉花开始得到大规模种植。到明代，长江流域和黄河流域已经普遍种棉，并取代丝麻成为人民衣着的主要来源。清末，中国又陆续从美国引进了陆地棉良种，替代了质量不好产量不高的非洲棉和亚洲棉。20 世纪 40 年代，美国细绒棉已大量在中国种植。新中国成立后，政府组织大规模更换棉种活动，淘汰了亚洲棉。20 世纪 50 年代，新疆引进了长绒棉。

（二）世界主要产棉区的分布情况

棉花是世界上最重要的农作物之一，产量高，但生产成本低，棉制品价格也较为低廉，使其具有较好的经济效益，是增加农民收入的有效途径之一。棉花的用途非常广泛，它是纺织工业的主要原料，是出口创汇的重要商品，也是广大人民群众不可缺少的生活必需品，此外，还涉及国防、医药、汽车工业等多个方面。可以说，棉花的生产、流通、加工和消费都与一国经济的发展息息相关，因此很多国家对棉花生产都非常重视。

从世界范围看，棉花产地主要分布于亚洲、非洲、北美洲、南美洲和欧洲等热带及其他温暖地区，是种植较广而集中度相对较高的大田经济作物。全球有 100 多个国家种植棉花，其中亚洲和北美洲占全球种植面积的 80% 以上。

亚洲是全球最大的产棉洲，产量占全球的 70%。主产国有中国、印度、巴基斯坦、乌兹别克斯坦和土耳其，产量约占全球的一半。全球第二大产棉洲为北美洲，产量占全球的 18% 左右。主产棉国有美国和墨西哥，零星种植还有萨尔瓦多、危地马拉和尼加拉瓜等。非洲是全球第三大产棉洲，产量占全球的 7% 以下。虽然产棉国（地）多达近 50 个，但各国的产量均不大。南美洲产量约占全球的 3% 以下，主要产棉国有巴西、阿根廷和巴拉圭等。大洋洲只有澳大利亚种植棉花，产量约占全球的 1% 以下，但全部都出口。欧洲的产棉国不多，产量仅占全球的 1% 以下，以希腊居多。

我国宜棉区域广阔，根据棉花对生态条件的要求，结合棉花生产特点，以及棉区分布状况、社会经济条件和植棉历史，将全国划分为三大棉区：长江中下游棉区（包括上海、浙江、江苏、湖北、安徽、四川、江西、湖南等地）、黄河中下游棉区（包括河南、河北、山东、山西、陕西等地）和西北内陆棉区（包括新疆和甘肃等地）。2022 年，我国棉花产量排在前八名的省份是新疆、河北、山东、湖北、湖南、甘肃、安徽、江西；其中新疆产量占全国棉花产量的 85% 左右。

（三）棉花的生长周期

棉花从播种出苗到第一个棉铃成熟吐絮约需 120 天。我国棉花生产一般分为播种期、苗期、蕾期、花铃期和吐絮期五个阶段，具体划分情况见表 5-3。

表 5-3　　　　　　　　　　我国棉花的生长阶段

时期	生长阶段
播种出苗期	从棉籽播种到有 50% 的子叶出土并展开，称为播种出苗期。一般在 4 月中、下旬播种，经 7~15 天出苗。
苗期	从出苗到棉田有 50% 棉株出现第一个幼蕾称为苗期，早熟品种 25~30 天，中熟品种 40~50 天。时间为 4 月底、5 月初至 6 月上中旬。
蕾期	从现蕾到 50% 棉株开第一朵花叫蕾期，25~30 天，蕾期一般处于当地的 6 月上中旬至 7 月上旬
花铃期	从开花到有 50% 棉株第一个棉铃吐絮叫花铃期，需 50~60 天。花铃期多处于 7 月上旬到 8 月中旬的气候环境中，是营养生长与生殖生长两旺时期，有 70% 以上的干物质在花铃期形成。是决定棉花产量高低的关键时期，也是棉田管理的重点时期。
吐絮期	从开始吐絮到收花结束为吐絮期。约 70 天，一般在 8 月中下旬开始吐絮，9 月为吐絮盛期，10 月中下旬到 11 月初基本收花完毕。棉铃积累的干物质约占此期积累量的 90% 以上，此期所需肥水显著减少。

第五章

花铃期是棉花高产、优质的关键。从开花至吐絮这一段时间，一般从 7 月上旬到 8 月底、9 月初。花铃期处于经济产量形成过程中，占有决定性位置，是营养生长与生殖生长两旺时期，有 70% 以上的干物质在花铃期形成，是决定产量和品质的关键时期。此阶段根据其生育特性又分为初花期和盛花结铃期。花铃期是棉花一生中需水最多的时期，棉株对水反应敏感，如水分失调，代谢过程受阻，大量蕾铃脱落，并引起早衰，严重影响棉花生育进程。

从历年的情况来看，8~10 月天气情况，是决定棉花产量和质量的关键因素，也是投资棉花期货要关注的首要因素。棉花是陆续开花、结铃，陆续成熟、吐絮的作物。吐絮期是指开始吐絮到枯霜来临、生育结束的一段较长的时间。一般在 8 月下旬、9 月初开始吐絮，持续 70~80 天，是棉纤维生长发育的主要阶段。此阶段影响棉花产量与质量的因素主要有：阴雨连绵加重棉花烂铃；冷秋年份使棉花贪青迟熟、纤维发育不良等。在开始吐絮时，伏桃正在逐渐成熟，秋桃正在形成、长大，棉株的营养生长已衰退，生殖生长逐渐缓慢，根系吸收能力日渐下降，这时需要有充足的日照、较高的温度和较低的湿度，以加速碳水化合物的转化，促进脂肪和纤维素的形成，并加速铃壳干燥，有利于棉铃开裂、吐絮。10 月中下旬的初霜，按照历史记录，大概霜期每提前和退后一天会影响产量 1 个百分点。8~10 月天气晴好或阴雨连绵，都会影响棉花的产量、质量，进而影响可供交割量，影响价格。

（四）我国棉花单产及产量

总体上我国的单产在不断的提高，尤其近些年，由于政策扶持和科技力度加强，我国棉花单产水平提升较快。据统计，近 15 年来，我国棉花平均单产从 2007 年的 1282 公斤/公顷提高到 2021 年的 1844 公斤/公顷，年均增长 2.9%。2021 年，新疆棉花单产量达到 2046.4 公斤/公顷，居于全国产棉区首位，其次是甘肃，虽然甘肃棉花种植面积和总产量较低，但其棉花单产量达到 1882.8 公斤/公顷。而2021 年全国第二产棉大省山东的棉花单产则为 1272.9 公斤/公顷。近 15 年我国棉花单产情况见图 5-1。

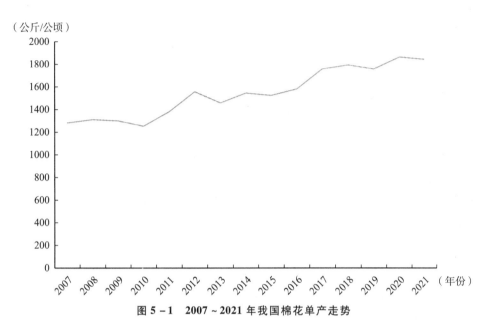

图 5-1　2007～2021 年我国棉花单产走势

我国棉纺工业发展较快，但国内棉花供不应求，大量进口棉花。1994 年，我国采购棉花的举动曾经导致纽约棉花交易所棉花期货价格连涨七个停板。近年我国年棉花产量如图 5-2 所示。

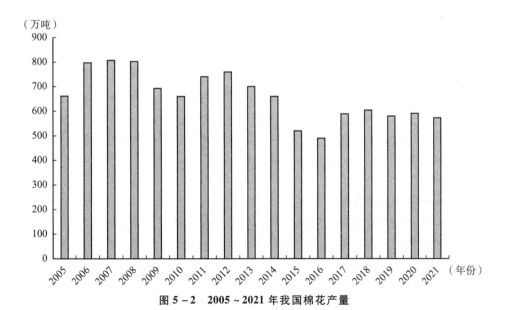

图 5-2　2005～2021 年我国棉花产量

21 世纪初，纺织品出口形势好转，纺织用棉量增加，但由于国内棉花产量较大，库存较多，因此进口量并未大幅增加。从 2005 年开始，我国纺织企业出口加速增长，棉花需求量稳步提升，虽然期间棉花产量得到提升（见图 5 - 2），但依然无法满足国内需求，棉花进口量稳步增加。2007/2008 年度，我国棉花总产量达到历史新高约 807 万吨。2008 年爆发的美国次贷危机给我国纺织企业出口带来巨大冲击，且在 2008 之后年全国棉花总产量是一个缓慢减少的趋势，需从国际市场进口以弥补国内供求缺口。

（五）棉花的等级

从物理形态上棉花可以分为籽棉与皮棉，从棉株上摘下来的棉花叫籽棉，而经过加工去籽后叫皮棉，棉花的产量一般是指皮棉的产量。根据棉花加工用机械的不同，分为锯齿棉和皮辊棉。根据棉花纤维特性的不同可以分为细绒棉、粗绒棉和长绒棉。另外，也可以根据棉花颜色分为白棉、黄棉、灰棉及彩色棉；从棉花等级的不同又可分为高等棉花与低等棉花。而郑州商品交易所的棉花期货的标准交割品为 GB1103.1—2012《棉花第 1 部分：锯齿加工细绒棉》规定的 3128B 级，且长度整齐度为 U3 档，断裂比强度为 S3 档，轧工质量为 P2 档的国产棉花。了解棉花的分类，不仅有助于我们认识棉花现货市场，还有助我们正确理解棉花期货合约。

按长度来分，棉花分为长绒棉和细绒棉，细绒棉的长度一般在 23 ~ 33 毫米，长绒棉的长度在 33 ~ 39 毫米，最长可达 64 毫米。国家标准《棉花细绒棉》（GB1103—2012），对细绒棉的质量要求、分级规定、检验方法、包装及标志、储存与运输等方面的要求都作了规定。

国标中棉花质量的主要考核指标有品级、长度、马克隆值、回潮率、含杂率和危害性杂物。美国的棉花标准在世界上有着重要的影响，并为 24 个国家和地区所使用，其标准也被称为"国际通用标准"。其与我国现行标准的差异主要体现在棉花品级和长度两个方面，主要区别在于：第一，美棉标准没有"品级"这一标准，颜色由"色泽级"来决定；第二，长度划分等级具有差异。

三、棉花的贸易

我国是世界上最大的棉花生产和消费国，也是世界上最大的纺织品和服装生产国，更是世界纺织品和服装第一出口大国，占全球纺织品服装出口总额的 30% 左右。基于这样的国情，棉花进出口贸易在我国对外贸易中一直占据重要地位，备受关注。认清我国棉花外贸状况，对帮助投资者分析棉花供求状况、预测未来价格走势有重要意义。

（一）我国棉花进口现状

近年来，我国植棉面积在稳步增加，籽棉产量、单产水平也是不断提高，但我国棉纺织业对棉花的需求量巨大，以致多数年份国内棉花产量供不应求，从而需要从国外进口棉花来弥补国内需求缺口。

2000 ~ 2002 年我国棉花对外贸易主要体现在出口方面，但整体出口量较小，2002 年的出口量约为 68.2 万吨。从图 5 - 3 可以看出，从 2003 年开始，随着我国加入世贸组织及国内棉花消费需求的增长，我国棉花外贸方向发生逆转，棉花进口量急剧增加，2003 年达到 192.9 万吨，较 2002 年增长 182%。2005 年我国棉花进口数量达到一个峰值约 420 万吨，约为 2004 年的 3 倍。2006 年由于国内棉花供给量增加、新滑准税率提高外棉价格等原因，进口量下降为 230.6 万吨。2008 年受美国次贷危机引发的全球金融海啸影响，我国纺织企业受到较大冲击，棉花需求减少，棉花进口也相应回落至最近几年的相对低位水平。之后，随着经济复苏的加快及外贸环境的整体改善，棉花进口再次出现稳步上升态势，2010 年达到 260.9 万吨，较 2009 年增长 18%。2011 年，受到国内棉花种植成本不断攀升，及国际市场棉花价格持续走低的影响，我国棉花进口数量创历史新高，达到 530 万吨。2013 年和 2014 年棉花进口量下跌幅度较大，2014 年较 2013 年下跌 47%。近年来我国的棉花进口量稳步上升，在 2021 年达到 252 万吨。

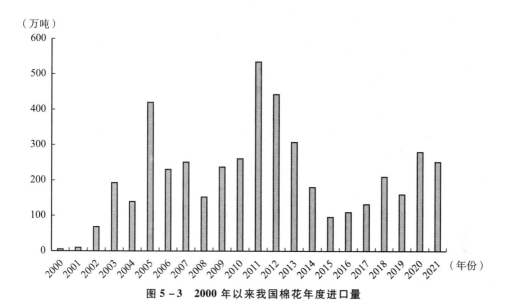

图 5 - 3　2000 年以来我国棉花年度进口量

（二）我国棉花出口现状

棉花出口贸易曾经在我国棉花对外贸易中占据主导地位，但自 2003 年我国加入世贸组织以后，我国棉花外贸方向就发生了逆转。

从图 5 - 4 可以看出，1995 年以来，我国棉花出口经历了一个显著的变化过程。1998 年以前，由于产量有限，我国棉花出口量很小。随着我国棉花种植品种和技术的改良，棉花产量迅速增大，加之受东南亚金融危机的影响，国内纺织用棉减少，最终导致棉花出口数量随之增加，并于 1999 年达到出口顶峰值 37 万吨。2001～2003 年，虽然总体出口数量较大，但年度间出口量波动幅度很大。从 2004 年开始，在我国棉花产量稳步提升的同时，棉花加工企业也在迅速发展壮大，纺织用棉迅速增加，从而导致国内棉花产需缺口加大，我国棉花外贸方向也因此发生逆转，棉花出口量大幅回落，重新回到 1995～1996 年的水平。2017～2022 年，我国棉花出口量都在 3 万吨左右，相对进口量而言，出口量对我国棉花需求的影响要小很多。

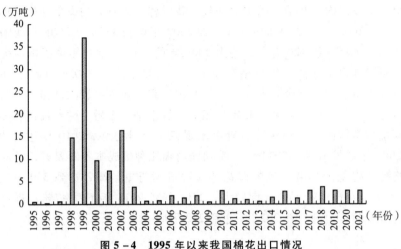

图 5－4　1995 年以来我国棉花出口情况

（三）我国主要棉花贸易伙伴国

棉花是我国仅次于油籽的第二大经济作物，也是我国具有比较优势和发展潜力的纺织工业的重要原材料。中国作为世界最大的棉花生产国和消费国，也是重要的棉花贸易国，产棉量约占世界总产量的 24%，消耗量却占到约 30%，国内棉花生产无法满足国内纺织业发展的巨大需求，必须从国外进口来弥补产需缺口。

自从加入世贸组织以来，我国棉花贸易伙伴国数量增加，进口趋于分散，相对而言，美国、乌兹别克斯坦及澳大利亚是我国棉花进口三个最大的来源国。与此同时，印度、巴西等国在我国进口中的地位也逐步提升。

根据图 5－5，自 2005 年以来，我国从美国进口的棉花一直占据我国棉花进口总量的 25% 以上，其中 2022 年更是达到约 58.73% 的历史峰值。而自 2006 年开始，印度对中国的棉花出口量则一直保持稳步增长态势，占中国棉花进口量的比重由 2006 年的 16.3% 增长至 2010 年的 30.6%。

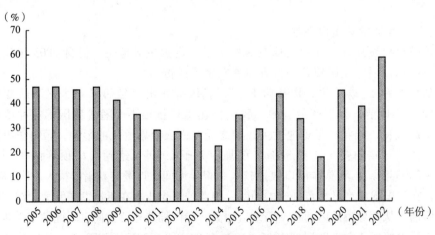

图 5－5　2005～2022 年美国出口占我国棉花进口比重

资料来源：中国棉花协会，www.china-cotton.org。

整体而言，基于国内棉花供需缺口的存在，近些年中国棉花出口量较少，其对我国棉花贸易的影响也较小。在出口国家和地区分布上，日本一直是中国第一大出口市场，我国香港、台湾地区及韩国等也是我国棉花出口的传统市场。与此同时，朝鲜、印度尼西亚、泰国等东盟国家在我国棉花出口中占比有上升态势，并对传统出口分布格局产生一定影响。

（四）我国棉花贸易政策

加入世贸组织之前，我国棉花进出口由国家统一来进行安排，由国家核准企业经营，国家鼓励纺织企业使用国产棉加工和生产，对加工贸易管理严格。这个时期棉花进出口业务主要由中纺棉花进出口公司和新疆农垦进出口股份有限公司来经营。为适应市场化的要求，我国1999年对棉花进行了新一轮流通体制改革，棉花购销价格开始由市场形成，在流通体制改革的十年中，棉花贸易方式发生了很大的改变：一是供需双方自由棉花贸易往来；二是棉花进口贸易大幅增加；三是出现中远期棉花现货贸易方式以及棉花期货的交易；四是国家吞吐量储备机制日益健全。棉花进出口体制改革虽然取得一定成效，但与棉花生产和贸易的需求相比，还存在着一定的差距，包括与世界贸易组织《农业协议》中存在的不相适应之处。这里主要对我国棉花现行贸易政策中的关税政策和滑准税政策进行分析。

1. 关税政策

根据《中美关于中国加入世界贸易组织的双边协议》有关内容规定，中国棉花进口实行配额管理，配额内的进口税为1%，超过配额部分的税率由2000年的76%减至2004年的40%；每年配额中有67%给予有权进行交易的非国有贸易公司。协议中还规定中国要取消棉花出口补贴，对国内棉花生产流通中的补贴也要逐步取消。2003棉花年度开始（2003年9月1日起），国家又增加年度配额50万吨，从2004年开始至2022年，棉花进口关税配额数量每年为89.4万吨，对配额外的进口棉花收取3%~40%的滑准税。（见表5-4）。

表5-4　　　　　　　　　　　棉花关税及配额一览

年度	关税配额数量（万吨）	配额内关税（%）	国有企业比例（%）	私有企业比例（%）	配额外关税（%）
2002年	81.85	1	33	67	54.4
2003年	85.625	1	33	67	47.2
2004年至今	89.4	1	33	67	40.0

注：此表根据《中美关于中国加入WTO的协议》及国务院关税税则委员会网站相关内容整理得出。

棉花进口配额的发放由国家发展改革委负责，分为两类管理：加工贸易和一般贸易。规定以加工贸易配额方式进口的棉花不能再交易，只能用于企业的生产加工。以一般贸易进口的棉花要申请配额。原国家计委（现为国家发展改革委）公布申请棉花进口配额（一般贸易）的单位条件如下：（1）国有贸易企业；（2）具有国家储备职能的中央企业；（3）有一般贸易进口实绩的企业；（4）纺纱设备5

万锭以上的棉纺企业。国内目前现有进口资格的国有贸易企业有五家，即中纺进出口总公司、北京纺织品进出口公司、天津纺织品进出口公司、上海纺织品进出口公司和中储棉总公司。

2. 滑准税政策

滑准税，是指对进口的同一种商品按其市场价格标准分别制定不同价格档次的税率而征收的一种进口关税。为了弥补国内棉花产需缺口，同时考虑到我国国情，从 2004 年开始，我国对关税内配额外进口的一定数量棉花以滑准税形式暂定关税。经过市场的不断检验后，目前我国棉花进口滑准税的税率滑动范围为 5% ~ 40%。对棉花进口实行滑准税政策可保持滑准税下的棉花在国内市场保持相对稳定，尽可能减少国际市场价格波动的影响。

随着我国的棉花需求加大，配额下的棉花难以满足国内需求。根据国家相关规定，关税配额外的进口棉花按"有数量限制的暂定关税生产率"征收进口关税。而滑准税的征收方式，国家相关部门每年都将公布一次。下面列举 2022 年滑准税政策。

（1）当进口棉花完税价格高于或等于 14000 元/吨时，按 280 元/吨计征从量税[1]；

（2）当进口棉花完税价格低于 14000 元/吨时，暂定关税税率按下式计算：

$$R_i = 9.0/P_i + 2.69\% \times P_i - 1，（R_i \leqslant 40\%）$$

其中，R_i——暂定关税税率，对上式计算结果小数点后第 4 位四舍五入保留前三位，当 R_i 按上式计算值高于 40% 时，取值 40%；P_i 为关税完税价格，单位为"元/千克"。

案例 5 -1

滑准税下进口棉价的计算

外棉以美分/磅报价折算成国内价格进行比较时有几个常数指标：1 吨 = 2204.62 磅，港口费用约 200 元/吨，各港口有所不同。折算时应加上进口棉花 1% 的关税和滑准税两种，以及 13% 增值税。

若某日美国 EMOT[2] 报价为 150 美分/磅，2022 年 1 月棉花进口汇率为 6.36。首先计算它的完税价格：150 × 6.36 × 2204.62 × 0.01 = 21032 (元/吨)，在 1% 关税下的完税价格应为：21032 × (1 + 1%) × (1 + 13%) = 24003(元/吨)；在滑准税下，由于 21032 > 14000，因此加上关税、增值税和港口费用相当于：(21032 + 280) × (1 + 13%) + 200 = 24282.56(元/吨)。则 150 美分/磅的到岸价折算为 24282.56 元/吨。

若 2011 年某日美国 EMOT 报价为 74 美分/磅，按滑准税计算方式，首先计算它的完税价格：74 × 6.36 × 2204.62 × 0.01 = 10376 (元/吨)，在 1% 关税下的完税价格应为：10376 × (1 + 1%) × (1 + 13%) = 11842(元/吨)；在滑准税下，由于 10376 < 14000，则先计算其滑准税税率取三位小数：9.0/11.842 + 2.69% × 11.842 - 1 = 0.079 = 7.9%，因此加上关税、增值税和港口费用相当于 10376 × (1 + 7.9%) ×

---

[1] 从量税是以货物的计量单位（如重量、数量、长度、容量、面积等）作为计税依据而课征的关税。

[2] EMOT 棉花产于美国大多数产棉州，产量约占美国总产量的 80%。

（1 + 13%）+ 200 = 12851.14（元/吨），则 74 美分/磅的到岸价折合为 12851.14 元/吨。

四、棉花的消费

按棉花年消费量排序，世界年消费量在 100 万吨以上的国家依次有中国、印度、巴基斯坦、孟加拉国以及越南等。其中，中国棉花年消费量占世界棉花年消费总量的 30% 以上，是世界棉花第一消费大国，印度占比 25% ~ 30%，为第二大棉花消费国。在对我国棉花消费需求进行分析时，主要是从三个方面入手：国内消费量、出口量以及期末库存量。

（一）国内消费量分析

国内棉花消费量受多种因素影响，包括消费者购买力的变化；人口增长及消费结构的变化；政府收入与就业政策等。因此，国内棉花消费量并不是固定的，而是处于一个变动的状态中。我国棉花 95% 用于纺纱，江苏、山东、河南和湖北是棉花的主要消费省份。通过对国内棉花消费量的分析，可以掌握位于棉花产业链中的下游产业，如纺织服装产业的发展现状，获得国内纺纱量数据和棉布生产数据等重要信息。

分析棉花消费需求时，还需要考虑影响棉花需求的其他因素。这些因素包括消费者偏好、替代品的供求及价格、人口变动、商品结构变化及其他非价格因素等。对棉花需求影响因素的考察，有利于对棉花消费需求以及价格进行合理评判。

（二）出口量分析

出口量的多少在某种程度上能够反映出国内棉花需求的情况。出口量越少，往往意味着更多的棉花被国内需求所消耗掉。中国是世界上最大棉花进口国，棉花出口量很少，2009/2010 年度中国棉花出口量仅为 0.5 万吨。从 1995 ~ 2021 年的棉花出口走势图（见图 5 - 6）来看，棉花出口量对国内棉花需求量的影响越来越小。2019/2020 年度、2020/2021 年度，棉花出口量都在 3 万吨左右。

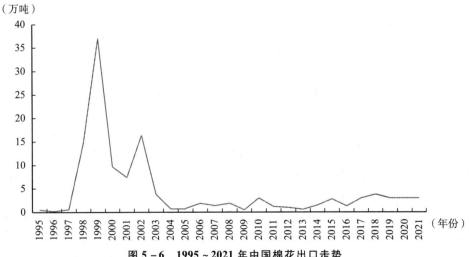

图 5 - 6　1995 ~ 2021 年中国棉花出口走势

在生产量和前期库存量一定的情况下，进出口量的多少直接决定了供给量的多少（即进口量与出口量的差额）。进口量越大，国内可供量就越大，则国内市场价格可能会下跌；出口量越大，国内可供量就越小，国内市场价格就可能回升。因此投资者应密切关注实际进口量的变化，尽可能及时了解和掌握国际棉花形势、价格水平、进出口政策的变化等情况。由于中国是第一大进口国，因此国际市场棉花价格的走势会直接影响国内棉花的价格。

（三）期末库存分析

期末库存数量在很大程度上反映的是供求双方力量的对比，能够对价格直接产生重大影响。当供过于求的时候，期末库存增加，价格就下跌；当供不应求的时候，期末库存就会减少，价格出现上涨。从国内棉花期末库存数量走势图（见图5-7）来看，自2000/2001年度至2013/2014年度，我国棉花期末库存量是一个先下降后上升的趋势，2010/2011年度棉花期末库存216.7万吨，为新世纪的最低水平，最近几个年度棉花期末库存量开始大幅度增长，2013/2014年度达到1328万吨，较上一年度增长约22%，这反映出供给相对需求来讲也有一个先紧张后充足的过程。之后期末库存再次降低，在2021/2022年达到932.5万吨。

（万吨）

（年份）

图5-7 中国棉花期末库存量变化

注：根据相关资料整理。

库存消费比是分析棉花消费需求的一项重要指标。库存消费比通过期末库存量除以消费量来得到，它与价格形成显著的负相关关系。棉花库存消费比一般以30%为安全指标数值，如果这一指标在30%以下，意味着棉花供给比较紧缺。

前期库存量也是构成总供给量的重要组成部分，前期库存量的多少体现着前期供应量的紧张程度，供应紧张导致价格上涨，供应充裕价格就会下降。前期库存量虽是本年度总供给的重要组成部分，但其数量在年初就已经确定，对价格的影响相对有限。

（四）纺织业与棉花消费

我国纺织业由棉纺、印染、毛纺、丝绸纺织、针织、器材、机械、化学纤维等行业组成，棉纺织业的棉花消耗量最大，纱、棉纱、布、棉布为下游产业，为针织、色织、家用纺织品等提供重要原料，中国的棉纺织业生产能力和产量都位居世界前列。纱是织布的原料，得益于纺织及服装行业的不断发展，推动了我国纱行业生产工艺技术的不断进步，产品种类也持续增多，包括棉纱、棉混纺纱、化学纤维纱，数据显示，棉纱仍然为市场主流产品。2018 年以前，我国纱产量呈现上升趋势，2018 年开始逐年下降，到 2019 年，中国纱产量减少至 2892.1 万吨，同比下降1.8%，2021 年，我国纱产量有所增加，为 2874 万吨（见图 5 - 8）。

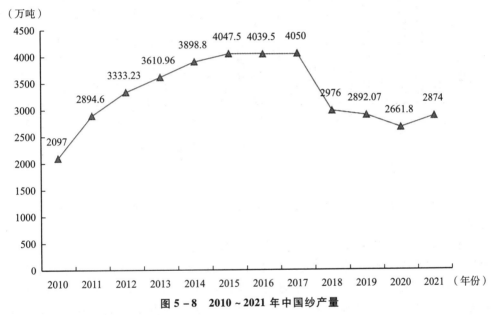

图 5 - 8　2010 ~ 2021 年中国纱产量

资料来源：中国产业信息网。

　　棉纺织是我国纺织工业的基础性行业，在我国纺织工业的发展进程中有着特殊的地位。对产业链上游而言，棉纺织工业的稳定发展直接影响 1 亿棉农的稳定；对下游而言，棉纱、坯布的质量又直接作用到针织面料、梭织面料以及与此相关联的家纺和服装等行业。在棉纺织行业生产成本中，棉花约占 70%，是影响整个纺织经济发展的关键性因素。棉市的稳定发展为纺织工业持续稳定发展奠定基础，反过来，纺织用棉需求的快速增长又会促进棉花市场的进一步发展。

（五）我国棉花消费历史和现状

　　近年来，我国棉花消费呈现快速增长态势。1990 ~ 2000 年，我国的棉花消费基本维持在 400 万 ~ 500 万吨，国内棉花产量基本能够满足需求。2001 年以来我国棉花消费开始稳步增加，2003 年我国棉花产量比 1999 年增长了 27%，但棉花消费增长了 51%。从国际棉花咨询委员会发布的信息可知 2000 ~ 2021 年之间的棉花消费量，详细信息见图 5 – 9。由于时间跨度较大，且纺织业生产技术存在差异，棉及棉混纺纱线和布的用棉比例可能会有所差别，计算出的棉花消费量与实际消费量之间可能存在一定的误差。

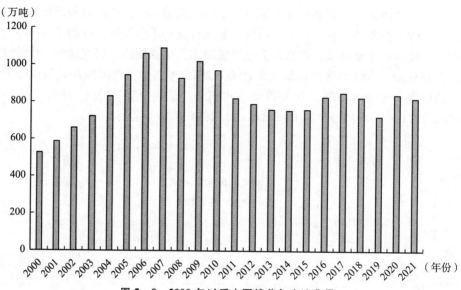

图 5 – 9　2000 年以后中国棉花年度消费量
资料来源：根据相关资料整理。

通过对棉花消费的发展历程及现状进行分析，可将棉花消费的发展总结为三个阶段：

第一阶段：1981～1991 年。这一阶段我国棉花消费量增长相对缓慢，这是因为我国纺织业刚起步发展，机械设备陈旧，产品较为单一，在国际上也不具备竞争。1984 年棉花产量 625.8 万吨，超过棉花需求量 314.9 万吨，国内生产的棉花除满足对内需求外，多余部分对外出口。1987 年棉花消费量达到 420.7 万吨，较 1984 年增长 33.59%。1989～1991 年棉花消费出现小幅下降。

第二阶段：1992～2010 年。这一阶段我国纺织产业快速升级，纺织品出口量大大增加，国内对棉花的需求也突飞猛进，其中 2000/2001 年度突破 500 万吨，达到 530 万吨，2001/2002 年度为 586.9 万吨，2002/2003 年度 660 万吨，2003/2004 年度约为 722.4 万吨，2007/2008 年度更是达到 1090 万吨，较 2000/2001 年度增长超 100%。

第三阶段，2010 年之后受国内需求减弱的影响，全国棉花消费量下滑，2021 年为 820 万吨，较 2010 年降低约 15%。

2005 年全球纺织品配额取消，中国纺织业的增长潜力进一步发挥，目前纺织业净创汇在各行业中仍位居前列，在实现贸易顺差和促进经济增长上有着不可忽略的贡献，国内对棉花需求将继续保持增长。

第 五 章

五、影响棉花期货价格波动的其他因素

（一）季节性因素和自然因素

农产品的供需层面存在着某些季节性变化特点，投资者在研判农产品价格走势时，经常会参照其季节性波动规律。对棉花销售而言，季节性因素也经常是其阶段性价格波动的触发点。

在现货市场，每年 3 ~ 5 月．投资者关注农民的植棉意向和播种面积；7 ~ 8 月，投资者关注棉花生长情况，干旱或洪涝都将引发棉价剧烈波动；9 ~ 10 月，投资者关注棉花收获情况，连续阴雨会降低棉花质量和产量。第四季度的棉花收获期，国家政策往往注重农民利益，春节过后的第二季度，纺织厂的利益也容易受到关注。

在期货市场，棉花仓单注册、注销规律性强。每年的 11 月开始，逐步生成、增加仓单，次年 3 ~ 5 月仓单数量达到高峰，最终仓单生成量主要是受期现价格格局的影响。从次年的 5 月起，仓单开始注销，7 ~ 8 月达到高峰。这就出现了如下特征：上半个棉花年度往往期货价格高于现货价格，而下半个棉花年度经常会是期货价格低于现货价格。

在自然因素方面，需要特别强调的是天气因素，气候变化对棉花生产影响极大。统计表明，我国棉花产量变化与天气因素的相关度要高于与种植面积的相关度。例如：我国 2003 年种植面积大幅度增加 22%。但是由于后期天气原因，受雨涝和病虫害的严重影响，造成最后总产大大低于预期。全国棉花总产 490 万吨，而全国总需求为 700 万吨，这是 2003 年棉花价格上涨的主要因素。天气因素对棉花产量的影响主要体现在以下五个方面：

（1）雨涝。雨涝灾害属于季节性、频发性自然灾害，不同程度的雨涝对棉花生长的影响不同，轻者造成棉花减产，重则绝收。长江流域棉区一般在 7 ~ 8 月发生雨涝，黄河流域棉区一般在 6 ~ 8 月。

（2）冰雹。我国冰雹的危害范围广，主要棉产区历年都遭受不同程度的雹灾。在我国的产棉区中，4 月以前降雹主要集中在秦岭、淮河以南地区；4 ~ 5 月雹区由南向北扩展。6 月雹区范围最广，此时正值棉区蕾期或初花期，对棉花生长影响较大。6 月以后，雹区主要集中在华北、西北和东北地区。由于棉花具有无限生长性和较强的再生性，程度较轻的雹灾对棉花影响较小，如果冰雹程度较重，又处于棉花生长的关键时期，也会造成棉花减产甚至绝产。

（3）干旱。黄河流域棉区由于常年冬春干旱，因此在播种出苗期对棉花影响较大；长江流域棉区，对棉花影响较大的主要是夏季干旱和秋季干旱；新疆棉区常年降雨量偏小，棉田干旱经常发生，须灌溉植棉才行。

（4）病虫害。在棉花的生长过程中，有很多的病虫害会影响棉花的生长发育。我国已发现的棉花病害有 40 多种，危害最严重的是棉花枯萎病和黄萎病，其次是由低温阴雨导致的苗期病害。此外，我国棉区分布辽阔，自然条件差异大，棉花害虫种类繁多。据记载我国棉花害虫已知的有 300 多种，其中主要的有 20 ~ 30 种，

最重要的有 15 种之多。所以，加强棉花田间管理，防止或减少棉花病虫害的发生，对棉花的优质、高产有着重要的作用。

（5）飓风与台风。从某种程度上说，飓风带来的心理影响大于实质影响，飓风给作物带来的有限损害被市场加倍放大了。例如：2004 年 8 月底登陆美国的飓风消息一再被期货市场放大。继期货市场大炒"弗朗西斯"之后，"伊凡"成为另一个炒作因素。弗朗西斯飓风给纽约期货交易所棉花市场带来几次涨停跌停。在"弗朗西斯"尚未彻底离开时，另一股威力相似的飓风"伊凡"又给市场蒙上阴影，纽约棉花期货市场再次出现大幅震荡。虽然天气是市场关注的重中之重，但从历史数据上看，飓风很少彻底改变美国棉花市场的供求关系。

台风对国内棉花的影响显然不大。台风在福建、广东、浙江以及江苏登陆，除了对苏北的棉花生产有所影响外，对其他种棉地区影响较小。

（二）宏观经济因素

宏观经济形势影响棉花的供应与消费，也对棉花价格产生不容忽视的影响。分析相关数据可以发现，世界经济形势与棉花进出口量及世界棉花价格之间的相关性极高。比如，发达国家是棉纺织品的主要需求国，若发达国家宏观经济形势好转，棉纺织品的需求增加，则棉花价格会上升。目前世界棉花消费总量保持在 2562 万吨左右，主要集中在中国、印度、欧盟、土耳其、美国、东亚、巴基斯坦等少数国家和地区。以中国为例，图 5 - 10 反映的是 2005 ~ 2021 年，中国棉花消费量与中国 GDP 增长率之间极强的正相关关系；图 5 - 11 反映的是 2005 ~ 2021 年郑棉均价与中国居民消费价格指数（CPI）之间的正相关关系。

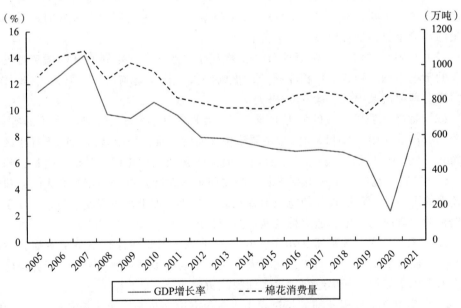

图 5 - 10　2005 ~ 2021 年中国棉花消费量与 GDP 增长率对比

资料来源：根据相关资料整理。

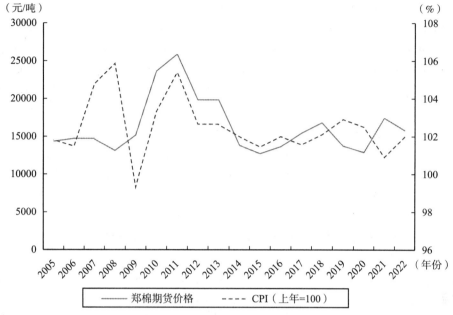

图 5 – 11　郑棉价格与 CPI 对比

资料来源：根据相关资料整理。

宏观经济形势对棉花期货市场的价格影响，主要体现在以下方面：

（1）全球经济周期变化。随着经济全球化的不断深入，不同国家的经济周期出现同步化特征，在经济周期的不同阶段，棉花消费也随之不同，在衰退期内，全球棉花呈下降趋势，而在经济增长期，棉花消费则快速回升。据统计分析，世界经济每增长 1%，世界棉花消费增长 0.2%。

（2）世界贸易组织（WTO）纺织品贸易规定。2005 年初，长达 40 多年的纺织品、服装配额体系已取消，对纺织产业的国际分工和国际贸易模式产生极为深远的影响。西方普遍认为，配额取消最有利于中国。自从 2001 年加入 WTO 以来，中国纺织品、服装出口已增长至约占世界总量的 1/4。

（3）汇率变化。汇率是指两种不同货币之间的比价，是一国政府调节国际收支平衡的一项重要工具，同时汇率也是一把双刃剑。这把剑挥舞得当，会促进一国经济的发展，但如果驾驭不当，便会对一国的宏观经济造成严重的打击。直观来说，汇率的高低会影响一国贸易进出口额度的变化。对于我国棉花期货市场而言，人民币汇率通过影响棉花进出口量而对期货价格产生重要影响：人民币升值时，将会造成棉花出口减少而进口增多，从而导致国内棉花库存增多，棉花价格下跌，进而造成棉花期货价格的下跌；而反过来，人民币贬值时，棉花出口增多而进口减少，国内棉花库存减少，棉花价格上涨，进而期货价格也会上涨。简言之，人民币升值对棉花期货是利空，人民币贬值，对棉花期货则是利多。

（三）政策法规环境

国家对棉花管理的重要政策和法规。按时间顺序可分为 5 个阶段：自由购销阶段（1949～1954 年），统购统销阶段（1954～1984 年），合同购销阶段（1985～1998 年）、棉花价格市场化阶段（1998～207 年）、以收储价格为主的价格调控阶段（2008 年至今）。具体政策包括滑准税政策，棉花储备调控政策，棉花临时收储政策、目标价格政策棉花"价格保险＋期货"试点改革等。

（四）政治因素

政治因素主要指国内外政治局势、国际性政治事件的爆发或国际关系局势的变化。例如国际方面的战争、冲突、经济制裁、政坛重要人物逝世或遭遇意外等，都可能导致期货价格的急剧波动。

六、国内棉花期货与国外棉花期货市场之间的价格联动

国际棉花市场价格主要是受棉花产需量即供求关系的影响，由于我国棉花进口量在国际市场上占很大比例，导致国内棉花消费需求的波动会引起国际棉价的波动，对国际棉花价格走势产生重要影响。同时，美国洲际交易所（ICE）棉花期货价格作为国际棉花价格的权威参考依据，也会影响我国棉花价格波动。

2004 年 6 月 1 日郑州商品交易所上市棉花期货以前，国际市场上权威的棉花价格有两个：一是纽约期货交易所（NYBOT）的棉花期货价格，它是各国政府制定棉花政策和各国涉棉企业生产经营时参考的主要依据；二是英国利物浦棉花展望公司整理的 Cotlook A 和 Cotlook B 指数，它是英国棉花展望公司每天从各个渠道得到的北欧主要港口的棉花到岸价，是实际交易价格。中国棉花期货推出后，引起国际市场的广泛关注，形成了又一个棉花定价中心——郑州。目前在国际棉花市场供大于求的情况下，中国棉花产量及进口量对全球棉价影响巨大，"中国因素"对棉花定价发挥越来越重要的作用。因此，投资者在关注国际经济形势与国际棉花供需状况的同时，还应该分析中国棉花期货市场与国外棉花期货市场的价格联动。

图 5－12 显示的是郑州棉花期货主力合约与美国洲际交易所（ICE）棉花期货主力合约价格对比，从中可以发现，郑棉和美棉的价格波动趋势基本一致，波峰和波谷基本对应，只是波动幅度存在差异，两者之间呈现出明显的正相关关系。国内与国外棉花期货市场联系越来越深，与我国经济不断发展、经济结构不断优化及政府部门不断推进期货市场国际化的作用密切相关。同时，我国棉花巨大需求量与全球棉花贸易的密切联系也是影响我国期货市场与国外市场关系的重要因素。

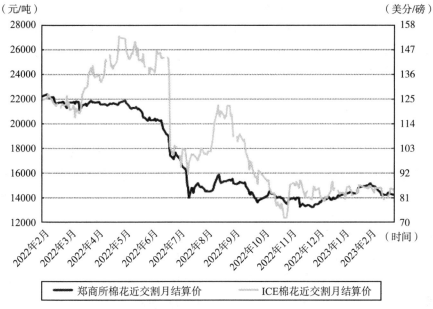

图 5 - 12　郑州棉花期货与 ICE 棉花期货价格走势对比

资料来源：郑州商品交易所月度市场报告，www.czce.com.cn。

案例 5 - 2

郑州商品交易所与洲际交易所（ICE）棉花价格的互动

　　ICE 棉花对郑州棉花具有的影响主要表现在两个方面：一方面，郑棉从上市之后创下的高点 22000 元/吨，下跌到低点 12280 元/吨，下跌幅度达 44.18%；与此同时，ICE 棉花 12 月合约从高点 152.40 美分/磅，下跌到 70.60 美分/磅，下跌幅度达 53.67%，下跌幅度大致一致。另一方面，就是 ICE 棉花隔夜的走势，对郑棉次日的开盘具有一定的影响，隔夜 ICE 棉花价格的下跌，往往引起郑棉次日的向下跳空低开。随着郑棉持仓量的逐步放大，这种相关性和联动性将更为紧密。因此，在分析国内棉价走势的时候，一般可以以 ICE 棉花报价为风向标，来解读国内棉花的后市走向。

　　这里有个简单地将 ICE 棉花报价换算成郑棉报价的经验性参比公式：

$$郑棉报价 = ICE 棉花报价（美分/磅）\times 250 + 1000$$

　　如，ICE 棉花报价是 46.5 美分/磅，按照公式换算成郑棉报价为 12625 元/吨。

第三节　石油期货的基本面分析

一、石油产业主要数据来源

　　中国能源行业研究数据库收录了来自国家统计局、能源局、世界能源组织等有关世界主要能源生产国和消费国的石油、天然气、煤炭、电力、核能等各能源品种的统计数据。包括分国别和国内分地区分行业数据，涵盖能源生产、消费、库存、弹性系数、能源平衡、进出口以及能源行业经济指标统计。同时美国能源信息署（EIA）会定期发布世界上多国石油产业各方面的统计和预测数据。

二、石油的开采

原油，也被称为石油，由几百万年以前海洋动植物的残骸形成，这些有机物的大部分被认为是单细胞生物，它们死后残骸在海床上被沙泥层层铺叠，生成了丰富的有机层，周而复始，最终形成了沉积岩层。随着时间的推移，岩层重量的压力和热量使得有机物残骸仍然慢慢转化为原油、天然气以及其他的东西。

（一）中国石油开采情况

作为世界工业所赖以生存的关键性物质血液，石油的使用是整个世界经济快速发展的支柱能源之一。在我国，石油资源的分布相对来说比较广，不仅仅在陆地上有，在海域还有部分石油储备。但是由于海洋石油资源的发现率低，采矿难度大，因此不常使用。

我国石油资源集中分布在渤海湾、松辽、塔里木、鄂尔多斯、准噶尔、珠江口、柴达木和东海陆架八大盆地；主要包括大庆油田、胜利油田、辽河油田、克拉玛依油田、四川油田等陆上石油产地。

从资源深度分布看，我国石油可采资源有 80% 集中分布在浅层（<2000 米）和中深层（2000~3500 米），而深层（3500~4500 米）和超深层（<4500 米）分布较少；从地理环境分布看，中国石油资源分布相对分散，76.00% 资源集中在土地上，剩余的 24.00% 石油资源储存在海域。从资源品位看，我国石油可采资源中优质资源占 63%，低渗透资源占 28%，重油占 9%。

中国近代石油工业萌芽于 19 世纪中叶，经过了多年的艰苦历程，在新中国成立前后，其基础都是非常薄弱的，到 2000 年我国成为世界上能够进行石油开采和生产的大国之一，总的石油生产量排名达到了世界第七的位置，国家统计局数据显示，2021 年中国石油产量累计约 1.99 亿吨，较上年增加约 400 万吨，累计同比增幅为 2%（见图 5-13）。

（二）世界油田分布以及开采情况

全世界目前已发现并开发油田共 41000 个，气田约 26000 个，总石油储量 1368.7 亿吨，主要分布在 160 个大型盆地中。全世界可采储量超过 6.85 亿吨的超巨型油田有 42 个，巨型油田（大于 0.685 亿吨）328 个。其中最大的当属沙特阿拉伯的加瓦尔油田，它探明的石油可采储量为 114.8 亿吨，天然气储量 9240 亿立方米，相当于中国探明石油可采储量的两三倍，是中国天然气已探明储量的一半左右（56.3%）。世界第二大油田是科威特的布尔甘油田，原始可采储量 105 亿吨，世界第三大油田仍属沙特阿拉伯海上的萨法尼亚油田，原始可采储量为 50.5 亿吨。加瓦尔油田位于波斯湾盆地，阿拉伯地台东缘的油气区，沉积岩厚度达 5000 多米，

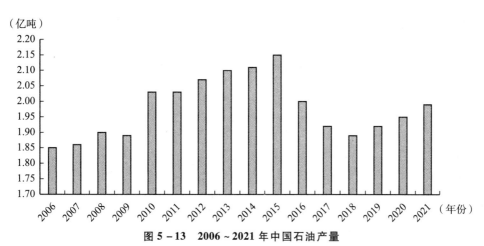

图 5 – 13　2006～2021 年中国石油产量

资料来源：根据相关资料整理。

主要产层为侏罗系阿拉伯组 D 段石灰岩。该油田是一个巨型的背斜构造，含油构造长 250 千米，宽 15 千米，构造走向南北，其上分布六个高点，由南向北分别是哈德拉、哈维亚、乌德曼尼亚、舍德古姆、艾因达尔和法桑。从 1948～1957 年先后在六个构造上发现石油，表明它是整体含油的特大型油气田。波斯湾盆地集中分布着世界十大油田中的 7 个，其储量占 10 个大油气田储量的 83.9%。

美国是现代石油工业的诞生地，也是全球最大的原油和油品生产国，近年来还跃居为主要出口国，大量出口到欧洲和拉丁美洲。美国 2019 年石油产量为每日 1707.2 万桶，总产量约 747 百万吨，为世界第一，占世界石油产量的 17.98%。到 2022 年，美国石油产量达 895 百万吨，是全球生产石油最多的国家。

俄罗斯是天然气大国，也是石油大国。2020 年，俄罗斯石油产量达 524.4 百万吨，为全球石油产量国排名第二。2022 年 4 月，印度成为俄罗斯原油的最大市场，俄卫星通讯社称，俄罗斯石油的交易价格现阶段在每桶 40 美元左右，远低于其他地方原油的价格，这对印度炼油商来说极具吸引力。2022 年 7 月，俄罗斯能源巨头 Rosneft Oil 对外公布，已在俄罗斯北极地区发现一个巨型油床，石油储量粗略估算有 8200 万吨。

中东地区从 1908 年到第二次世界大战结束，在 43 年的石油开发期间，总采油量为 26234.05 万吨，平均年产油量为 610 万吨。当时进行商业性石油开采的国家只有伊朗、埃及、巴林和沙特阿拉伯。1938 年，中东已探明的石油储量约为 6.8 亿吨，仅占世界总储量的 15% 左右；1945 年增至 36.9 亿吨，占该年世界储量的 46.49%；1957 年增至 229.45 亿吨，占世界储量的 74.25%；1978 年，中东石油探明储量为 503 亿吨，占世界总储量的 59.67%；1981 年，中东石油探明储量为 496.5 亿吨，占世界总储量的 56%；1985 年，据美国《油气杂志》的统计，中东已探明的剩余石油储量为 550.9 亿吨，占世界总储量的 57.44%。到 1999 年 1 月 1 日，中东的石油剩余探明储量约为 919 亿吨，占世界石油总储量的 65% 以上。到 2020 年，中东已探明的石油存储量超过 8000 亿桶，排名世界

第五章

第一。表 5 – 5 是 2022 年世界前十国家石油产量，图 5 – 14 是 2022 年世界前十国家石油存储量。

表 5 – 5 　　　　　　　　 2022 年全球石油产量前十国家 　　　　　　　 单位：亿吨/年

国家	产量
美国	8.95
沙特阿拉伯	5.91
俄罗斯	5.48
加拿大	2.80
伊拉克	2.2
中国	2.08
阿联酋	1.9
伊朗	1.79
科威特	1.5
巴西	1.47

资料来源：美国《油气杂志》于 2022 年 12 月发布的《全球油气储量报告》。

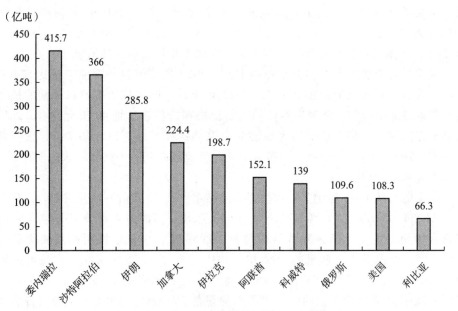

图 5 – 14 　2022 年全球石油储量前十国家

资料来源：美国《油气杂志》于 2022 年 12 月发布的《全球油气储量报告》。

三、石油的贸易

中国石油的对外贸易可以分为五个阶段；首先是 1949～1960 年，在此期间中国的石油主要靠从外国进口；第二阶段为 1961～1979 年，在该阶段基本实现自给自足并进行石油出口；第三阶段为 1980～1992 年，在此期间石油的出口速率降低，并在第四阶段即 1993～1997 年石油进口急剧增加；在此之后到 2020 年，即第五阶段，中国的石油进口量都是持续增加的。

（一）中国石油进口现状

自 2017 年以来，中国超过美国成为全球最大的石油进口国。2019 年，中国 55% 的原油进口来自石油输出国组织（OPEC）内的国家，这是自 2005 年以来最小的份额。我国 2020 年石油总进口量 61271 万吨，主要进口来源国是沙特阿拉伯、俄罗斯、伊拉克、阿曼、安哥拉、阿联酋、巴西和科威特，其中沙特阿拉伯和俄罗斯为主要石油进口国。2019 年，中国从沙特阿拉伯的石油进口量增加了 50 多万桶/天，达到 170 万桶/天，占石油进口总量的 16%。此外俄罗斯仍然是当年中国原油进口的最大非欧佩克来源国。图 5-15 为中国 2005～2020 年石油进口量统计。

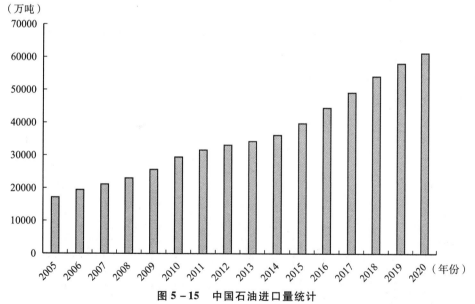

图 5-15　中国石油进口量统计

资料来源：根据相关资料整理。

（二）中国石油出口现状

我国的石油出口在近些年来有一个稳定上升的趋势，并在 2019 年达到一个峰值约 8211 万吨。2020 年中国原油出口量为 7551 万吨，同比下降 8%。图 5-16 是中国 2005～2020 年石油出口量统计。

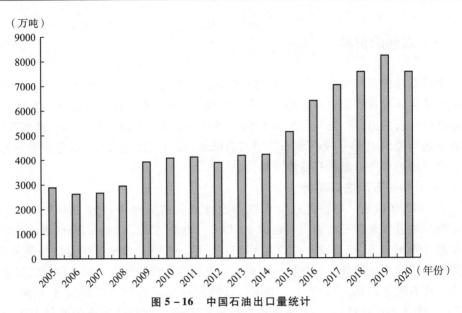

图 5 – 16　中国石油出口量统计

资料来源：根据相关资料整理。

四、石油的消费

石油是世界上最重要的能源之一，它持续支撑着世界各地的现代经济。全球近48%的石油由前五个国家消耗。2020 年，全球每天消耗约 8847 万桶石油，美国、中国、印度、俄罗斯、日本五个国家每天消耗 4251 万桶。图 5 – 17 是中国 2005 ～2020 年石油消费量统计。

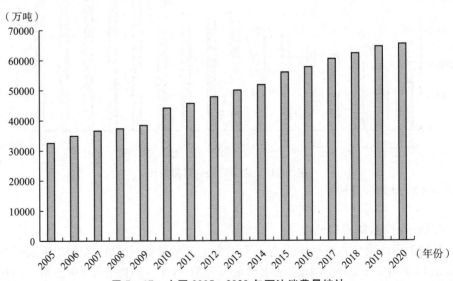

图 5 – 17　中国 2005 ~ 2020 年石油消费量统计

资料来源：根据相关资料整理。

　　美国的石油消费量占世界石油消费量的 19.41%，是世界上最大的石油消费国。美国不仅作为消费者，甚至作为石油生产国，都位居榜首。如图 5 – 18 显示，2020 年，美国石油产量平均约为 1647 万桶／日，而石油消费量平均约为 1711 万桶／日。自 1990 年美国石油消费量为 1699 万桶／日以来，美国的石油消费量没有大幅增长。

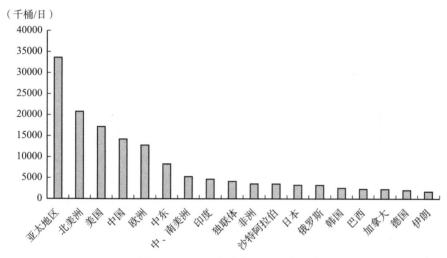

图 5 – 18　2020 年世界石油消费量

　　中国消耗的石油约占世界石油消耗总量的 16.8%，为世界第二大石油消费国。尽管中国也是世界上最大的石油生产国之一，但其产量远远低于其消费量。1990 年，中国石油消费量为 233 万桶／日，2000 年增至 469 万桶／日，2010 年增至 918 万桶／日。2020 年，中国石油消费量为 1422 万桶／日，但是石油生产仅为 390 万桶／日，需要通过大量进口来满足国内需求。新的炼油厂产能和战略库存储备，加上国内石油产量低，国内消耗大，被视为导致中国石油进口增加的主要因素。

　　2020 年，印度的日消费量为 467 万桶，是世界第三大石油消费国。早在 1990 年，印度的日消费量为 117 万桶，到 2000 年增加到 218 万桶，到 2010 年达到 330 万桶。考虑到过去几年印度经济增长、人口增长和现代化的活力，印度的能源需求持续攀升。然而，鉴于其国内产量约为 77 万桶／日，该国严重依赖进口来满足其需求。国际能源署（IEA）的《印度能源展望（2021）》预测，"印度的石油需求到 2040 年将达到 870 万桶／日，这是所有国家中增幅最大的"。

　　2020 年，日本的石油消费量为 327 万桶／日。1990 年，日本的石油消费量为 530 万桶／日，到 1999 年已增至 560 万桶／日。后需求下降，到 2010 年达到 442 万桶／日，并在之后持续下降，于 2020 年达到 327 万桶／日。这一下降归因于人口下降和老龄化以及混合动力和电动汽车使用不断扩大等因素。日本国内探明石油储量有限，主要依赖进口。在日本进口石油的国家中，沙特阿拉伯以 44.5% 的份额领先，其次是阿联酋，占 25.4%。总体而言，中东占主导地位，占 90.5%，其中包括卡塔尔、科威特和其他国家。2020 年俄罗斯的石油日消费量为 324 万桶。

五、影响石油期货价格波动的因素

（一）美元汇率波动对石油期货的影响

二战后，整个国际范围的金融市场受到了严重的破坏，大部分国家都受到了战争带来的不同程度的破坏，经济也受到了不同程度的打击，而美国却依靠国内稳定的局势以及输出军火获得了大量的财富。之后"布雷顿森林体系"建立，美元的地位逐步凸显，在国际贸易中行使着世界货币的权力，影响深远，直到今天依旧如此。

许多国际贸易普遍都以美元标价，石油期货也不例外。因此，美元汇率发生变动时会直接导致石油期货价格的变化。以美元升值为例，美元升值时，会直接导致以美元标价的石油期货出现价格下跌；同时，美元升值会使得对应的非美元国家的本币（比如中国的人民币）贬值，购买力下降，同样的预算购买到的石油期货会减少，也就是营造出石油期货的需求减少的局面，进而导致石油期货价格出现下跌。另外，对于石油出口国来说，本币贬值等同于生产成本降低，会提高产出，刺激以美元为结算货币的石油出口产业，导致流入市场的石油数量增加，致使石油期货的价格出现下滑。最后，美元汇率波动时，市场上的投机资本会对应改变投资策略。在美元贬值时，投机资本会减少美元资产的投资，转而投向风险较少的石油期货市场，增加石油期货的需求，间接抬高石油期货价格；而美元升值时，投机资本会抛售拥有的石油期货，套取利润，导致石油期货需求减少，间接导致石油期货价格的下跌。

综上所述，美元汇率的波动会对石油期货价格从相反的方向产生直接以及间接的影响，美元汇率的升值（贬值）会导致石油期货价格的下跌（上涨）。

（二）石油供求对石油期货的影响

1. 石油供给

石油是一种不可再生的稀缺资源并且在全球范围内的分布很不均匀，同时，石油也是重要的商品，石油的供给量会对石油价格产生直接的、决定性的影响。然而，石油供给的根本决定因素在于探明的原油可开采储量。根据美国能源信息署（EIA）提供的数据可以发现，随着科学技术的发展，可开采原油储量逐年上升，2017年世界范围内探明的原油可开采储量达到16457.4亿桶，而中东地区拥有8029.1亿桶，占到了48.79%，与之相对应的是亚太地区仅有457.1亿桶，占到2.7%。

石油分布的不均匀导致了石油供给主要集中在少数几个国家及地区，因此，这些国家的石油产出和出口政策会很大程度上影响石油期货的价格。以石油输出国组织（OPEC）为例，OPEC成立的最直接目的是彼此间避免竞争，以此通过一致的石油政策控制石油的产量和出口，获取利益。根据OPEC发布的2017年世界原油储量数据可以发现，OPEC占据了81.89%，其中，委内瑞拉占有24.9%，沙特阿拉伯占有21.9%。在这基础上，2017年OPEC的原油消费量不足10%，但对应的原油产量却占到了全球总数的42%，这说明了有很大一部分的原油出口到了国际原油市场，占据了很大的份额。

　　在这样的背景下，如果 OPEC 成员国因为自身政策、地区战乱或者国际制裁等原因增加（或减少）原油的生产和出口，将直接带动国际原油价格的下跌（或上涨）。其次，随着科学技术的更新变化，使得开采、运输技术的升级，生产运输的成本下降，会间接使得国际石油期货价格的下跌。

　　2. 石油需求

　　石油是重要的工业原材料，在石油占据国际能源市场主导地位这一前提下，世界各国经济发展、生产能力的提高、消费水平的升级将会增大对石油的需求，从而带动石油期货价格的上涨，同时经济的衰退会导致石油需求量的减少，致使石油期货价格的下滑。以 WTI 原油加权期货收盘价走势图为例（见图 5-19），可以很直观地看到经济形势导致的需求变化对石油期货价格的影响，2008 年 6 月 WTI 原油期货价格达到峰值约 140 美元/桶，紧跟着国际金融危机爆发，2009 年 2 月下跌至 39.26 美元/桶左右，下跌超过 70%。

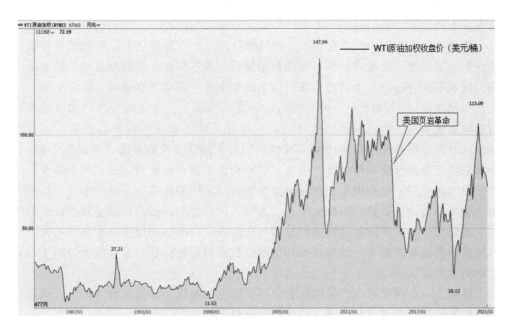

图 5-19　WTI 原油加权期货价格

注：原油加权是多个具体月份合约的加权平均值。

　　美国作为世界上唯一的超级大国，经济、工业水平都处于世界顶尖，对石油的需求很大，而以中国、印度为代表的新兴市场国家，虽然自身经济快速发展，但是开采技术却不够成熟，很依赖从国外进口。根据英国 BP 公司的统计数据，2021 年全年世界石油消费总量约为 9409 万桶每天，其中，排名前五的为：美国 19.86%，中国 16.41%，印度 5.18%，俄罗斯 3.62%，日本 3.55%。

　　以美国为例，整体上来看，美国每年的石油消费量呈快速上涨的趋势，到 2022 年 8 月，美国每日的原油以及石油制品的供应量已超过 2060 万桶。在美国的原油产量保持稳定的情况下，这一增长趋势无疑会对国际石油市场有更大的需求，在假设石油市场供给保持不变的情况下，这会推动石油期货价格逐年上涨。在观察美国原油每周的净进口量时可以发现，从 2014 年年中开始，有明显的减少趋势，在之后也有下滑的迹象，这是由于美国页岩革命以及原油出口解禁政策造成的，与此相对应的，国际石油期货价格（以 WTI 原油加权期货收盘价为例）在 2014 年下半年出现了较大的下跌。

综上所述，在国际市场上石油的供应与需求相互作用，会对石油期货价格产生直接的影响，供应量增加（减少）或需求量减少（增加）会使石油期货价格相应地下跌（上涨）。

（三）石油储备

20 世纪开始，在经过两次中东石油危机的教训后，日本和美国等国家都储备了足够供应国内 90 天以上的石油，确保一旦发生突发事件无法从国外得到足够的石油时，仍能维持一段时间的正常供应。如今，出于国家安全问题和战略目的的考虑，世界各国几乎都有一定量的石油储备，尤其是 OECD 成员国的石油储备，在一定程度上降低了可能出现的突发事件对国际石油市场的冲击，起到缓冲带的作用。

假设出现类似于 OPEC 发布减产政策导致市场上石油供应不足的情况，带动油价会大幅度上涨，此时，一些石油储备国家会开放石油库存，让储备的石油流入市场，缓解石油价格的上涨趋势，体现出来的情形便是原油库存减少，油价上涨；反之，在出现类似于 2015 年美国原油出口解禁的情况下，石油储备国会向市场购买石油增加储备量，防止油价过度下跌，所呈现的情形便是原油库存增加，油价下跌。这并不是说原油库存的增加（减少）引起了国际油价的上涨（下跌），而是储备国稳定市场油价波动的做法，带来了这种看似不符合金融理论的"因果关系"。

但与此同时，一些国家在判断出油价有持续上涨的趋势后，出于本国利益的考虑，会增加石油储备量，以减少油价上涨对本国经济的冲击；在预感到油价有可能的下滑趋势后，一些国家会释放部分的石油储备，以减弱油价下跌带来的损失。这些国家扮演的是类似于石油期货市场上的投机者的角色，在一定程度上加剧了石油价格的波动。

同时，一个国家石油产量增加也会导致库存量的增加，在这种情况下，该国对石油市场的供给量可能会增多，石油期货价格下跌。

综上所述，石油储备国的石油储备对石油期货价格的影响是双向的，具体要在实际的情况下讨论。

（四）石油投机的影响

石油投机行为大致可以分为两种，其一，资本具有天生的投资需求，石油期货市场本身存在的巨大机遇，吸引了大批的非商业的投机者。石油期货投机者在判断准确的情况下会通过低买高卖来获利。在石油期货行情看涨时，非商业投机者会大批购入，拉高市场的需求，进而导致石油期货价格进一步上涨；而在石油期货行情不好时，非商业投机者会抛售手上囤积的期货，达到止损的目的，这样一来，进入石油期货市场的期货量增大，会加剧石油期货价格的下跌。其二，石油期货市场具有规避风险的作用，一些石油相关企业通过套期保值来降低油价波动带来的损失，但是不合理的、过于激烈的套期保值行为对市场来说会加剧油价的波动。

　　综合来看，石油投机的行为会在油价出现或将要出现波动时，放大油价的波动。

（五）政治及突发事件对石油期货的影响

　　世界范围内的政治及突发事件主要是通过石油的供求来间接影响油价波动的。中东地区的战乱、页岩革命、OPEC 政策调整、美国原油出口解禁等通过影响石油供应造成石油价格的波动，而金融危机一类事件则是通过需求的改变影响油价波动。

　　1973 年 10 月，第四次中东战争爆发，OPEC 决定利用石油武器打击以色列以及背后以美国为主的支持以色列的国家，当月 16 日，OPEC 决议提高油价；紧接着，阿联酋、利比亚、卡塔尔等国家相继宣布降低石油产量，并停止向以美国为首的一些资本主义国家出口石油。这一系列行为直接导致国际油价从 3.01 美元/桶到 1973 年底暴涨到 11.65 美元/桶。不仅如此，石油危机通过冲击市场波及很多国家，进而导致整体上石油市场的需求出现衰减。与之相反的是，石油战争的主导者阿拉伯国家经济实力得到了很大的提升，依靠石油带来的财富，中东产油国快速开启了现代化的建设，飞速发展，其中也包括石油开采技术的革新、石油运输成本的降低等，这些因素一方面使得国际石油有了更充足的供应量，另一方面 OPEC 在石油市场上的话语权得到了增强，OPEC 政策对石油生产、出口的调整甚至直接对油价的调整，会给国际油价带来更剧烈的冲击。

　　1978 年，伊朗国内掀起反美浪潮，并爆发革命，国内的经济、社会形式急转直下，截至 1979 年 3 月，伊朗停止向外输出石油 60 天，导致国际石油市场每日的供应量少了 500 万桶，占到世界石油消费总量的 1/10，国际油价大幅上涨。此外，伊朗新政权驱逐国内从事石油贸易和石油开采的美国石油商人，美国石油商人在国内利用舆论传播伊朗石油减产带来的危害，并恶意减少石油供应，哄抬油价弥补自身的经济损失，美国国内原油价格从 1978 年底的 13 美元/桶一路上涨，在 1980 年 4 月逼近 40 美元/桶，第二次石油危机出现。在这之后，1980 年 9 月 20 日，伊拉克空袭伊朗，两国之间的战争导致两国的石油生产停滞，产量锐减，国际石油市场的供应再一次出现巨大缺口，油价再度上涨。值此多事之秋，OPEC 内部矛盾爆发，沙特阿拉伯主张增加市场的供应，压低油价，阻止油价继续上涨，并将这一决定付诸行动。但是，OPEC 大多数成员国认为沙特阿拉伯的决策有误，应该随行就市，并且轮番提高油价，直接导致油价的新一轮上涨，雪上加霜。

　　进入 20 世纪 90 年代，沿着时间轴来具体来分析石油期货价格的波动趋势（见图 5-20）。首先看军事行动对国际油价的影响。1990 年 8 月，海湾战争爆发，战争中的一方是传统的产油大国伊拉克，国际石油市场的供应量出现明显下滑，直接导致了国际油价在短时间内暴涨，WTI 原油期货价格从 1990 年 7 月不到 20 美元/桶上涨到 1990 年 10 月 37.21 美元/桶；2003 年，英美两国主导的伊拉克战争爆发，这场历时 7 年之久的战争使得伊拉克局势动荡，生产能力受到极大打击，石油产出受到阻碍，国际市场供应不足，原油期货价格从 2003 年 30 美元/桶左右一路上涨，在 2008 年 7 月达到历史最高位 147.94 美元/桶。2007 年 10 月，土耳其决议出兵伊拉克，消息一出国际油价产生连锁反应立刻上涨，之后在 2008 年 2 月 22 日，土耳其开始军事行动，油价突破 100 美元/桶。

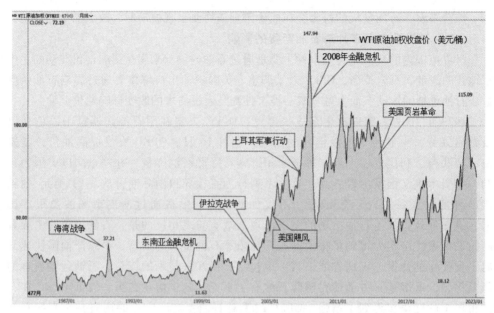

图 5 - 20　1983～2023 年 WTI 原油期货价格的波动

其次，石油产业相关的科技革新会减少生产运输成本，进而影响油价。以美国页岩油的开采技术革新为例，在 2014 年美国开始逐步增量地开采储量庞大的页岩油，而沙特阿拉伯等国家为了从长期发展上维持自身在石油市场上的地位与利益，利用自身较低的石油开采成本大量生产出口石油，同时，伊拉克和利比亚恢复石油生产，石油市场上原本的供求平衡被打破，巨大的供应量致使 2014 年国际油价出现大幅度下跌。

再次，突发性自然灾害会对石油生产运输造成破坏，引起油价上涨。2005 年 8 月，飓风卡特里娜经过墨西哥湾，美国在墨西哥湾周围的石油相关产业受到毁灭性打击，在石油投机资本的推动下，WTI 原油期货逼近 80 美元/桶的大关。

最后，金融危机会破坏经济与民生，造成国际油价的波动。1997 年以及 2008 年的两次金融危机都对世界经济造成了很大的破坏，后者由于美国在世界上的影响力，波及范围更广影响也更深远。以 2008 年金融危机为例，它造成了大量企业破产倒闭，失业人口剧增，经济不景气，人们总体对石油的需求量急剧下增，石油价格呈现断崖式下跌，WTI 原油期货短短五个月内从最高点 2008 年 7 月的 147.94 美元/桶掉到 2009 年 2 月的 47.82 美元/桶，下滑之剧烈为史上之最。

综上所述，对油价产生影响的政治及突发事件可以大致分为地区军事行动、石油出口国政策调整、科技革新、自然灾害和金融危机等。具体对国际油价的影响分为两种，首先，石油出口国或 OPEC 组织直接通过决议提高或下调油价，作为石油市场的主要供应来源，这样的行为会导致油价随之上涨或下跌。除此之外，政治及突发事件还会对石油出口国的生产、供应以及石油市场对石油的需求造成影响，继而通过供求影响国际油价的波动。

第四节 铜期货的基本面分析

一、铜产业主要数据来源

美国地质勘探局（USGS）、英国商品研究所（CRU）和国际铜业研究组织（ICSG）都会发布铜产业各方面的统计数据和预测，其中 USGS 的《矿产品概要》是全球矿产资源的权威报告之一。ICSG 是专门从事铜行业研究的国际非营利性组织。世界金属统计局（WBMS）也会公布每年精炼铜产量。2022 年，有色金属市场跌宕起伏。一方面，受地缘政治、俄乌冲突以及欧洲能源危机等多重因素叠加，给有色金属市场带来连锁反应；另一方面，新能源产业兴起、"双碳"目标带来的能源转型等，对有色金属产业产生重大影响。尽管有色金属价格呈现高位震荡走势以及能源成本提高，但是铜的基本面总体良好，全球铜的生产、消费以及贸易均保持稳定增长态势，我国成为全球铜工业保持增长的"稳定器"。

国内铜业数据主要来源于中国有色金属工业协会、中国行业研究数据库等，有色金属行业数据包括各行业的产量、价格、不同国家进出口情况以及行业统计五种分类数据，涵盖了铜的库存与销量、行业经济指标、铜的报价以及铜的进出口情况等内容。

根据国际铜业研究组织（ICSG）数据，2020 年全球精炼铜产量前五大企业约占全球总产量 64%，其中中国生产了 980 万吨的精炼铜占据全球约 39%的产量，成为全球第一大精炼铜生产国，主要生产商包括铜陵有色、Aurubis、Schwermetall Halbzeugwerk Gmbh、江西铜业、费利浦·麦克莫兰铜金公司、Cerro Verde、KGHM、超达、诺德股份、Hindalco Industries、金田铜业等。2016～2021 年全球精炼铜产量见图 5-21。根据国际铜业研究组织（ICSG）预测，2023 年全球精炼铜产量将达到 2703.7 万吨，增长率在 3.6%左右。精炼铜的主要出口国有智利、俄罗斯、日本等，主要进口国有中国、美国、意大利等下游铜产品需求较高的国家。长期来看，中国、印度等国大规模基础设施建设，以及清洁能源、电动汽车的发展，将继续支撑精炼铜需求。

二、铜的生产

相对于其广泛用途，铜的储量较少，大约只占地壳含量的 0.01%，在个别铜矿床中，铜的含量可以达到 3%～5%。储量集中的铜矿极端稀少，分布非常不均匀。铜加工始于采矿，铜矿石采掘出来之后，先要破碎，经过研磨的铜矿石粉进入浮选机后，其富含的各种元素会与浮选机中添加的各种化学溶剂发生作用。浮选机通过脉石附属金属矿物质、铜的亲水性等特性的不同，而将铜矿与之分离。通过浮选机提取的铜矿石基本能够满足相关的工业需求，通过烘干机烘干后便可以得到高经济价值的铜精粉。图 5-22 描绘了 2011～2021 年世界铜产量。

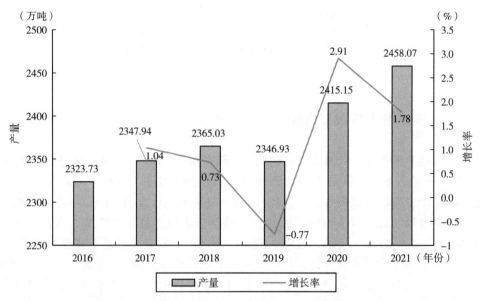

图 5 - 21   2016 ~ 2021 年全球精炼铜产量

资料来源：Wind 数据库。

第 五 章

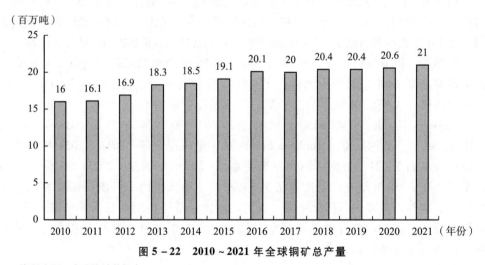

图 5 - 22   2010 ~ 2021 年全球铜矿总产量

资料来源：全球统计数据库，www. statista. com。

  冶炼厂购买得到铜矿石，集中加工冶炼，交易商密切关注现货加工及精炼费用。每年，铜都因不同原因而产量不同，既会因为战争、罢工、矿山自然灾害及老矿井自然枯竭而导致的产量下降，也会因为技术进步、投资增加而使得产量上升。智利和中国是最重要的生产国，美国目前铜产量下降，美国减产之后，中国的份额开始上升，增幅抵消了美国的降幅。

  理论上讲，很多实体经济供需不平稳而造成的短期价格波动（例如不考虑金融来源的波动）都可能是供给冲击所致，而需求端则更为稳定。但也可能是因为消费无法真正被观测到，只能从产量净贸易和库存变化来估计其残差，测量或显化其消费量。

通常采用四步炼铜的热冶金学方法，对硫化铜尤其有效。第一步，把纯度20%～40%的铜精矿石粉烘烤并熔炼成60%～80%的纯液——冰铜。第二步，冰铜在空气中加热产生粗铜，纯度达到97%～99%。在这两个过程中，硫化铜首先被氧化而减少，形成铜金属，同时，矿石中的硅、铁、硫、氧气和其他杂质被析出。第三步，大部分剩余硫黄和氧气从熔炉里的粗铜中分离出，产品金属铜被熔铸成阳极铜，纯度大于99%。第四步，进入电解提纯阶段。此时产生的铜纯度高达99.9%，属于精炼成等级 A 的铜，可以在交易所里交易。

另一种方法叫溶剂萃取法（湿法炼铜）。将粗铜（含铜99%）预先制成厚板作为阳极，纯铜制成薄片作阴极，以硫酸和硫酸铜的混合液作为电解液。通电后，铜从阳极溶解成铜离子向阴极移动，到达阴极后获得电子而在阴极析出纯铜（亦称电解铜）。粗铜中的杂质（如比铜活泼的铁和锌等）会随铜一起溶解为离子，由于这些离子与铜离子相比不易析出，所以电解时只要适当调节电位差，即可避免这些离子在阳极上析出，比铜不活泼的杂质如金和银等沉积在电解槽的底部。这样生产出来的铜板，称为"电解铜"，质量极高，可以用来制作电气产品，沉淀在电解槽底部的称为"阳极泥"，里面富含金银，取出再加工后，有极高的经济价值。铜的生产工艺流程见图 5－23。

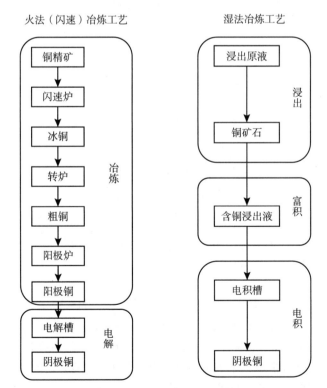

图 5－23　铜的生产工艺流程

三、铜的消费

制造装配业买入精炼铜并通过挤制、冲压、轧制、锻造、熔炼、电解、雾化等工艺，最终造出诸如铜丝、铜棒、铜管、铜板、铜片、铜带、铜铸件和铜粉之类的产品，一些是紫铜，而另一些是诸如黄铜和青铜之类的合金。

在美国，这些中间产品 50% 用于建筑业，20% 用于电器及电子产品，10% 用于工业机械和设备，10% 用于运输设备，还有 10% 用于消费和通用产品。所有这些类别中，75% ~ 80% 属于电气应用，剩余部分中黄铜之类的铜合金占大多数。在德国、日本以及世界其他地方也是如此，电子电气应用占了绝大份额。铜消费相对集中在发达国家和地区。

2000 年后，发展中国家铜消费的增长速度远高于发达国家。西欧铜消费量占全球铜消费量的比例呈递减趋势，而以中国为代表的亚洲（除日本以外）国家和地区则成为铜消费的主要增长点。自 20 世纪 90 年代以来，我国铜的消费进入一个迅速发展时期，国民经济的高速发展和大规模的基础建设是促进铜消费快速增长的主要原因。而发达国家制造业向中国等发展中国家转移的战略也是我国铜消费增长的重要因素。图 5 - 24 显示，中国现在已是精炼铜的第一大用户，2021 年中国的精炼铜消费超过了全球消费量的 50%，领跑全世界。

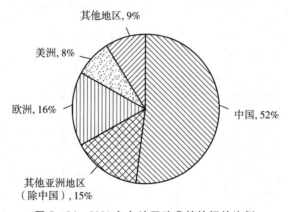

图 5 - 24　2021 年各地区消费精炼铜的比例

资料来源：全球统计数据库，www.statista.com。

在消费量增长方面，根据世界金属统计局（WBMS 数据）（见图 5 - 25），2010 ~ 2020 年，全球精炼铜消费量保持稳定增长趋势，2018 年，全球精炼铜消费量为 2448.4 万吨，2019 年为 2442.9 万吨，2019 年受到疫情影响，消费量略有下降，2020 年全球精炼铜消费量约为 2498.7 万吨。随着南美以及中非地区的矿井数量增多，加之需求的回暖，这些因素会继续推动世界精炼铜的消费量继续增长。

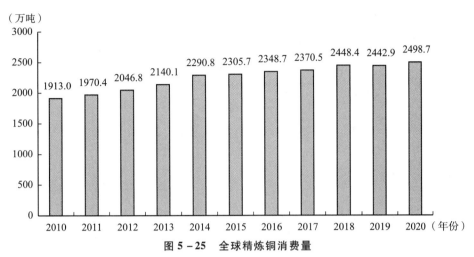

图 5 - 25　全球精炼铜消费量

资料来源：世界金属统计局（WBMS）。

四、铜的贸易

我国是世界上最大的铜生产国，也是世界上最大的精炼铜进口国，还是世界最大的铜消费国，占全球精炼铜消费总量的51%左右。基于这样的国情，铜的进出口贸易在我国对外贸易中一直占据重要地位，备受关注。认清我国铜的外贸状况，对帮助投资者分析铜的供求状况、预测未来价格走势有重要意义。

（一）我国铜资源的进出口现状

尽管我国精炼铜产量全球最高，但是产量仍然不足以满足国内需求，因此我国需要大量进口精炼铜，我国精炼铜进出口市场仍然展现出明显的贸易逆差。根据中国海关数据显示（见图5-26），2020年中国精炼铜进口量为396.49万吨，同比上升31.18%。与进口量相比，中国精炼铜出口量处于较低水平。根据中国海关数据显示，2020年中国精炼铜出口量为21.13万吨，同比下降31.6%。2021年中国精炼铜进口量为362.7万吨，出口量为26.6万吨。

（二）我国铜资源的贸易伙伴

世界铜的贸易路径主要是从南美、非洲、俄罗斯、大洋洲流向亚洲、欧洲和中东地区。因为在南美、非洲、俄罗斯和大洋洲地区均出现了铜矿产量、铜冶炼产量到铜需求量逐渐减少的情况；而在亚洲、欧洲和中东地区则出现了铜矿产量、铜冶炼产量到铜需求量逐渐增多的情况。其中上游生产量和下游需求量相差最大的就是亚洲和拉丁美洲地区。而北美地区则相对较为平均，大体可以自给自足或者通过产业布局进行高端和低端产业的调配解决供应问题。

从全球铜精矿进口国别和地区看，中国进口铜精矿数量最大。2022年，中国进口实物量达到2531.8万吨（约合铜金属量709万吨），同比增长8.1%，在全球进口量中占比达到61.1%。随后是日本和韩国，但这两个国家铜精矿进口数量与中国相比较小，而且在其国内没有在产铜矿。

第 五 章

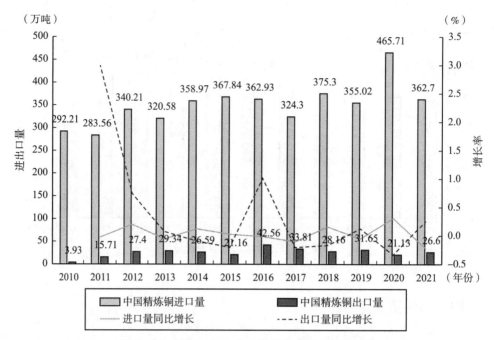

图 5 – 26　2009 ~ 2021 年中国精炼铜进出口量统计

资料来源：共研网，https：//www.gonyn.com/。

精铜的贸易情况方面，中国仍占据全球精铜进口国的首位。2022 年，中国精铜进口量达 388.5 万吨，占全球进口量的 40.8%。另外，美国、意大利和德国的进口量都在 60 万吨以上，中国台湾的进口量尽管同比小幅下滑，但依然位居全球进口国家和地区中的第五位。

（三）中国精炼铜行业发展前景

近年来，随着中国供给侧结构性改革，铜需求稳定增长，中国的精炼铜行业供需关系显著改善，市场价格更加稳定，从国内贸易的统计数据来看，中国精炼铜进口量上升，出口量下降，进出口贸易差额继续扩大。

根据发达国家的历史经验，全球主要发达国家与地区铜消费呈现出一定的"S"形曲线增长态势，即"慢增长—快速上升—达到峰值—开始下降—基本稳定"的增长态势。全球铜消费的零增长点大致集中在人均 GDP 的 16000 ~ 18000 美元。印度以及东盟等地区近年来铜消费迅速增长，中国的产业链结构完善，电子信息产业持续发展，预计人均 GDP 也将持续增长，对铜的需求仍将保持稳定增长，预计高峰期将在 2025 年前后出现，需求峰值为 1570 万吨左右，中国，尤其是广东、广西地区的精炼铜企业将面临较大的市场机遇。

五、影响铜期货价格波动的其他因素

（一）国际国内经济形势

铜是重要的工业原材料，其需求量与经济形势密切相关。在分析宏观经济时，有两个指标很重要，一个是经济增长率，即 GDP 增长率，另一个是工业生产增长率。经济增长时，铜需求增加从而带动铜价上升，经济萧条时，铜需求萎缩从而促使铜价下跌。例如，20 世纪 90 年代初期，西方国家进入新一轮经济疲软期，铜价由 1989 年的 2969 美元/吨回落至 1993 年的 1995 美元/吨；1994 年开始，美国等西方国家经济开始复苏，对铜的需求有所增加，铜价又开始攀升；1997 年亚洲经济危机爆发，整个亚洲地区（除中国外）用铜量急剧下跌，导致铜价连续下跌至 20 年来最低点；2003 年以来全球经济稳步复苏，中国经济强劲增长，铜价走出了一轮波澜壮阔的大行情，在短短的一年内铜价由 1500 美元/吨左右，最高涨到 3000 美元/吨附近，涨幅翻倍。

（二）进出口政策

进出口政策，尤其是关税政策是通过调整商品的进出口成本从而控制某一商品的进出口量来平衡国内供求状况的重要手段。2000 年之前我国在铜进出口方面一直采取"宽进严出"的政策，2000 年之后随着中国冶炼能力的增强，国家逐步取消铜的进口关税，部分铜基本可以自由进口。但由于我国铜资源仍然缺乏，因此依然是铜的净进口国。2003 年 5 月海关总署发布公告，宣布从当年 6 月 1 日起将停止执行铜矿砂、铜精矿和铜材（包括电解铜）的边境贸易进口税收优惠政策。这一政策的取消，边贸铜以量大价低冲击国内市场的局面得到改变，国内铜价获得支撑。

（三）国际上相关市场的价格

伦敦金属交易所（LME）及纽约商品交易所（COMEX）是国际上主要的铜交易市场，LME 的铜价具有国际权威性，LME 实行的是办公室交易（Interoffice trading）与场内公开喊价交易（Open outcry trading）相结合的 24 小时连续交易方式，以场外交易为主，场内交易形成官方价格作为权威报价。目前，伦敦金属交易所场的真正意义上的场外交易就是 interoffice trading，它是经纪公司之间的交易。主要是交易所场内交易停止后，市场的延续。虽然字面上为经纪公司之间的交易，但实际上是客户通过经纪公司在进行交易，当然其中也不排除经纪公司自身的部分交易。最近几年，这种交易已经成为 LME 的主要交易方式，其交易量约占每日交易量的 60% ~ 80% 。铜是市场化程度较高的原材料之一，因此国内铜价与 LME 铜价有很强相关性。根据统计分析上海期货交易所（SHFE）铜价与 LME 铜价二者的相关系数达到 0.975，这一系数大大高于国内其他期货品种。COMEX 铜价在世界上也具有相当大的影响力。

（四）铜行业发展趋势的变化

消费量是影响铜价的直接因素，而用铜行业的发展则是影响消费量的重要因素。例如，20 世纪 80 年代中期，美国、日本和西欧国家的精铜消费中，电气工业所占比重最大，中国也不例外。而进入 90 年代后，国外在建筑行业中管道用铜增幅巨大，成为国外铜消费最大的行业，美国的住房开工率也就成了影响铜价的因素之一，随着建筑业的发展，铜价也在不断上涨，在汽车行业，制造商正在倡导用铝代替铜以降低车重从而减少该行业的用铜量。此外，随着科技的日新月异，铜的应用范围在不断拓宽，铜在医学、生物、超导及环保等领域已开始发挥作用。

第 五 章

第五节　大豆期货的基本面分析

一、大豆产业主要数据来源

大豆不仅是中国种植面积最大的油料作物，也是重要的植物蛋白来源，是我国粮油体系中不可或缺的重要组成部分。大豆富含蛋白质和人体必需的氨基酸，是人类膳食中营养平衡优质蛋白，经加工后的消化率达90%以上，利于降低人体血液胆固醇、预防高血压和心血管疾病。同时，大豆压榨在畜禽饲料加工中的地位也愈益重要。

美国农业部（USDA）公布的《世界农产品供给与需求预测》（WASDE）是一个重要的大豆产业链供需状况基本数据来源，每个月的报告详列了美国的大豆、豆粕、豆油市场的详细数据，还包括美国两个主要竞争对手——巴西、阿根廷的大豆产量和贸易情况的重要信息。美国大豆产业链出口销售情况由USDA下属的农产品外销局每周公布；美国国家油籽加工联盟（NOPA）每月都公布美国大豆压榨量，该报告在每月中旬发表，显示上个月的产能、压榨量和豆油库存的统计数据，还公布该月的豆粕和豆油压榨生产数量以及每个生产商各自的大豆产量。

USDA是大豆、豆粕和豆油市场基本面信息的最佳来源，USDA的经济研究部门（ERS）有各种研究报告，在其网站（www.ers.usda.gov）有大豆和油籽的商务简报室，这些简报室提供了一个对美国和世界油料市场供给、需求、贸易和政策的概述。USDA下属的全国农业统计服务中心（NASS）提供了美国大豆产业链供需方面极其有用的统计数据。

美国农业部还公布南美大豆市场的一些数据，而巴西和阿根廷的组织也开始报告自身更详尽的大豆产量、需求和贸易的数据，例如，巴西植物油工业协会（ABIOVE）发布大豆产业链的月度基本面数据。

二、大豆的生产

大豆种植可追溯到5000年前的中国，中国是大豆的"娘家"，栽培历史悠久，在轩辕黄帝时期就开始种植大豆。大豆是豆科植物油籽的一种，对应地，油籽是指那些主要产生植物油和蛋白粕的农作物。油籽作物还有油菜籽、棉籽、葵花籽和花生，大豆因其世界性的生产和贸易而最为重要。全球大豆出口国主要有巴西、美国和阿根廷，三国的大豆出口量占全球大豆出口总量的90%以上。

美国中西部和东南部的地形、气候和土壤都适宜于大豆生产，这使得美国成为世界上最大的大豆生产国和出口国。大豆在20世纪20年代才成为美国主要的重要农作物，最初只是把大豆当作高蛋白质饲料作物，用其固氮特性来喂养牲畜。固氮农作物可以把氮循环回土壤，使其成为玉米或冬小麦的肥沃农田。农民利用大豆和玉米每隔一年轮流耕种，或者一半农田种玉米，另一半种植大豆，第二年又互相轮换，提高地力，减少了商业肥的购买。美国大多数农民都是出于这一目的而种植大豆。美国大豆种植的扩张开始于美国大豆协会（ASA）的成立，他们开始大力推广大豆种植。到1922年，第一家大豆加工厂在美国开工，将之加工成蛋白质和植物油，促使了对大豆更多的需求。

大豆是一种初级产品，必须加工才能得到蛋白质和植物油。这种蛋白质就是豆粕，可以作为动物饲料的蛋白来源。植物油被称为大豆油，主要用于人类消费，也有一些工业用途。

在大豆产业链中，分种植和加工两个生产过程。第一个是大豆种植，全世界有四个大的大豆种植地区：阿根廷、巴西、中国和美国，这4个国家占了全球大豆种植量的90%左右。中国的情况有点例外，巨大的人口消费量超过了产量，使得阿根廷、巴西和美国成为大豆主要的出口国。

巴西的大豆在11月和12月种植，在次年3~5月收割。阿根廷的大部分大豆也是同样的季节，阿根廷有些农民除了大豆之外，同年还种植冬小麦，他们在1月冬小麦收割之后开始种植大豆，5~6月再收割大豆。巴西大豆的销售年度顺延至2月至次年1月，而美国大豆销售年度是9月至次年8月，种植期是5~6月，收割期是9~10月。由于几个种植大国的收割期不同步，造成全年供应更为稳定。美国豆粕和豆油的销售年度从10月到次年9月，比大豆销售年度滞后一个月，使得这个时期的压榨过程可以使用新收割的大豆。

同其他农作物一样，大豆的产量也依靠种植面积和单位产量，单位产量受生长季节的气候影响。大豆生长的关键期在开花和结荚阶段，南美这个阶段是1~2月，美国是7月和8月早期，在结荚阶段，干旱天气会使得豆荚掉落而减产。幸运的是，大豆结荚期比同样对玉米很关键的授粉阶段要长，结荚期通常有三到四个星期。也就是说，即使干旱在结荚期早期发生，只要有利气候及时恢复，还有很大的可能正常收获，因为大豆那时还会结荚。农民很早就已经意识到大豆比玉米更抗旱，这就使美国在20世纪初种植更多的大豆。

开花期结束时的极端高温也会造成减产。此外，收割前夜晚温度持续低于华氏28度（−2.22℃）也有可能减产。随着时间的推移，耕作技术进步和大豆种子基因改造的出现使得产量不断增加。大多数基因改造过的大豆都是抗虫和对除草剂有抗药性的，大豆是第一批获得商业成功的生物工程作物之一。在美国，基因改造过的大豆种植面积占了生物工程作物种植面积的最大部分。

生产的第二阶段是大豆被加工成豆粕和豆油，这个过程被称为压榨。芝加哥期货交易所（CBOT）每1蒲式耳（60磅）大豆产出约11磅豆油、48磅含44%蛋白的豆粕及1磅下脚料。大连商品交易所（DCE）的豆粕合约规定蛋白含量为43%或以上。此外，出油率取决于不同的生长条件，这也影响压榨比率。以百分比论，1个单位大豆产出80%豆粕、18.3%豆油及1.7%的下脚料。为确定1个单位大豆的压榨利润，我们采用产品的百分比价值减去大豆价值：压榨利润 = 80% × 豆粕 + 18.3% × 豆油 − 大豆（某些交易员为方便计算采用20%的豆油和80%的豆粕）。由于大豆在收割后被储存，加工厂可以在全年购买所需的供应，所以压榨全年进行。美国的大豆几乎都用于压榨，从19世纪90年代以来，大豆压榨也开始在全世界范围内盛行，但其区域结构经历了变化，从1991年起，欧美的大豆压榨在全球份额开始减少，而巴西、阿根廷、中国的份额上升，阿根廷、巴西由于大豆产量上升使得压榨量增加，中国巨大的人口持续要求更多的压榨量来满足需求。

三、大豆的消费

只有很少一部分大豆作为种子，大部分大豆都被压榨成豆油和豆粕，这种需求在最近25年以来极其旺盛。从1980年开始，全球对小麦、水稻、玉米、大豆等农作物的需求不断增长，1980年以来，全球对大豆也即是对豆粕和豆油的需求以每年8%的速度增长，是同期玉米需求的增长率的3倍、小麦的5倍，为何大豆产业链的需求如此旺盛？其中一个原因是世界财富的增长造成饮食结构更趋于肉类，导致饲料需求上升，需要更多的豆粕。此外，大豆还在食品业和工业有许多开发运用。

在两个大豆副产品中，豆粕被视为更有价值，是世界最有效的蛋白粉产品，在主要的油籽中含蛋白粉百分比最高。2005～2006年，全世界所有蛋白粉消费中，豆粕占了近70%，它最直接的蛋白粉竞争对手油菜籽粉，只占了全球蛋白粉消费量的10%。豆粕最大的消费者在欧盟、美国、中国，广泛用于牛、猪、家禽、水产等饲养业。

豆油主要供人类食用，如烹饪油、色拉酱调料、人造黄油和各种面包房产品和食品酱等，其总用途中，超过90%是人类消耗。豆油产品也有一些工业用途，比如油漆、油灰、环氧基树脂、黏合剂等，与豆粕不同，豆油与其他植物油的竞争较为激烈。中国是主要的豆油生产国，同时中国也是世界上最大的豆油需求国，庞大人口带来的需求超过了国内生产量。图5-27是2021年世界豆油主要消费国家的豆油消费量。

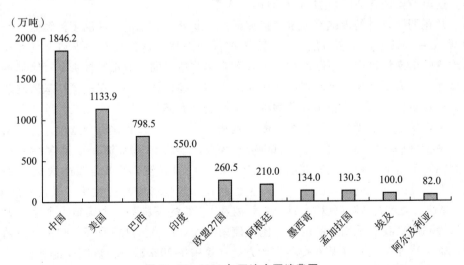

图5-27 2021年豆油主要消费国

四、大豆的贸易

（一）美国大豆供需情况

2019 年中美贸易关系紧张，豆类市场投资者也不敢轻举妄动。中美双方经过反复磋商后，终于在 2019 年 12 月达成第一阶段协议，意味着两国贸易关系明显改善，市场对美国大豆出口前景转为乐观，中国马上采购了 58.5 万吨美国大豆，对美国大豆价格构成有力支撑，可见两国关系对美国大豆的出口影响很大。同时，根据美国农业部 2022 年报告，2019/2020 年美国大豆产量减少了 2390 万吨，是 2014/2015 年度以来第一次回落至 1 亿吨以下，从而导致库存消费比直接从 23%，降至 11.8%。2013～2022 年美国大豆季度库存量见图 5-28。

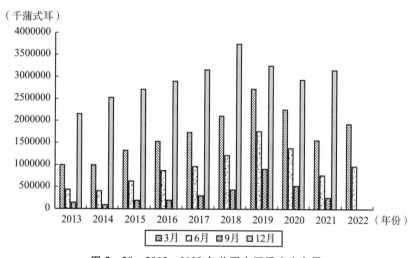

图 5-28　2013～2022 年美国大豆季度库存量

（二）巴西大豆供需情况

美国农业部对巴西大豆产量预估基本维持在 1.23 亿吨，综合巴西和阿根廷两大主力国的产量，综合为 1.76 亿吨。由于 2020 年的干旱天气给巴西大豆的产量带来了打击，天气的影响加上 2021 年巴西大豆的出口量创下新高，巴西的国内大豆库存开始告急（见图 5-29）。

库存的急剧下跌使得大豆价格开始攀升，2022 年全球大豆供应偏紧格局延续，叠加新冠疫情、地缘政治、资金以及天气炒作等因素，美豆价格整体处于历史较高水平，且波动幅度较大。

（三）国内大豆供需情况

大豆在我国粮食生产中有着重要的地位，是仅次于稻谷、玉米、小麦的第四大农作物，是人类植物蛋白质及油脂的主要来源，大豆产业的发展对我国粮食安全有着特殊的意义。2000 年以来，我国豆油和豆粕消费量分别以 9.4% 和 10.0% 的速度

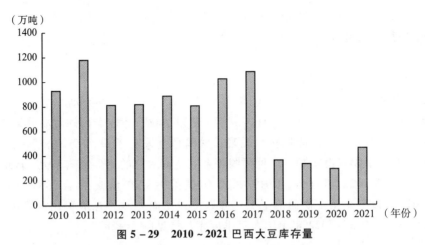

图 5-29 2010~2021 巴西大豆库存量

增长，据统计，2017~2020 年我国大豆消费量已连续四年超过 1 亿吨，2020 年我国大豆表观消费量达到 1.1985 亿吨。大豆需求旺盛的背后却是国内较低自给率和持续较高的对外依存度，2014~2020 年我国大豆自给率在 15% 左右，对外依存度高达 85% 左右。针对大豆的高对外依存度，国家不断调整粮食产业政策。"十三五"期间，中国实施以调减玉米为重点的种植结构调整，开展大豆玉米轮作补贴，提高大豆生产者补贴标准，再次启动大豆振兴计划，以推动大豆生产发展。多管齐下的措施收到了明显的效果，我国大豆进口连续两年下降，2021 年和 2022 年分别进口 9647.1 万吨和 9108.1 万吨，同比分别下降 3.8% 和 5.6%，2022 年进口量已比峰值时减少了 923.4 万吨，国产大豆自给率提高了 3 个百分点（见图 5-30）。

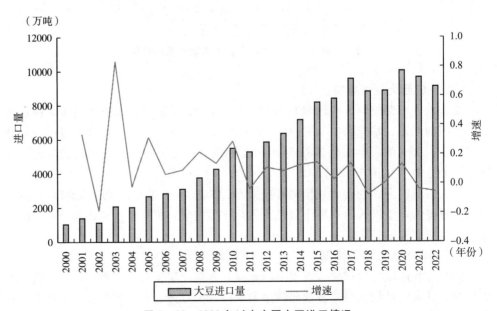

图 5-30 2000 年以来中国大豆进口情况

资料来源：中国海关总署。

20 世纪 80 年代以前，我国大豆压榨企业大多数都加工国产大豆，企业主要分布在东北和黄淮海大豆主产区，数量众多但规模较小。经过长期错位竞争，我国逐渐形成了国产非转基因大豆和进口转基因大豆两个相对独立的市场，虽然二者相互之间也具有替代性，但国产大豆主要是用于食用，进口大豆主要用来加工油脂和饲料豆粕。

为满足我国居民肉蛋奶消费需求，需要大量的蛋白饲料原料，而我国耕地和水资源有限，并优先用于保障口粮绝对安全和谷物基本自给，蛋白饲料原料无法满足自给，因此，依靠进口的格局短期难以改变。我国蛋白粕供应主要依赖于豆粕，占比高达 75% 以上，蛋白粕除少量用于工业消费外，绝大部分用于饲用消费。由于大豆高度依赖进口，可能会影响到人们的"肉盘子"，连续两年发布的中央一号文件都明确提及要加力扩种大豆。当前，各地在千方百计扩种大豆的同时，饲用豆粕减量替代也被列为工作重点。2022 年我国蛋白粕生产量 9169 万吨，较上年减少 502 万吨，减幅 5.2%。其中豆粕产量 7280 万吨，较上年减少 509 万吨，减幅 6.5%。蛋白粕饲用消费量 9295 万吨，较上年减少 424 万吨，减幅 4.4%。其中豆粕饲用消费量 7100 万吨，较上年减少 430 万吨，减幅 5.7%。如表 5 - 6 所示。

表 5 - 6　　　　　　　　　　**2022 年我国蛋白粕和豆粕产量与消费量**

项目	蛋白粕（产量/消费量）	豆粕（产量/消费量）
2022 年	9169 万吨/9295 万吨	7280 万吨/7100 万吨
较 2021 年增长	- 5.2%/ - 4.4%	- 6.5%/ - 5.7%

豆粕减量替代要求增加非常规蛋白饲料资源的开发，充分利用菜粕、棉籽粕、葵花籽粕等杂粕，减少豆粕在饲料中的使用，降低大豆进口依赖，通过供求关系促进豆粕市场价格回归合理区间。

五、影响大豆期货价格波动的其他因素

（一）基本因素

1. 替代产品

替代产品价格会对大豆价格造成影响。当我国大豆价格高于国外大豆到港成本时，厂商即选择从国外进行大豆进口来取代国产大豆，也就是说在将关税与运费等多项因素考虑其中的情况下与我国大豆价格相比，芝加哥期货交易所大豆价格更低，国内大豆竞争则不具备优势会被进口大豆所取代，当需要从其他国家进口大量大豆时也会对 CBOT 大豆价格造成影响。同时部分国内大豆向国外市场出口又让国内大豆出现供求上的不均衡现象，在这种情况下直接导致我国大豆价格呈现出下跌趋势，国内外大豆价格差距变小。

2. 自然灾害

自然因素（包括气候、环境与天灾等）可能会对农产品产量造成影响，降低

市场供给，导致大豆现货价格升高，而期货价格也会随之出现变化。典型的如自然灾害引起玉米产量下降而使得销售价格升高，一些消费者则把需求转移到大豆产品上使得需求增加，价格也不断上涨。自然因素对供需双方数量造成影响导致供需平衡被打破，价格波动也由此形成。

（二）货币因素

1. 汇率

汇率变化同样会对进出口商品价格造成影响。国际贸易里大多数交易以美元计价，故而美元汇率变动对国际期货交易商品价格的影响相当大。若人民币对美元升值那么汇率则降低，我国进口美元标价商品价格也会下降导致需求逐渐偏向国外供给，我国大豆期货价格也逐渐降低。相反若人民币对美元贬值，那么汇率升高的情况下我国进口美元标价商品价格随之升高，从而使得国内大豆期货价格升高。当国际大豆主要以美元结算时，大宗商品因总金额过高易受到美元汇率波动影响，可见汇率是影响我国大豆期货价格的重要因素。

2. 利率

利率同样是对期货价格造成影响的要素，经利率调控可让通货膨胀得到稳定，对经济的持续发展有利。政府可经利率调控的方式来促进投资。一旦利率下调，市场参与者机会成本则变少，对部分参与者进入期货市场的行为给予了支持，使得期货市场投资量变多，期货价格也随即升高。此外，在利率升高的背景下市场参与者机会成本更多，一些市场参与者选择退出期货市场，将期货市场部分资金抽走，使得期货合约需求变少，引起供大于求的现象，降低期货价格。

3. 海运成本

进口大豆不仅要进行关税等计算，还应将海运成本考虑其中，若海运费用提升那么进口大豆货运成本也随之升高，使得大豆到港价格增长。波罗的海干散货运价指数（BDI）主要由波罗的海航交所通告，为多条散干货船航线运输价格依照在市场的占比与重要程度进行指数建构。现今国际海运成本主要经该指标得以反映，为国际贸易衡量的关键指标。大豆等大宗商品进口的计价单位是船，依照船大小根据相应标准进行费用收取。若 BDI 指数因石油成本增加而增长，那么会使大豆进口运输费用升高，大豆到港价随即增加。一些企业因成本升高可能会导致大豆进口数量变少，从而把需求转至国内市场。若国内大豆期货市场需求变多，大豆价格同样会呈现出回暖的趋势，可见若海运成本升高会导致国内大豆期货价格增长。

（三）其他因素

1. 政治因素

国家出台的贸易政策、农业政策等同样会影响到大豆价格，典型的即我国在大豆临时收储政策的实施让国产大豆价格得到了稳定，国家进行大豆收购与存储后在条件适宜的情况下拿出来拍卖，这对农民进行大豆种植积极性有刺激作用，还可使国产供应得到保证。当大豆收储政策被大豆直接补贴政策取代后，一些种植户则开始进行大豆种植面拓展，使得大豆产量逐年提升。虽然我们知晓大豆收储价格的实施是为了更好地保护我国大豆产业，不过同样会引起负面影响。一方面，收储政策可能导致大豆价格人为增长，从而使国产大豆竞争力下降，大豆加工企业在压榨上以进口大豆来取代国内的高价大豆。另一方面，收储价格增长会加重收储部门压力，相关部门经人为障碍制造的方式让种植户大豆销售难度增加，因此农民不愿意进行大豆种植而开始进行其他作物种植。受到双向因素的影响让 2012~2015 年进口的大豆在我国大豆消费市场的份额占比相当大，国产大豆种植地区全面集中至黑龙江省，份额明显变小。不过近两年因受到多因素的影响使得我国大豆进口量下降。还比如美国在 2019 年颁发并执行联邦农业完善和改革法案，该法案一出使得次年大豆种植面积在上年的基础上增长了一倍，这变成大豆价格下降的关键要素。

　　2. 科技因素

　　科技是促进经济发展的直接动力。科技进步可促进生产效率提升，实现成本的控制，使商品价格随即下降。也就是说，新技术的出现会使得相关商品价格降低，典型的如新型机械出现或农业良种推广会使农产品产量升高，价格必然逐渐降低。技术因素通常仅在短期内发挥作用，站在长远视角看因受通货膨胀与社会经济发展等因素影响，农产品价格整体会有升高的现象。

复　习　题

1. 影响期货价格的因素有哪些？
2. 当前影响棉花期货价格的因素有哪些？
3. 当前影响石油期货价格的因素有哪些？
4. 当前影响铜期货价格的因素有哪些？
5. 当前影响豆类期货价格的因素有哪些？

第五章

案　例　分　析

　　根据一段时间内石油期货价格的变化，分析石油期货价格的影响因素和未来走势，并对石油期货交易者提出建议。

| 第六章 | 金融期货交易的基本面分析

学习提要

1. 了解利率期货的产生背景、种类及利率期货合约内容
2. 理解短期、长期利率期货的报价方式
3. 了解利率期货的套期保值、投机和套利操作
4. 认识股票期货的套期保值交易过程
5. 了解股票指数期货的套期保值交易

关键词

金融期货；利率期货；利率期货报价；股票期货；股票指数；股票指数期货

金融期货是以金融工具为标的物的期货合约，是期货市场的重要组成部分，虽然其出现时间晚于商品期货，但在交易规模、交易活跃度等方面已经远远超过了商品期货，占到了整个期货市场交易量的 80% 以上。从全球来看，金融期货的产生顺序依次为外汇期货、利率期货和股票指数期货。我国于 2010 年 4 月 16 日在中国金融期货交易所正式推出了沪深 300 股票指数期货；2013 年 9 月 6 日，中国金融期货交易所正式推出了国债期货，这是利率期货的一种。当前国内暂无外汇期货交易品种。

第一节　股票指数期货

一、股票指数期货概述

（一）股票价格指数的计算

股票指数是反映不同时点上股价变动情况的相对指标。由于上市股票种类繁

多，计算全部上市股票的价格平均数或指数的工作是艰巨而复杂的，因此金融机构通常是从上市股票中选择若干种富有代表性的样本股票，并计算这些样本股票的价格平均数或指数，用以表示整个市场的股票价格总趋势及涨跌幅度。

计算股价平均数或指数时通常要考虑以下三点：一是样本股票必须具有典型性、普遍性，为此，选择样本应综合考虑其行业分布、市场影响力、股票等级、适当数量等因素；二是计算方法应具有高度的适应性，能对不断变化的股市行情作出相应的调整或修正，使股票指数或平均数有较好的敏感性；三是基期应有较好的均衡性和代表性。

世界上大多数国家和地区的股票指数采用加权平均法来计算，如美国标准普尔指数、巴黎证券交易所指数，以及中国的沪深 300 股票指数等。加权平均法是根据各期样本股票的相对重要性予以加权，其权数可以是成交股数、股票发行量等。加权平均法的计算式为：

$$I = \frac{\sum_{i=1}^{n} P_i W_i}{\sum_{i=1}^{n} P_0 W_i} I_0$$

其中，I 为股票价格指数；P_i 为组成股票指数的各种股票报告期价格；W_i 为组成股票指数的各种股票的上市总量或某市场总价值；P_0 为组成股票指数的各种股票的基期价格；I_0 为基期股票价格指数；n 为组成股票指数的各种股票的种类。

（二）股票价格指数期货的产生

股票价格指数期货是指以股票价格指数为标的物的标准化期货合约。二战以后，以美国为代表的经济发达国家的股票市场飞速发展，20 世纪 70 年代，在"石油危机"的冲击下，西方各国的股票市场价格大幅度波动，股票投资者面临着越来越严重的风险。为减轻股票价格升跌给投资者带来的风险，稳定和发展美国股票市场，拓展新兴的分散投资风险的金融衍生工具势在必行，股票指数期货就是在这样的背景下产生并快速发展起来的。1982 年 2 月 24 日，美国堪萨斯城期货交易所在历经四年的争论与努力后，首次推出价值线综合指数（The Value Line Index）期货合约，标志着股票指数期货的产生。同年 4 月，芝加哥商业交易所也推出了 S&P500 股票指数期货交易。进入 20 世纪 90 年代后，股指期货成为新兴市场开展金融衍生品交易的突破口，股指期货交易在新兴市场迅速发展起来。

（三）股指期货合约

1. 合约乘数与合约价值

股指期货合约的标的物为表示股价总水平的一系列股票价格指数，由于标的物没有自然单位，这种股价总水平只能以指数的点数与某一既定的货币金额的乘数的乘积来表示，乘数表明了每一指数点代表的价格，被称为合约乘数。

合约乘数是将以"点"为计价单位的股价指数转化为以货币为计价单位的金融资产的乘数。合约价值则等于合约指数报价乘合约乘数。由于指数点和合约乘数不同，全球主要交易所的股指期货合约价值也不相同。

合约价值的大小与标的指数的高低和规定的合约乘数大小有关。例如，股票指数为 300 点，如果乘数为 500 美元，合约价值就是 $300 \times 500 = 15$ 万（美元）。当股票指数上涨到 1000 点时，合约价值就变为 $1000 \times 500 = 50$ 万（美元）。

2. 最小变动价位

股指期货合约最小变动价位是指股指期货交易中每次报价变动的最小单位，通常以标的指数点数来表示。投资者报出的指数必须是最小变动价位的整数倍，合约价值也必须是交易所规定的最小变动价值的整数倍。比如，S&P500 指数期货合约的最小变动价位是 0.1 点，只有报 1478.2 或 1478.3 进行交易才有效，而 1478.25 的报价是无效的。

3. 每日价格波动限制

与商品期货交易相似，为了防止市场发生恐慌和投机狂热，同时为了限制单个交易日内太大的交易损失，交易所针对股指期货的交易也制定了相应的涨跌停板制度。然而，不同的交易所制定的涨跌停板制度是不同的，有的交易所制定了特殊的涨跌停板制度，如芝加哥商业交易所不仅规定了每日价格最大的跌幅为 20%（上涨没有限制），还规定了在达到最大跌幅之前必须经历的一系列缓冲阶段及如何执行的程序，该程序称为"断路器"，这是 1987 年股灾后的产物。而且，并非所有的交易所都采用涨跌停板的限制，例如，香港的恒指期货交易、英国的金融时报 100 指数期货交易都没有这种规定。

4. 沪深 300 股票指数期货

2006 年 9 月 8 日，经国务院同意，中国证监会批准，由上海期货交易所、郑州商品交易所、大连商品交易所、上海证券交易所和深圳证券交易所共同发起设立中国金融期货交易所。沪深 300 指数被定为首个股指期货标的。

沪深 300 指数是由上海和深圳证券市场中选取的 300 只 A 股作为样本编制而成的成分股指数，最早于 2005 年 4 月 8 日编制发布。沪深 300 指数的编制目标是反映中国证券市场股票价格变动的概貌和运行状况，并能够作为投资业绩的评价标准，为指数化投资和指数衍生产品创新提供基础条件。沪深 300 指数样本覆盖了沪深市场 60% 左右的市值，具有良好的市场代表性和可投资性。沪深 300 指数的上海行情使用代码为 000300，深圳行情使用代码为 399300。

（1）指数成分股的选取方法。为确保指数具有广泛、公正的市场代表性与良好的可投资性，沪深 300 股票指数选取规模大、流动性好的 300 只股票作为样本股，选样方法如下：

第一步，计算样本空间内股票最近一年（新股为上市以来）的 A 股日均成交金额与日均总市值；第二步，对样本空间股票在最近一年的 A 股日均成交金额由高到低排名，剔除排名后 50% 的股票；第三步，对剩余股票按照最近一年日均 A 股总市值由高到低进行排名，选取排名在前 300 名的股票作为样本股。

（2）指数的计算。沪深 300 指数以调整股本为权数，采用派许加权综合价格指数公式进行计算，其计算公式为：

$$报告期指数 = \frac{报告期成分股的总调整市值}{基期} \times 100$$

其中，总调整市值 $= \sum (市价 \times 样本股调整股本数)$。

第 六 章

指数计算中的调整股本数系根据分级靠档的方法对样本股股本进行调整而获得。要计算调整股本数，需要确定自由流通量和分级靠档两个因素。

为反映市场中实际流通股份的股价变动情况，沪深 300 指数剔除了上市公司股本中的不流通股份，以及由于战略持股或其他原因导致的基本不流通股份，剩下的股本称为自由流通股本，也即自由流通量。

公司发行在外的 A 股总股本中，限售期内的限售股份和以下 6 类股份属于基本不流通的股份：①公司创建者、家族、高级管理者等长期持有的股份；②国有股份；③战略投资者持有的股份；④被冻结的股份；⑤受限的员工持有的股份；⑥上市公司交叉持有的股份。上市公司公告明确的限售股份和上述 6 类股东及其一致行动人持股超过 5% 的股份，都被视为非自由流通股本。那么，自由流通量计算为

$$自由流通量 = A 股总股本 - 非自由流通股本$$

中证指数有限公司在计算沪深 300 指数时，采用分级靠档的方法，即根据自由流通股本所占 A 股总股本的比例（即自由流通比例）赋予 A 股总股本一定的加权比例，以确保计算指数的股本保持相对稳定。

$$自由流通比例 = 自由流通量 / A 股总股本$$
$$调整股本数 = A 股总股本 × 加权比例$$

沪深 300 指数样本的加权比例按照表 6 - 1 确定。

表 6 - 1　　　　　　　　　　　　分级靠档方法

自由流通比例	≤10	(10, 20]	(20, 30]	(30, 40]	(40, 50]	(50, 60]	(60, 70]	(70, 80]	>80
加权比例	自由流通比例	20	30	40	50	60	70	80	100

二、股票指数价格分析

（一）经济周期和金融周期

1. 经济周期

从经济周期的角度看，企业在繁荣期盈利增加，每股收益会增加，股票价格会上涨，因而股指期货价格上涨；企业在经济衰退期，盈利减少甚至会亏损，每股收益会受到冲击，股票价格会下降，这样股指期货价格也会下降。

为了更好地分析经济周期对股指和股指期货的影响，可以借助先行指标、同步指标和滞后指标，以多指标相互印证来对我国的宏观经济进行综合分析。

（1）先行指标对经济周期变化具有预测力，可以分析经济的扩张和收缩趋势。其主要的指标包括金融机构新增贷款、企业订货指数、房地产业土地购置面积、土地开发面积、采购经理人指数、新订单数量、存货水平等。

（2）同步指标具有描述功能，可以证明经济运行实际所处的峰谷状态。其主要的指标包括国内生产总值、工业总产值、社会消费品零售总额等。

（3）滞后指标具有验证功能，由于其晚于经济所处状态变化出现，滞后指标有助于分析经济循环中的某一状态是否结束。主要的滞后指标包括财政收入、工业企业实现利税总额、城市居民人均可支配收入等。

表6-2是判断美国经济周期的先行指标、同步指标和滞后指标。这些指标与我国的指标不尽相同。在现实中，美国还有不少研究和预测商业周期的主要机构会公布经济周期的特定指标，如美国国家经济研究局的商业周期测定委员会、美国经济咨商会、芝加哥联邦储备银行、亚特兰大联邦储备银行、费城联邦储备银行等。交易者可以寻找相关信息进行分析参考。

表6-2　　　　　　　　判断美国经济周期的先行指标、同步指标和滞后指标

指标	内容
先行指标	（1）制造业平均每周工作时间 （2）平均每周首次申领失业救济金的人数 （3）制造业新增订单、日用消费品和原材料 （4）卖方业绩、延缓交货扩散指数 （5）制造商新增订单、非国防资本货物订单 （6）建筑许可证、新私人住宅数量 （7）股票价格（S&P指数） （8）货币供应量 （9）10年期国债收益率减联邦基金利率的息差 （10）消费者期望指数
滞后指标	（1）非农就业人口 （2）扣除转移支付的个人收入 （3）工业生产指数 （4）制造业和贸易销售额
同步指标	（1）平均失业周期 （2）库存/销售比率 （3）制造业每单位产出的劳动力成本变化 （4）银行平均优惠利率 （5）商业和工业贷款余额 （6）消费者分期付款信贷与个人收入的比率 （7）服务业的消费物价指数

2. 金融周期

金融周期不同于经济周期，较少被研究，但重要性日渐显现。所谓金融周期可以理解为信用和房地产扩张和收缩的交替、反复出现。国际清算银行认为，金融周期的核心指标是信用和房地产。在扩张阶段，信贷扩张，房价上涨在收缩阶段，信贷放缓，房价下跌。从金融周期的运行看，其有三个特点：①金融周期比经济周期更长、波动幅度更大；②金融周期的顶峰往往伴随着银行业危机或显著的金融抑制；③在金融全球化背景下，不同经济体的金融周期往往同步。有研究认为，我国金融周期的表现日益明显，信用周期长度约为3～4年。在近些年的金融周期中，我国出现了两次股市动荡与系统性风险。一次是2015年6～9月我国爆发的股灾，另一次是2018年10月（国庆后）股市异常波动，这些都值得予以深入关注。

（二）货币政策与财政政策

货币政策和财政政策的松紧和松紧搭配对股票指数和指数期货具有重要的影响。

1. 货币政策

货币政策影响股指期货基本的原理是宽松的货币政策会给市场注入流动性，引发通货膨胀预期或物价实质性的上涨，进而对企业盈利和股价上扬产生一定的促进作用；紧缩的货币政策则会提高货币借贷成本，给企业经营造成困难，导致股价和股指下跌。例如，2008 年美国金融危机后采取的量化宽松政策不仅推动了本国股市的上扬，而且由于货币的流动还造成了诸多国家的股市繁荣。但是应特别注意，经济和市场运行往往具有十分复杂的运行机制，除了考虑货币政策的变动，还要考虑政策时滞、社会心理和其他各种因素。例如，2020 年 3 月，美联储将联邦基金利率的目标利率降至 0～0.25%，并实施大规模量化宽松政策，但美国股市和股指期货并没有受到提振，反而因其他原因而重挫，出现了巨大幅度的下跌。此外，在分析货币政策对股指期货的影响时还需要考虑货币政策效果在国际的传递问题。

2. 财政政策

财政政策的松紧对股指和股指期货具有同方向的影响，即财政政策宽松，则股指和股指期货价格上扬；财政政策紧缩，则股指和股指期货价格下跌。但是，财政政策对股指和股指期货的影响途径与货币政策不一样。宽松和积极的财政政策包括增加政府支出、降低税收等。增加政府支出会刺激社会总需求，进而提升企业的盈利能力并导致股指上升。降低税收则会使企业的盈利能力得到改善，也可能会使居民的收入增加（增加消费需求），进而提升股价。紧缩的财政政策对股市的影响则与宽松政策相反。需要注意的是，大国财政政策也会通过债券价格变化和利率变化影响其他国家的资金供求，进而影响其他国家的股市。

（三）利率

利率有金融市场利率和货币当局调控利率两个基本内容，这两类利率紧密相关。无论哪种利率都对股市和股指期货具有影响。利率可以从两个渠道影响股指。一个是企业渠道，利率会影响企业的融资成本，降低利率，企业融资成本下降，利润会上升，股指会上扬；提高利率，则企业利润下降，股指会下降。另一个渠道是从资本流动角度考虑，如果利率上升，资金会从股市流出，股指会下降；如果利率下降，资金会流向股市，股指会上扬。

通常人们在分析利率对股市的影响时应注意金融市场利率和货币当局调控利率之间的关系。金融市场利率有时会独立于货币当局利率，甚至具有超前含义。股指交易者可以分析常见的市场利率，如同业拆借利率或类似利率（LIBOR、SHIBOR、美国联邦基金利率等）、隔夜指数互换利率、收益率曲线等。这些利率往往是货币当局调控的对象。货币当局的利率也极为重要，尽管有些时候是被动应对市场利率变化的结果。期货交易者在分析货币当局利率时需要注意的指标或内容有央行的利率维持目标（如再贴现率、央行票据利率、回购利率，在我国还有 1 年期存贷款利率等）、央行的利率承诺，等等。对于中国而言，贷款基础利率也值得关注。贷款基础利率以公开市场操作利率的加点方式发布，期限包括 1 年期和 5 年期两个期

第 六 章

限。该利率受央行公开市场业务影响，是贷款合约定价的新锚，股指期货交易者也可关注。

最后，还需要注意两点。第一，央行的利率调整对股市实际产生的效果要比前面介绍的复杂得多。央行提高利率通常可以抑制股市上扬，但是在整个市场处于亢奋期时，股市可能并不会理睬利率上升的影响，而会继续上扬；如果在经济衰退期，央行降低利率，股市并不会随之上扬，反而可能会在一定时期内出现下挫。这主要与投资者预期以及整个社会群体在不同经济阶段表现出的社会投资心理有关。第二，降息是积累风险泡沫的开始，但不是泡沫的"盛宴"；降息会推升债务杠杆，也会透支未来的宽松手段；降息不会迅速带来繁荣，反而可能是经济衰退的预兆。

（四）汇率和汇率制度

通常一个国家的货币出现贬值，会增加出口，使企业利润增加，进而造成股指上升；货币升值，则出口减少，使企业利润下降，进而造成股指下降。然而，需要注意的是，本国货币对股指的影响并不仅限于此。投资者还需要注意汇率变化对进出口产生实质性的影响有一个"J曲线效应"，即存在时滞，同时汇率是否对进出口产生影响还要受到马歇尔－勒纳条件的约束。

本国货币贬值导致资本外逃，资本外逃过程中会抛出本国资产，并造成金融动荡和股指下挫；如果本币币值处于上升过程，资本会加速流入国内资本市场进行投资，这时容易导致股指上扬。

币值的变化预期同样对股指具有不可忽略的影响。例如，当预期一个国家汇率将升值时，资本会大量流入该国资本市场，进而推升股指；当预期一个国家汇率将贬值时，资本会大量流出该国资本市场，进而打压股指。

汇率制度可能通过一定的机制影响股票指数。例如，在实行固定汇率制度的国家，国际热钱可以通过制度保障有效地防范汇率风险，进而自如地投入或撤出该国资本市场。此外，在固定汇率制度下，国际热钱还可以借助经济形势的变化投机攻击股指，造成股指的大幅度波动。

（五）物价水平

物价上涨对股指的影响体现在两个不同的层面。一个层面是常说的"通胀无牛市"，这一观点更多地适用于较高通货膨胀的经济状态。因为在较高的物价水平下，生产资料上涨，人力成本上涨，而且政策防控通胀会导致利息上涨，企业经营成本大增，导致公司的盈利普遍下降，所以企业的估值会受到影响，导致股票价格和股指受到压制。当然，在以高增长和高物价为特征的经济高度繁荣中，并不排除股市的火爆（如2006～2008年的中国股市）。但是，股市"盛宴"之后股指终将会回落。通货膨胀对股指的另一种作用则是刺激。在温和的通货膨胀条件或通货膨胀预期下，企业销售收入会有所增加，进而导致股价和股指上扬。

另外，与通货膨胀相反的是通货紧缩。在通货紧缩和通货紧缩预期下，企业的销售收入会下降，股价和股指则会下挫。

为了考察物价对股指的影响，需要分析物价指标。通常的物价指标有两个，一个是居民消费物价指数（CPI），另一个是生产价格指数（PPI）。CPI是反映与居民生活有关的商品及劳务价格统计出来的物价变动指标。一般来说，当 CPI 有超过 5% 的增幅时，就出现了严重的通货膨胀。与 CPI 不同，PPI 的主要的目的是衡量企业购买的一篮子物品和劳务的总费用。通常认为，由于企业最终要把它们的费用以更高的消费价格的形式转移给消费者，因此 PPI 是 CPI 的现行指标。也有国内学者发现，无论是从短期还是从长期看，PPI 和 CPI 互为因果，这表明 PPI 和 CPI 具有相继变化的特点，如果出现这些则预示着物价的全面变化。因此，通过 PPI 和 CPI 可以观察股价是否会发生实质性变化。如果 PPI 和 CPI 均持续高企，则可能意味着"通胀无牛市"。反之，如果均负增长则意味着企业盈利提升面临阻碍，股指也会受到打压。

（六）成分股变化

构成股指的成分股的盈利状况、权重变动和成分股的调整都对指数具有一定的影响，可以较为直观地分析重要成分股盈利变化和权重变动对股指的影响。投资者可以简单地判断影响权重板块和龙头股票的股价因素，判断股指可能出现的变化。但是正如前面所述，成分股分析法需要的专业要求较高，研究难度较大，更适合于专业的投资者进行量化分析。

第二节　利率期货

利率期货是以债券类证券为基础资产的期货合约，主要包括短期利率期货、中长期利率期货和利率指数期货。利率期货产生后，其交易量以几何级数增长，在各类期货交易中处于第一位。主要的交易市场有芝加哥期货交易所、芝加哥商业交易所、泛欧交易所、巴西商品期货交易所（BM&F）、悉尼期货交易所（SFE）、瑞典期货交易所（OM）、东京证券交易所（TSE）、新加坡交易所衍生部（SGX-DT）等。

利率期货的标的物资产是货币市场和资本市场的各种债务凭证。货币市场债务凭证的期限不超过一年，主要有短期国库券（T-bills）、商业票据、可转让定期存单（CD）以及各种欧洲货币等。资本市场债务凭证主要有各国政府发行的中长期国债，如美国的中期国债（T-notes）、长期国债（T-bonds），英国的金边债券，德国政府发行的各种中长期债券，日本政府债券等。

一、短期利率期货

短期利率期货是以货币市场的各种债务凭证作为标的物的利率期货，如 CME 市场欧洲美元期货、美国短期国债期货和 ICE 欧洲市场的 3 个月欧元拆放利率期货，均采用指数式报价，合约到期采用现金交割。

（一）短期国债期货合约

短期国债期货合约是指以 90 天期的国债为交割品的期货合约。

表 6 - 3 为芝加哥商品交易所国际货币市场（International Monetary Market, IMM）短期债券期货合约；表 6 - 4 为伦敦国际金融期货期权交易所（London International Financial Futures and Options Exchange，LIFFE）交易的短期英镑存款合约。

表 6 - 3　　　　　　　　　　　**IMM 短期债券期货合约**

项目	90 天国库券期货	90 天 CD 期货	3 个月欧洲美元期货
交易单位	100 万美元	100 万美元	100 万美元
最小变动价位	0.01%（1 点）	0.01%（1 点）	0.01%（1 点）
最小变动值	25 美元 100 万 ×0.01% ×3/12	25 美元	25 美元
每日交易限价	0.60，即每份合约 1500 美元	0.80，即每份合约 2000 美元	无
合约月份	3、6、9、12 月		
交易时间	芝加哥时间 8：00 ~ 14：00	芝加哥时间 7：00 ~ 14：00	芝加哥时间 7：00 ~ 14：00，最后交易日截至 9：30
最后交易日	交割日前一营业日	交割日前一营业日	交割月份第三个星期三之前的第二个伦敦银行营业日
交割日	交割月份中一年期国库券还余 13 周期限的第一天	交割月份 15 日至月底	最后交易日

表 6 - 4　　　　　　　　　　　**LIFFE 交易的短期英镑存款合约**

项目	内容
交易单位	500000 英镑
最小变动价位	0.01%（1 点）
最小变动值	12.50，即 500000 ×（90/360）×0.01% = 12.50 英镑
每日交易限价	0.60（60 点），即每份合约 750 英镑（= 2.5 ×60）
合约月份	3、6、9、12 月
交割日	最后交易日之后的首个营业日

短期国债期货的报价惯例是使用 IMM 指数报价，报价指数按下式计算：

期货报价（IMM 指数）= 100 - 短期国债利率（贴现率）×100

每 100 美元的期货现金价格按下式计算：

$$F = 100 - (100 - 期货报价) \times n/360$$

式中，n 为合约期限。

交易者买卖期货合约的现金价格可用下式计算：

$$F = 100 万 - 100 万 \times Y_d \times n/360$$

式中，为 Y_d 票面年贴现率。

【例 6 - 1】90 天短期国库券利率为 8.25%，则该期货合约的 IMM 指数报价为：

$100 - 8.25\% \times 100 = 91.75$

每 100 美元的期货现金价格为：

$F = 100 - (100 - 91.75) \times 90/360 = 97.9375$（美元）

期货合约的现金价格为：

面值 $\times 97.9375/100 = 1000000 \times 97.9375/100 = 979375$（美元）

或

$F = 100$ 万 $- 100$ 万 $\times 8.25\% \times 90/360 = 979375$（美元）

以 IMM 指数报价是为了符合交易者的习惯，如果以协定利率报价，就会出现卖价低于买价时依然无法成交的反常现象。例如，卖方愿意提供利率为 5% 的期货，而买方需要利率为 6% 的期货。若用指数报价，卖价为 95，买价为 94。因此，只有卖价下降（利率上升）、买价上升（利率下降）才能成交。

（二）欧洲美元期货合约

欧洲美元是指存于美国境外银行的美元存款。欧洲美元的利率基于伦敦银行同业拆借利率（London Inter Bank Offer Rate，LIBOR）。最活跃的欧洲美元期货是 CME 交易的 3 个月期欧洲美元期货，它的交易量最大（见表 6 - 5）。

表 6 - 5　　　　　　　　　IMM 3 个月期欧洲美元期货合约

项目	内容
交易单位	1000000 美元
最小变动价位	0.01%
最小变动值	25 美元（ $= 1000000 \times 0.01\% \times 90/360$）
合约月份	3、6、9、12 月
结算方式	现金结算

各种到期未平仓的欧洲美元期货头寸必须通过最后结算价格加以结清，并采用现金结算方式。欧洲美元期货的最后结算价格不由期货市场决定，而由现货市场决定：

最后结算价格 = 100 - 合约最后交易日的 3 个月期 LIBOR

二、中长期国债期货

（一）合约标的

芝加哥期货交易所（CBOT）上市的部分中长期国债期货合约详见表 6 - 6。

表 6 - 6　　　　　　　　　CBOT 中长期国债期货合约

项目	5 年期国债期货	10 年期国债期货	长期国债期货	GNMA CDR 期货
交易单位	10 万美元面值的中期国库券	10 万美元面值的中期国库券	10 万美元面值的长期国库券	10 万美元本金，息票率为 8%

续表

项目	5 年期国债期货	10 年期国债期货	长期国债期货	GNMA CDR 期货
最小变动价位	一个百分点的 1/64	一个百分点的 1/32	一个百分点的 1/32	一个百分点的 1/32
最小变动值	15.625 美元	31.25 美元	31.25 美元	31.25 美元
每日交易限价	上一交易日结算价上下各 3 点，即每份合约 3000 美元	3 点，即每份合约 3000 美元	3 点，即每份合约 3000 美元	3 点，即每份合约 3000 美元
合约月份	3、6、9、12 月			
交易时间	芝加哥时间 7：20 ~ 14：00	芝加哥时间周一至周五 7：20 ~ 14：00	7：20 ~ 14：00（交易池）	芝加哥时间 7：20 ~ 14：00，最后交易日交易截至 9：30
最后交易日	日历月份的最后营业日，到期合约的交易在最后交易日下午 12：01 收市	从交割月份最后营业日往回数第七个营业日	从交割月份最后营业日往回数第七个营业日	交割月份第三个星期三之前的星期五

注：（1）5 年期国债期货的交割等级为最初到期期限不超过 5 年零 3 个月、剩余到期期限自交割月份第 1 天起不低于 4 年零 2 个月的美国中期国债。

（2）10 年期国债期货的交割等级为剩余到期期限从交割月份第 1 天起至少为 6 ~ 年，但不超过 10 年的美国中期国债。

（3）长期国债期货的交割等级为在自交割月份第 1 天起至少 15 年不可提前赎回（如果可赎回）的美国长期国债，或者剩余到期期限自交割月份第 1 天起至少 15 年（如果不可赎回）的美国长期国债。自 2011 年 3 月到期开始，长期国债期货可交割等级为剩余到期期限自交割月份第 1 天起至少为 15 年，但少于 25 年的长期国债期货。

（4）上述 3 类国债的发票价格等于期货结算价格乘以转换系数，再加上应计利息。

中长期国债期货的报价不同于短期利率期货。中长期国债的报价采用"美元 + 1/32 美元"方式，该报价是面值为 100 美元的中长期债券的价格。例如，报价 92 ~ 05，表示面值为 100000 美元的中长期债券价格为 $1000 \times [(92 + 5/32)] = 92156.25$（美元）。需要指出的是，报价与购买价格并不相等，购买价格还要考虑已支付的利息：

购买价格 = 报价 + 上一付息日以来的累计利息

【例 6 - 2】假设在 1990 年 3 月 5 日，购入息票率为 11%、每半年付息一次、2010 年 7 月 10 日到期的长期债券，报价为 95 ~ 16，求购买时支付的现金价格。

解：最近的一次付息日是 1990 年 1 月 10 日，下一次付息日是 1990 年 7 月 10 日，每次付息都是 5.5 美元（1990 年 1 月 10 日 ~ 3 月 5 日共 54 天，1990 年 1 月 10 日 ~ 7 月 10 日共 181 天）。

100 美元面值的该债券 1990 年 1 月 10 日 ~ 3 月 5 日期间的利息为：

$54/181 \times 5.50 = 1.64$（美元）

每 100 美元面值债券的购买价格是 95.5 + 1.64 = 97.14（美元），因此 100000 美元面值该债券的现金价格为 97140 美元。

目前，中金所上市的国债期货合约摘要见表 6 - 7。

表 6 - 7　　　　　　　　　　中金所国债期货合约摘要

项目	2 年期国债期货合约	5 年期国债期货合约	10 年期国债期货合约
合约标的	面值为 200 万元人民币、票面利率为 3% 的名义中短期国债	面值为 100 万元人民币、票面利率为 3% 的名义中期国债	面值为 100 万元人民币、票面利率为 3% 的名义长期国债
可交割国债	发行期限不高于 5 年，合约到期月份首日剩余期限为 1.5 ~ 2.25 年的记账式附息国债	发行期限不高于 7 年，合约到期月份首日剩余期限为 4 ~ 5.25 年的记账式附息国债	发行期限不高于 10 年，合约到期月份首日剩余期限不低于 6.5 年的记账式附息国债
报价方式	百元净价报价		
最小变动价位	0.005 元		
合约月份	最近的 3 个季月（3、6、9、12 季月循环）		
交易时间	9：30 ~ 11：30；13：00 ~ 15：15；最后交易日 9：30 ~ 11：30		
每日价格最大波动限制	上一交易日结算价的 ±0.5%	上一交易日结算价的 ±1.2%	上一交易日结算价的 ±2%
最低交易保证金	合约价值的 0.5%	合约价值的 1%	合约价值的 2%
最后交易日	合约到期月份的第二个星期五		
交割方式	实物交割		
最后交割日	最后交易日后的第三个交易日		
合约代码	TS	TF	T

中金所 2 年期、5 年期和 10 年期国债期货合约标的分别为面值 200 万元人民币的名义中短期、面值 100 万元人民币的名义中期和名义长期国债，标的国债票面利率均为 3%。三个国债期货合约的标的均为标准虚拟券，也称为名义标准券。通过名义标准券（国债）的设计思路将合约标的票面利率和剩余期限标准化。

中金所国债期货均采用实物交割。现实中满足一定期限要求的多个国债品种——"一篮子可交割国债"均可以与名义标准券进行对比，实现国债期货的多券种替代交割。中金所对可交割国债的发行期限和剩余期限都做了要求，范围覆盖了多个财政部国债发行的重要期限，从而保障可交割国债在现货市场具有较好的流动性，满足投资者风险管理的需求。

中金所 2 年期、5 年期和 10 年期国债期货合约对应的可交割国债分别为：

（1）发行期限不高于 5 年、合约到期月份首日剩余期限为 1.5 ~ 2.25 年的记账式付息国债；

（2）发行期限不高于 7 年、合约到期月份首日剩余期限为 4 ~ 5.25 年的记账式付息国债；

（3）发行期限不高于 10 年、合约到期月份首日剩余期限不低于 6.5 年的记账式付息国债。

（二）转换因子

国债期货实行一篮子可交割国债的多券种交割方式，当合约到期进行实物交割时，可交割国债为一系列符合条件的不同剩余期限、不同票面利率和不同付息频率的国债品种。这种多券种交割方式必须确定各种可交割国债价格与期货合约标的名义标准国债价格之间的转换比例，这个转换比例就是转换因子（conversion factor，CF）。

转换因子在数值上等于面值 1 元的可交割国债在其剩余期限内的所有现金流按国债期货合约标的票面利率折现的现值。中国金融期货交易所国债期货转换因子的计算公式如下：

$$CF = \frac{1}{\left(1+\frac{r}{f}\right)^{xf/12}} \times \left[\frac{c}{f} + \frac{c}{r} + \left(1-\frac{c}{r}\right) \times \frac{1}{\left(1+\frac{r}{f}\right)^{n-1}}\right] - \frac{c}{f} \times \left(1-\frac{xf}{12}\right)$$

其中：r 为国债期货合约标的票面利率；x 为交割月到下一付息月的月份数；n 为剩余付息次数；c 为可交割国债的票面利率；f 为可交割国债每年的付息次数；计算结果应进行四舍五入至小数点后四位。

可交割国债的票面利率是影响转换因子大小的首要影响因素。根据计算公式可知：可交割国债票面利率高于国债期货合约标的票面利率，转换因子大于 1；可交割国债票面利率等于国债期货合约标的票面利率，转换因子等于 1；可交割国债票面利率低于国债期货合约标的票面利率，转换因子小于 1。当然，可交割国债的剩余期限和付息频率也会在一定程度上影响转换因子的大小。

交割国债的转换因子在国债期货合约上市时由交易所公布，其数值在合约存续期间不变。合约存续期间如有新增发行国债符合可交割国债要求，交易所会同时公布新增可交割国债和转换因子。表 6-8 为中金所 2023 年 3 月 12 日公布的 3 月 15 日挂牌上市的 T2112 合约的可交割国债和转换因子。

表 6-8 　　　　　　　　　T2312 合约的可交割国债和转换因子

序号	国债全称	银行间代码	上交所代码	深交所代码	到期日	票面利率	转换因子
1	2021 年记账式附息（十七期）国债	210017	019665	102117	20311118	2.89	0.9919
2	2022 年记账式附息（三期）国债	220003	019668	102203	20320217	2.75	0.981
3	2022 年记账式附息（十期）国债	220010	019675	102210	20320515	2.76	0.9813
4	2022 年记账式附息（十七期）国债	220017	019682	102217	20320815	2.69	0.9753

续表

序号	国债全称	银行间代码	上交所代码	深交所代码	到期日	票面利率	转换因子
5	2022 年记账式附息（十九期）国债	220019	019684	102219	20320901	2.6	0.9679
6	2022 年记账式附息（二十五期）国债	220025	019690	102225	20321115	2.8	0.9837
7	2023 年记账式附息（四期）国债	230004	019697	102232	20330225	2.88	0.99

用可交割国债的转换因子乘以期货交割结算价可得到转换后该国债的交割价格（净价），用国债交割净价加上持有国债期间的应计利息收入即可得到国债期货交割时卖方出让可交割国债时应得到的实际现金价格（全价），该价格为可交割国债的出让价格，即国债交割全价，也称为发票价格（invoice price）。其计算公式如下：

发票价格（国债交割全价）= 国债期货交割结算价 × 交割国债转换因子 + 应计利息

中金所规定，国债期货交割时，应计利息的日计数基准为"实际持有天数/实际计息天数"，每 100 元可交割国债的应计利息计算公式如下：

$$累计利息 = 每次应计利息 × \frac{上次付息日到现在实际过去的天数}{上次付息日到下次付息日的实际天数}$$

（三）最便宜可交割债券

在一篮子可交割国债的交割制度下，发行期限和剩余期限在一定范围内的国债都可以参与交割。即便使用转换因子进行折算，各种可交割国债在交割便利性和交割成本等方面仍然存在差别。由于期货合约的卖方拥有可交割国债的选择权，卖方一般会选择最便宜、交割成本最低、对己方最有利的可交割国债进行交割，该债券就是最便宜可交割国债，通常称为最便宜可交割券（cheapest to deliver，CTD）。根据无套利定价原理，最便宜可交割券的价格决定了国债期货的价格。

理论上，最便宜可交割券是能够使投资者买入国债现货，持有到期交割最经济、获得收益率最高的国债，即最便宜可交割债券是交割差距最小的债券，其中：

交割差距 = 债券报价 – 期货报价 × 转换因子

购买债券的成本 = 债券报价 + 累计利息

【例 6 – 3】假设芝加哥期货交易所（CBOT）10 年期国债期货报价为 93 – 16，即 93.50 美元，且可供空方选择用于交割的三种国库券的报价和转换因子见表 6 – 9。

表 6 – 9　　　　　　　三种国库券的报价和转换因子

国库券	报价（美元）	转换因子
1	144.50	1.5186
2	120.00	1.2614
3	99.80	1.0380

问哪一种国库券是最便宜可交割债券？

解：每种国库券的交割差距为：

国库券 1：$144.50 - 93.50 \times 1.5186 = 2.5109$（美元）

国库券 2：$120.00 - 93.50 \times 1.2614 = 2.0591$（美元）

国库券 3：$99.80 - 93.50 \times 1.0380 = 2.7470$（美元）

所以，最便宜可交割债券为国库券 2。

（四）国债期货理论价格

国债期货理论价格计算公式为：

$$F = (S - I)e^{r(T-t)}$$

式中，I 为期货合约有效期内的息票利息现值；T 为期货合约的到期时刻；t 为现在的时刻；S 为 t 时刻期货合约标的物债券的价格；F 为长期国库券期货价格。

【例 6-4】假定某长期国库券期货合约，已知最便宜可交割债券是息票率为 14%、转换因子为 1.3650 的国库券，其现货报价为 118 美元，该国库券期货的交割日为 270 天之后。该交割债券上一次付息是在 60 天前，下一次付息是在 122 天后，再下一次付息是在 305 天后，市场任何期限的无风险年利率均为 10%（连续复利）。求国债期货的理论价格。

解：（1）求出交割债券的现金价格为：

$$118 + \frac{60}{60 + 122} \times 7 = 120.31 \text{（美元）}$$

（2）求期货有效期内交割债券支付利息的现值。由于期货有效期内只有一次付息，是在 122 天（0.3342 年）后支付 7 美元的利息，所以，利息的现值为：

$$(120.31 - 6.770) \times e^{0.7397 \times 0.1} = 122.257 \text{（美元）}$$

（3）求交割债券期货理论上的现金价格。

由于该期货合约有效期还有 270 天（0.7397 年），交割债券期货理论现金价格为：

$$(120.31 - 6.770) \times e^{0.7397 \times 0.1} = 122.257 \text{（美元）}$$

（4）求交割债券的理论报价。

由于交割时，交割债券还有 148 天的累计利息，而该次付息期总天数为 183 天（305 - 122），所以，交割债券的理论报价为：

$$122.257 - 7 \times \frac{148}{183} = 116.596 \text{（美元）}$$

求出标准债券的期货报价。

$$\frac{116.596}{1.3650} = 85.418 \text{（美元）}$$

三、利率期货价格分析

国债期货价格变化的基本面因素众多，归结起来有经济因素、政治因素、流动性因素等，具体包括国内外利率、货币政策、物价水平、宏观经济走势、财政政策及市场政策调整等内容。

（一）国内外利率

在所有期货品种中，国债和利率具有最为紧密的联系，二者呈现反向变动。国债价格会通过收益率影响市场利率，市场利率变化对国债价格产生影响。基于这一原理，利率对国债期货价格具有决定性的作用。相比之下，其他因素大都是通过改变人们对利率的预期来影响国债价格。因此，国债期货交易者在交易国债时先要考虑市场上的各种基准利率变化趋势和央行对利率的调节意图。

国债期货交易者需要关注国内金融市场的重要基准利率，如 SHIBOR、银行间的回购定盘利率、收益率曲线、利率互换曲线的变化。

（二）货币政策

货币政策会通过不同路径影响国债和国债期货价格。如果央行实行紧缩的货币政策，即无论是提高再贴现率、通过公开市场业务收缩货币供给，还是提高法定准备金率，都会导致市场利率体系的整体上扬，进而打压国债期货价格。如果采取宽松的货币政策，则国债期货价格上扬。

当然，投资者也会发现物价水平和货币政策对国债期货价格的影响具有内在联系。例如，物价上升，央行货币紧缩，利率上升，则国债期货价格下跌。这种分析结果和"物价上升，国债票面收益受损，国债期货价格下跌"的分析结果一致。这也提示国债期货交易者可以物价变化这一领先于货币政策变化的指标作为是否投资于国债期货的依据。这种分析具有一定的依据。因为货币政策目标如果盯住的是物价，那么往往在物价发生变化后才会作出强烈反应。

在我国，需要注意央行的主要政策手段包括正回购与逆回购、法定准备金率、定期存款利率等内容。

（三）物价水平

对于利率固定的国债而言，最能影响票面利息收入的是通货膨胀率。通货膨胀率上升会侵蚀债券持有者的收益，因此持有国债达不到理想收益。这样，当预期通货膨胀率上升时，国债持有者会抛出国债，进而打压国债和国债期货价格。

观察物价水平的基本指标是 CPI 和 PPI。在观察这些指标时，也应考虑其中的权重商品。例如，2019 年受非洲猪瘟影响，中国 CPI 高企，但是去掉猪肉这一选项后，中国 CPI 则具有很大的下跌压力。

（四）宏观经济走势

国债期货同样受到宏观经济形势的影响。在经济扩张期，投资和消费需求旺盛，市场利率会上升，国债期货价格会下降。在经济危机阶段，投资和消费需求大量萎缩，这时利率会猛烈下降，国债期货价格则会迅速上升。

如果与股指期货对比的话，投资者会发现在很多情况下国债期货和股指期货的价格涨跌具有"跷跷板效应"，也就是经济形势不好时国债期货价格上升，股指期货价格下跌；经济好转过程中，国债期货价格下跌，股指期货价格开始上升。当然，需要注意的是股市和债市的关系也不是始终如一的反向变动关系。在一些特殊时期，股市和债市也会同处于熊市或者牛市。

另外，股指期货价格和经济周期的关系与商品期货价格和经济周期的关系也不相同。表 6 - 10 是经济周期不同阶段债券、股票、大宗商品和现金的收益情况。这种变化特点通常被总结为美林投资时钟，表 6 - 11 是对美林投资时钟的改进，其将经济发展周期分为六个阶段，即普林格周期。期货投资者可以作为投资参考。但是，在运用美林投资时钟和普林格周期时需要注意两点。第一，不同国家的周期有效性可能并不相同。第二，要考虑货币政策、投资者预期、国际大环境，这些因素会影响投资周期的有效性。例如，2008 年美国开始推动非常规货币政策，从而导致美林投资时钟失效。

表 6 - 10　　　　1973 年 4 月至 2004 年 7 月美国不同资产在经济周期不同

阶段的年均收益率　　　　　　　　　单位：%

经济周期阶段	债券	股票	大宗商品	现金
衰退	9.8	6.4	- 11.9	3.3
复苏	7.0	19.9	- 7.9	2.1
过热	0.2	6.0	19.7	1.2
滞胀	- 1.9	- 11.7	28.6	- 0.3
长期平均回报	3.5	6.1	5.8	1.5

资料来源：Greetham，J.，M. Hartnett，*The Investment Clock*，Merrill Lynch，2004。

表 6 - 11　　　　2004 年 6 月至 2021 年 5 月中国不同资产在经济周期不同

阶段的年均收益率　　　　　　　　　单位：%

经济周期阶段	黄金收益率	权益收益率	商品收益率	债券收益率
阶段 1（衰退期）	- 3.58	- 26.72	- 10.15	6.20
阶段 2（复苏初期）	30.90	33.85	27.90	4.12
阶段 3（复苏末期）	16.45	93.86	9.55	- 1.65
阶段 4（过热初期）	0.29	9.38	23.14	2.19
阶段 5（过热末期）	6.46	- 16.16	2.91	3.70
阶段 6（滞胀期）	3.12	- 2.86	- 12.6	6.80

资料来源：Wind，德邦研究所。

对投资者来说，最重要的是能综合判断出经济周期或经济形势的变化趋势。投资者可以选取能反映经济周期形势的货币发行量、工业增加值、制造业投资经理人指数、贸易数据、通货膨胀水平等指标作为参考。

（五）财政政策

国债期货与财政政策也有紧密的关系，因为政府才是国债的真正供给者。这样，分析国债期货价格走势需要跟踪财政政策。财政政策对国债期货价格的影响机理相对简单易懂。当国家需要大量使用资金时会发行国债，国债供给大规模增加，进而引发国债和国债期货价格下降（国债现货价格向国债期货价格传导）。如果政府出现盈余，则可能会回购或者提前兑付国债，进而使国债供给减少而需求相对增加，最终会导致国债和国债期货价格上升。

（六）市场政策调整

市场规范政策的出台及市场交易制度的变革同样会对债券的供求关系产生影响，进而影响国债期货价格。例如，市场规范对债券投资范围、持有期限、持有规模、质押比例的限制或要求，对债券作为资产的风险计提的要求，对债券发行方式、投资比例、分销方式规定的改变等都会影响债券投资者对债券的配置及其交易行为，进而对债券期货价格产生影响。

以上只是列举了部分影响国债期货价格的主要基本面因素。需要注意的是，各种影响因素之间往往相互作用，共同决定国债期货价格的走势。

第三节　外汇期货

一、外汇期货概述

外汇期货是交易双方约定在未来某一时间，依据现在约定的比例，以一种货币交换另一种货币的标准化合约的交易。外汇期货以汇率为标的物，用来规避汇率风险。它是金融期货中最早出现的品种。

（一）外汇期货的产生与发展

外汇期货的产生是第二次世界大战后世界经济格局变化的结果。

二战后所形成的布雷顿森林体系是一种以美元为中心的固定汇率制，其主要内容是：国际货币基金组织（IMF）各成员国的货币金平价应以黄金和美元来表示，美元直接与黄金挂钩，美国政府承担按此价格向各国政府和央行兑换黄金的义务。各成员国国家的货币按其含金量确定与美元的比价，从而间接与美元挂钩，与美元建立固定汇率关系，并规定各国货币与美元的汇率只能在上下各1%的幅度范围内波动，否则各国央行有义务在外汇市场上进行干预，使汇率维持在规定的幅度范围内。这种制度实际是一种以美元为中心的金汇兑本位制度。布雷顿森林体系的建立，对二战后西方各国经济的复兴和国际货币金融秩序的相对稳定起到了重要的作用。

但到了20世纪60年代以后，西方各国经济实力迅速增强，因而持有的美元逐渐增多。而美国在国际经济中所占的比重不断下降，美元不断外流，国际收支连年出现巨额逆差。同时美国还先后对朝鲜和越南发动战争，军费开支不断增加。1960年底，美国的对外短期债务已超过其黄金储备，大量持有美元的国家对美元信心大减，开始不断向美国兑换黄金，从而引发了一次次的"美元危机"。

尽管美国政府为了挽救美元和固定汇率制度采取了许多措施，但其国际收支状况仍不见好转。1971年8月15日，美国被迫宣布实行"新经济政策"，停止其对外国政府和中央银行履行以美元兑换黄金的义务。1971年12月，美国与西方各国达成《史密森协定》，规定美元对黄金比价贬值7.89%，各国货币的汇率波动幅度从其黄金平价的上下各 1% 扩大到上下各 2.25%，企图恢复以美元为中心的固定汇率制度。但事与愿违，西方国家的货币汇率不再盯住美元，开始实行浮动汇率制度。布雷顿森林体系终于在 20 世纪 70 年代初崩溃了。

1973 年以后，浮动汇率取代固定汇率。汇率变动取决于市场的供求关系，而这种汇率由于受各种因素导致升降幅度很大。对于从事对外贸易及其他国际经济交往的人来说，经常会面临外汇汇率变动的风险。国际贸易中商品和劳务的价格，一般都是以双方都能接受的货币计价的。如果计价货币贬值，则在交货付款时，出口方就会因计价货币贬值而蒙受损失。在国际借贷中，如果借贷外汇汇率上升，借方就会遭受损失。正是为了回避外汇市场上这种商业性汇率风险和金融性汇率风险（如债权债务风险和储备风险等），人们将商品期货交易的原理应用于外汇市场，产生了外汇期货交易。

世界上第一个外汇期货市场，即国际货币市场（IMM），成立于 1972 年 5 月 16 日，它是芝加哥商业交易所（CME）的一个分部。最初，它主要经营六种国际货币的期货合约，即英镑、加拿大元、德国马克、日元、瑞士法郎及澳大利亚元。后来，又增加了欧洲美元和欧洲货币单位的期货交易。自 1972 年 5 月芝加哥商业交易所的国际货币市场分部推出第一张外汇期货合约以来，随着国际贸易的发展和世界经济一体化进程的加快，外汇期货交易一直保持着旺盛的发展势头。目前，国际货币市场分部已发展成为一个非常活跃的外汇交易市场。

芝加哥商业交易所正式成立国际货币市场分部，推出了七种外汇期货合约，揭开了期货市场创新发展的序幕。自 1976 年以来，外汇期货市场迅速发展，交易量激增了数十倍。1978 年纽约商品交易所也增加了外汇期货业务，1979 年，纽约证券交易所亦宣布，设立一个新的交易所来专门从事外币和金融期货。1981 年 2 月，芝加哥商业交易所首次开设了欧洲美元期货交易。1982 年 9 月，受美国金融期货市场繁荣的刺激，英国在伦敦也设立了金融期货市场，即伦敦国际金融期货交易所，主要交易品种有英镑、瑞士法郎、德国马克、日元、美元的期货合约及期权。随后，澳大利亚、日本、加拿大、法国、新加坡等国家和地区也开设了外汇期货交易市场，从此，外汇期货市场蓬勃发展起来。

我国外汇期货的产生和发展经历了一个曲折的过程，1992 年 7 月上海外汇调剂中心建立了中国第一个人民币期货市场，但由于各种原因被迫于 1993 年停止了人民币外汇期货交易。近年来，随着中国外汇储备的节节攀高，特别是人民币在巨大的压力下持续升值，在中国开展外汇期货的呼声逐渐高涨。

（二）主要外汇期货及外汇期货合约

1. 主要外汇期货

外汇期货交易的主要品种有美元、英镑、日元、瑞士法郎、加拿大元、澳大利亚元等。从世界范围看，外汇期货的主要市场在美国和英国，其中又基本上集中在芝加哥商业交易所的国际货币市场（IMM）和伦敦国际金融期货交易所（LIFFE）。此外，外汇期货的主要交易所还有东京国际金融期货交易所（TIFFE）、法国国际期货交易所（MATIF）等，每个交易所基本都有本国货币与其他主要货币交易的期货合约。表 6-12 列出了目前世界上主要金融期货交易所交易的外汇期货。

表 6 - 12　　　　　　　　　　　　主要外汇期货一览

国家	交易所	交易内容
美国	芝加哥商业交易所国际货币市场	澳元、英镑、加元、E-mini 日元、日元、瑞郎、欧元、E-mini 欧元期货、新西兰元、瑞典克朗、挪威克朗、韩元、印度卢比、南非兰特、俄罗斯卢布、墨西哥比索
	费城期货交易所	英镑、加拿大元、澳大利亚元、日元、欧元、小型欧元期货
	中美洲商品交易所	英镑、加拿大元、日元
英国	伦敦国际金融期货期权交易所	英镑、日元、美元期货、英镑、美元、欧元
澳大利亚	悉尼期货交易所	澳元期货、澳元期货期权
新加坡	新加坡交易所	英镑、日元期货

资料来源：www.cmegroup.com。

2. 外汇期货合约

外汇期货合约是期货交易所制定的、以外汇作为交割内容的标准化合约。外汇期货合约主要包括以下几个方面的指标：

（1）外汇期货合约的交易单位。每一份外汇期货合约都由交易所规定标准交易单位。例如，芝加哥商业交易所国际货币市场的英镑期货合约的交易单位为每份 62500 英镑。

（2）交割月份和交割日期。国际货币市场所有外汇期货合约的交割月份都是一样的，均为每年的 3 月、6 月、9 月和 12 月。交割月的第三个星期三为该月的交割日。

（3）交易代码。在具体操作中，交易所和期货佣金商以及期货行情表都是用代号来表示外汇期货。几种主要货币的外汇期货的通用代号分别是：英镑 BP、加元 CD、日元 JY、墨西哥比索 MP、瑞士法郎 SF。

（4）最小价格波动幅度。国际货币市场对每一种外汇期货报价的最小波动幅度做了规定。在交易场内，经纪人所做的出价或叫价只能是最小波动幅度的倍数。几种主要外汇期货合约的最小波动价位如下英镑 0.0002 美元，加元 0.0001 美元，日元 0.0000001 美元，墨西哥比索 0.00001 美元，瑞士法郎 0.0001 美元。

（5）每日涨跌停板额。即每日涨跌停板额是一项期货合约在一天之内比前一交易日的结算价格高出或低过的最大波动幅度。一旦报价超过停板额，则成交无效（见表 6 - 13）。

表 6 - 13　　　　　为芝加哥商业交易所国际货币市场日元期货标准合约

项目	内容
交易单位	12500000 日元
最小变动价位	0.000001（每张合约 12.50 美元）

项目	内容
每日价格最大波动限制	开市（上午 7：20~7：35）限价为 150 点，7：35 分以后无限价
交割月份	3 月、6 月、9 月、12 月
交易时间	上午 7：20~下午 2：00（芝加哥时间），到期合约最后交易日交易截止时间为上午 9：16，市场在假日或假日之前将提前收盘，具体细节与交易所联系
最后交易日	从合约月份第三个星期三往回数的第二个工作日上午
交割日期	合约月份的第三个星期三
交易场所	芝加哥商业交易所（CME）

二、外汇期货价格分析

汇率的变化也可以简单地归结为供求关系。如果一种货币供给增加，则该货币贬值或汇率下降。但是，如果深入分析就会发现，汇率变化实际上是十分复杂的金融现象。金融和经济学家研究了大量的汇率理论用以揭示汇率的变化原因和变动规律，我们可以从这些理论和模型中，寻找出一些分析外汇期货价格变动的基本因素和这些因素对外汇期货价格的影响机制。应该注意的是，在外汇和外汇期货交易中，虽然汇率的短期变化难以预测，但宏观经济学模型依然有效且常用。

（一）物价变化

从购买力平价理论看，汇率是由两个国家的物价总水平来决定的，即：

$$E = P_d/P_f$$

其中，E 是外汇的汇率，即一单位外币兑换多少单位本币，P_d 是本国的物价总水平，P_f 是外国的物价水平。

如果一个国家的物价总水平要高出外国物价总水平很高，则代表外汇的比值会较高。为了更好地判断汇率的变化，可以利用相对购买力平价理论，即：

$$E_1 = E_0 \times \frac{P_{d1}/P_{d0}}{P_{f1}/P_{f0}}$$

从相对购买力平价理论来看，外汇期货投资者需要判断哪个国家物价上涨幅度大，进而判断外汇期货的大致变化方向。例如，本国 CPI 上涨 5%，外国 CPI 上涨 2%，则 E_1 上升，即外币升值，本币贬值。

运用购买力平价理论可以粗略判断外汇期货的走势。但是，投资者需要注意以下两点内容。第一，每个物价总水平指标的构成因素不一定一样，这样由购买力平价理论分析汇率变化方向可能并不准确。第二，购买力理论更多的是从贸易角度考虑问题，投资者还需要从资本流动的角度考虑汇率的变化。

（二）利率变化

利率变化会影响各国的资本流向，资本流向反过来又会影响汇率变化。外汇期货交易者需要考虑利率变化对汇率变动的影响。一般来说，如果一个国家提高利率则会使资本流入进行套利，这样以外币形式流入的资本增加会导致外币供给增加，结果外币币值会相对下降，本币币值会相对上升。降低利率则会对汇率变化有反作用，即降低本币币值，相对提升外币币值。但是，投资者还需要注意，提高利率虽然会提升本币近期币值，但是如果从长远看，在浮动汇率制度下，流入的资本最终会流出，资本的流出又会导致外币减少、币值上升，本币供给增加，币值下降。

外汇期货投资者应该对利率平价理论有深刻的认识。利率平价理论分为有抵补的利率平价理论和无抵补的利率平价理论，二者的表现形式相似，但作用不同，前者用于解释远期利率的形成机制，后者用于解释预期的远期汇率的形成机制。

如果按照连续复利计算的话，利率平价理论所确定的远期汇率为：

$$F_1 = F_0 e^{(r_d - r_f)T}$$

其中，F_0 为当前时间一单位外币兑换的本币，即外币的汇率，F_1 为 T 年之后的远期汇率，r_d 和 r_f 分别为 T 时刻本国货币和外国货币的年利率。可以看出，如果本国利率上升会导致远期的 F_1 上升，即外币升值。

基于利率平价理论，外汇期货交易者在进行交易时还可考虑两国收益率曲线的差异影响。假如两国收益率曲线平行，则未来外汇期货价格不会出现大的变动（见图 6-1a）。如果两国的利率期限结构曲线相互分离，即距离越来越大，则高利率的货币加速贬值（见图 6-1b）。如果两国的利率期限结构曲线逐渐趋同或越靠越近，则高利率的货币的贬值速度就会减慢（见图 6-1c）。当然这种分析还要考虑的一个前提条件是资本能够自由流动。

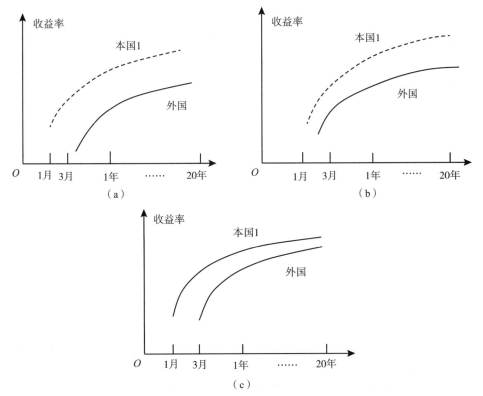

图 6-1　本国和外国收益率曲线变化差异

（三）国际收支

国际收支对汇率的影响与购买力平价理论和利率平价理论中所隐含的贸易收支和资本流动具有紧密的关系。国际收支平衡表的核心项目是经常项目和资本项目。如果一国净出口大于零或资本净流入，则说明该国收入外汇。考察国际收支对汇率的影响应当考虑资本项目和经常项目中所能带来的资金净流入或净流出的增减变化。如果以外国货币表示的资金处于净流入状态，则外币贬值，本币升值；如果以外国货币表示的资金处于净流出状态，则外币升值，本币贬值。

分析国际收支平衡表内容的变化对汇率变化的影响应该注意三个方面。第一，应判断国际收支平衡表中的错误与遗漏项，这一项的异常变化往往隐含着热钱的流动。第二，关注外汇储备的规模。如果外汇储备规模巨大，则一国具有强大的汇率干预能力，这种干预对汇率具有重要影响。第三，通过国际收支考察汇率变化，虽然没有利率和物价的影响那么敏感，但是却对汇率变化具有重要的确认作用，这种确认有助于判断未来汇率的进一步变化方向。

（四）宏观经济变量

货币供应量和 GDP 对汇率的影响源于购买力平价理论所推导出的弹性价格货币模型。弹性价格货币模型可以下式表示：

$$S_t = (m_s - m_s^*) - a(y - y^*) + b(i - i^*)$$

其中，S_t 是以自然对数表示的外汇汇率，m_s 是以自然对数表示的货币供应量，y 是以自然对数表示的收入水平（如 GDP），i 表示的是利率，＊代表国外。

外汇期货交易者对此式也应当予以关注。可以发现，如果本国货币供应量相对增加，则外汇汇率上升，本币贬值；如果本国货币供应量相对降低，则外汇汇率下降，本币升值。GDP 的作用正好相反：如本国 GDP 增长幅度大于外国，则外汇汇率下降，本币升值；如果本国 GDP 增长弱于外国，则外汇汇率上升，本币贬值。不过，与通常认识不同的是，弹性价格货币模型认为利率上升会推动本币贬值，外币升值。这里有其内在的理论推导依据，投资者可不必深究。

这样为了更好地分析外汇期货的走势，交易者可以进一步分析和判断央行货币政策对货币供应量的调节能力。如果央行对货币供给的控制能力强，则关注央行的货币供给调节动向。如果央行对货币供给的控制能力较弱，货币供给的内生性强，则应关注货币供给的内生动力及其变化方向。外汇投资者通常需要关注的是央行的公开市场业务、准备金率、利率等对货币供应量的影响，在危机阶段或经济萧条阶段还需要关注央行所推出的各类非常规货币政策以及在经济复苏后的非常规货币政策的推出对货币供应量的影响。

交易者对于 GDP 这一宏观经济变量的考虑则可以通过构成 GDP 的投资、消费和进出口等三个基础方面进行判断，并跟踪影响 GDP 变化的基础指标变化，如劳动人口与失业率、工业增加值等。

以上只是大致给出了分析汇率变化的一些理论和视角。外汇期货交易者应始终注意以下两点。

（1）汇率变化极为复杂，往往是商品市场和资本市场上的各种因素共同作用的结果。而且，在交易过程中要注意不同市场对外部冲击的反应不同可能会对汇率产生复杂的影响。因此，在汇率变化中会有汇率超调和汇率低调现象。汇率超调是指当出现一个外部扰动，资产市场价格（如利率、汇率等）瞬间调节，短期内商品市场的价格却具有黏性，调整滞后，购买力平价在短期内不能成立，资产市场会通过过度调整来对其进行弥补，这就解释了为什么短期内汇率容易出现波动。通常，汇率的超调是与资本的高度流动一起产生的，在没有资本流动的情况下，则会产生汇率低调（undershooting）现象，交易者需要对此予以关注。

（2）在存在货币替代和预期的情况下，汇率可能会出现加速调整和变化。例如，货币替代率高的国家，如果人们预期本币贬值，则会大量用外币替代本币，导致货币替代率进一步上升，进而加速本币的贬值。

我们还需要对基本面分析者和交易者给予一些重要的提示。

第一，在基本面分析时会面临一定的风险。在预测和现有的市场情况一致的情况下，如果预测越不精确，交易者越有可能坚信他们初始的预测。那些严格按照基本面进行交易决策的交易员，将会发现他们可能在最不正确的地方的仓位最重，并可能出现灾难性的损失。问题不在于基本面分析的有效性，而在于分析者没有认识到基本面分析存在不足。基本面通常有两大陷阱：其一，意料之外的发展因素很多，分析者很难将其全部纳入分析当中；其二，基本面分析面临着信息量大的问题。分析者有时会遗漏一些变量，也会分不清主次，抓不到主要矛盾。

第二，经济环境、市场要素关系往往都是混沌的。经济间的相互关系、市场中的相互关系常常会受到小的，但是非常关键的细节的影响，这种细节可能改变一切，但人们很难予以分析或猜测。

第三，基本面分析侧重于分析市场价格运动的前因。有些时候基本面分析的敏感度不高。历史上一些波动最为剧烈的"牛市"或者"熊市"开始的时候几乎很难找到经济基本面变化的信息。即使分析准确，但基本面分析并不能提供时点信息。

第四，基本面变化有长期影响和短期反应。永远不要过于死板地坚持基本面观点。交易者可能需要通过技术分析，找到交易的切入时点。更有效的交易方法应该包括基本面分析、技术分析、现金管理和市场心理（行为）分析。

复 习 题

1. 某公司发行一种3年期债券，面值1000，票面利率为6%，当前市场利率为4%，债券每年付一次利息，试计算该债券的发行价格。

2. 美国某短期国库券期货贴现率为3%，92天期，试计算该期货合约的实际价格。

3. 世界上主要的股票指数有哪些？哪些股票指数期货交易活跃？

4. 当投资者将要收到一笔资金，但在资金未到手之前，该投资者预期股市短期内会上涨，为了控制购入股票的成本，可以先在股指期货市场买入股指合约，等资金到了再进行股票投资。这种情况可用买入股指期货合约进行套期保值。某香港公司在9月1日预计3个月后将会收到一笔300亿港元的还款，并计划收到这笔资金后用它买入汇丰控股股票。目前该股价格为 150 港元/股。经综合分析后，该公司认为港股大盘正处于上涨趋势，汇丰控股在 3 个月以后股价可能上涨许多，届时的入货成本将大增。为规避此种风险，该公司在恒生指数期货市场进行多头套期保值。请使用表格的形式分析具体操作过程和最终达到的目的。

案例分析

327 国债事件

1995 年时，国家宏观调控提出三年内大幅降低通货膨胀率的措施，到 1994 年底、1995 年初的时段，通胀率已经被控下调了 2.5% 左右。在 1991～1994 年中国通胀率一直居高不下的这三年里，保值贴息率一直在 7%～8% 的水平上。根据这些数据，时任万国证券总经理，有中国证券教父之称的管金生预测，"327" 国债的保值贴息率不可能上调，即使不下降，也应维持在 8% 的水平。按照这一计算，"327" 国债将以 132 元的价格兑付。因此当市价在 147～148 元波动的时候，万国证券联合辽国发，成为市场空头主力。而另外一边，当时的中国经济开发有限公司（简称"中经开"），认为财政部将上调保值贴息率，成为多头主力。

1995 年 2 月 23 日，财政部发布公告称，"327" 国债将按 148.50 元兑付，空头判断彻底错误。当日，中经开率领多方借利好大肆买入，将价格推到了 151.98 元。随后辽国发的高岭、高原兄弟在形势对多头极其不利的情况下由空翻多，将其 50 万口做空单迅速平仓，反手买入 50 万口做多，"327" 国债在 1 分钟内涨了 2 元。这对于万国证券意味着一个沉重打击——60 亿元人民币的巨额亏损。管金生为了维护自身利益，在收盘前八分钟时，作出避免巨额亏损的疯狂举措：大举透支卖出国债期货，做空国债。下午四点二十二分，在手头并没有足够保证金的前提下，空方突然发难，先以 50 万口把价位从 151.30 元轰到 150 元，然后把价位打到 148 元，最后一个 730 万口的巨大卖单把价位打到 147.40 元。而这笔 730 万口卖单面值 1.46 万亿元，接近中国 1994 年国民生产总值的 1/3。当日开盘的多方全部爆仓，并且由于时间仓促，多方根本没有来得及有所反应，使得这次激烈的多空绞杀终于以万国证券盈利而告终。而另一方面，以中国经济开发信托投资公司为代表的多头，则出现了约 40 亿元的巨额亏损。

2 月 23 日晚上 10 点，上交所在经过紧急会议后宣布：23 日 16 时 22 分 13 秒之后的所有交易是异常的无效的，经过此调整当日国债成交额为 5400 亿元，当日 "327" 品种的收盘价为违规前最后签订的一笔交易价格 151.30 元。这也就是说当日收盘前 8 分钟内多头的所有卖单无效，"327" 产品兑付价由会员协议确定。上交所的这一决定，使万国证券的尾盘操作收获瞬间化为泡影，万国亏损 56 亿人民币，濒临破产。

2 月 24 日，上交所发出《关于加强国债期货交易监管工作的紧急通知》，就国

第六章

债期货交易的监管问题作出六项规定：第一，从 2 月 24 日起，对国债期货交易实行涨跌停板制度；第二，严格加强最高持仓合约限额的管理工作；第三，切实建立客户持仓限额的规定；第四，严禁会员公司之间相互借用仓位；第五，对持仓限额使用结构实行控制；第六，严格国债期货资金使用管理。同时，为了维持市场稳定，开办了协议平仓专场。

　　请从以上实例分析我国发行国债期货时存在的问题，并给出相应对策建议。

第 六 章

第七章 | 期货交易的技术分析

学习提要

1. 理解期货价格分析与预测的相关理论
2. 掌握基本面分析法的主要思想
3. 学会看线条图、K 线图并运用于趋势分析
4. 掌握移动平均线分析方法
5. 了解形态的种类及形态分析的方法
6. 了解技术分析中的各项指标和技术分析方法

关键词

持有成本；随机行走；基本面分析；技术面分析；成交量；交易量；空盘量；缺口；阳线和阴线；移动平均线

第一节 行 情 分 析

一、期货行情相关术语

期货交易所和期货咨询机构发布的期货行情提供了期货交易的相关信息。图 7 - 1 是大连商品交易所期货行情表，下面对图 7 - 1 中相关术语进行解读。

大连商品交易所 延时行情
日期：20230317

■期货 　□期权

‹ | 豆一 | 豆二 | 豆粕 | 豆油 | 棕榈油 | 玉米 | 玉米淀粉 | 鸡蛋 | 粳米 | 生猪 | 纤维板 | 胶合板 | 聚乙烯 | 聚氯乙烯 | ›

合约	开盘价	最高价	最低价	最新价	涨跌	买价	买量	卖价	卖量	成交量	持仓量	收盘价	结算价	昨收盘	昨结算	分时图
a2305	5491	5496	5438	5446	-45	5445	21	5446	22	75437	103576	5446	5461	5491	5491	∿
a2307	5435	5437	5380	5381	-48	5383	12	5385	1	19644	66653	5381	5398	5436	5429	∿
a2309	5407	5413	5360	5365	-50	5363	4	5369	1	1541	7427	5365	5376	5406	5415	∿
a2311	5390	5392	5338	5341	-43	5340	32	5348	1	10316	34739	5341	5354	5380	5384	∿
a2401	5350	5350	5315	5320	-45	5306	1	5337	1	56	468	5320	5324	5362	5365	∿
a2403	5350	5350	5280	5302	-43	5300	1	5320	2	3706	2322	5302	5310	5345	5345	∿

豆一	成交: 110700	持仓: 215185	豆二	成交: 92808	持仓: 73770	豆粕	成交: 1232626	持仓: 2203119
豆油	成交: 782198	持仓: 816743	棕榈油	成交: 913688	持仓: 789894	玉米	成交: 434973	持仓: 1620728
玉米淀粉	成交: 184991	持仓: 339167	鸡蛋	成交: 125241	持仓: 246149	粳米	成交: 15955	持仓: 37392
生猪	成交: 20008	持仓: 86461	纤维板	成交: 734	持仓: 1576	胶合板	成交: --	持仓: --
聚乙烯	成交: 434810	持仓: 634665	聚氯乙烯	成交: 985670	持仓: 1143219	聚丙烯	成交: 556690	持仓: 809265
苯乙烯	成交: 367823	持仓: 298076	焦炭	成交: 30717	持仓: 42550	焦煤	成交: 54399	持仓: 84077
铁矿石	成交: 1093096	持仓: 1408565	乙二醇	成交: 317944	持仓: 618331	液化石油气	成交: 151143	持仓: 136066

合计	成交: 7906214	持仓: 11604998

图 7-1　大连商品交易所期货行情表

资料来源：大连商品交易所网站，www.dce.com.cn。

（一）合约

行情表中第一行"豆一、豆二、豆粕、豆油、玉米……"表示在期货交易所上市交易的期货品种。

行情表中每一个期货合约都用合约代码来标识。合约代码由期货品种交易代码和合约到期月份组成。以合约"a2307"为例，"a2307"代表大连商品交易所2023年7月到期交割的黄大豆一号期货合约。其中，"a"是黄大豆一号（简称"豆一"）期货品种的交易代码"2307"是合约到期月份，指2023年7月合约到期。

图7-1中的第1列为上市交易的"豆一合约"不同交割月份的合约代码。表中显示2023年3月17日，"豆一"期货品种有6个不同月份的合约在交易，分别是a2305、a2307、a2309、a2311、a2401、a2403。

（二）开盘价

开盘价是当日某一期货合约交易开始前5分钟集合竞价产生的成交价。如集合竞价未产生成交价，则以集合竞价后的第一笔成交价为开盘价。图7-1中的第二列是不同月份期货合约的开盘价，其中a2307合约的开盘价为5435元/吨。

（三）最高价

最高价是指一定时间内某一期货合约成交价中的最高价格。图7-1中的第三列是不同月份期货合约的最高价，其中a2307合约的最高价为5437元/吨，是2023年3月17日开盘到当日行情发布时间内的最高成交价。

第七章

（四）最低价

最低价是指一定时间内某一期货合约成交价中的最低价格。图 7 - 1 中的第四列是不同月份期货合约的最低价，其中 a2307 合约的最低价为 5380 元/吨，是 2023 年 3 月 17 日开盘到当日行情发布时间内的最低成交价。

（五）最新价

最新价是指某交易日某一期货合约交易期间的即时成交价格。图 7 - 1 中的第五列是不同月份期货合约的最新价，其中 a2307 合约的最新价为 5381 元/吨。

（六）涨跌

涨跌是指某交易日某一期货合约交易期间的最新价与上一交易日结算价之差。图 7 - 1 中的第六列是不同月份期货合约的涨跌，其中 a2307 合约的涨跌为 - 48 元/吨。其含义是最新价 5381 元/吨与上一交易日结算价（昨结算）5429 元/吨的差价为下跌 48 元/吨。

（七）买价

买价是指当日买方申报买入但未成交的即时最高申报价格。图 7 - 1 中的第七列是不同月份期货合约的买价，其中 a2307 合约当时买方申报买入的即时最高价格为 5383 元/吨。

（八）买量

买量是指某一期货合约"买价"对应的下单数量，单位为"手"。图 7 - 1 中的第八列是不同月份期货合约的买量，其中 a2307 合约当前买价对应的申请买入数量为 12 手。

（九）卖价

卖价是指当日卖方申报卖出但未成交的即时最低申报价格。图 7 - 1 中的第九列是不同月份期货合约的卖价，其中 a2307 合约当日卖方申报卖出的即时最低价格为 5385 元/吨。

（十）卖量

卖量是指某一期货合约"卖价"对应的下单数量，单位为"手"。图 7 - 1 中的第十列是不同月份期货合约的卖量，其中 a2307 合约当前卖价对应的申请卖出数量为 1 手。

（十一）成交量

成交量是某一期货合约当日成交的单边累计数量，单位为"手"。图 7 - 1 中的第十一列是不同月份期货合约的成交量，其中 a2307 合约的成交量为 19644 手。

（十二）持仓量

持仓量，也称空盘量或未平仓合约量，是指期货交易者所持有的未平仓合约的单边累计数量。图 7 - 1 中的第十二列是不同月份期货合约的持仓量，其中 a2307 合约的持仓量为 66653 手。

（十三）收盘价

收盘价是指某一期货合约当日最后一笔成交价格。图 7 - 1 中的第十三列是不同月份期货合约的收盘价，其中 a2307 合约的收盘价为 5381 元/吨。

（十四）结算价

结算价是当日未平仓合约盈亏结算和确定下一交易日涨跌停板幅度的依据。图 7-1 中的第十四列是不同月份期货合约的结算价，其中 a2307 合约的结算价为 5398 元/吨。在我国，商品期货结算价一般是指某一期货合约当日成交价格按成交量的加权平均价。当日无成交的，用上一交易日的结算价作为当日结算价。黄金期货、股指期货、国债期货等的结算价一般取收盘前一段时间内的加权平均价[①]。

（十五）昨收盘

昨收盘是"昨日收盘价"的简写，指某一期货合约在上一交易日的收盘价。图 7-1 中的第十五列是不同期货合约的昨收盘，其中 a2307 合约的上一交易日收盘价为 5436 元/吨。

（十六）昨结算

昨结算是"昨日结算价"的简写，指某一期货合约在上一交易日的结算价。表 7-1 中的第十六列是不同期货合约的"昨结算"，其中 a2307 合约的上一交易日结算价为 5429 元/吨。

（十七）其他

在期货行情表的下方，对当日截至当时的同一品种不同到期月份期货合约的成交量和持仓量进行了加总。例如，6 个不同到期月份豆一期货合约的成交量合计为 110700 手，持仓量合计为 215185 手。同时，豆一、豆二、豆粕、豆油、棕榈油、玉米、玉米淀粉、鸡蛋、粳米、生猪、纤维板、胶合板、聚乙烯、聚氯乙烯等 21 个期货品种的成交量和持仓量总计分别为 7906214 手和 11604998 手。

二、常见的期货行情图

常见的期货行情图有分时图、Tick 图、K 线图等。

（一）分时图

分时图是指在某一交易日内，按照时间顺序将对应的期货成交价格进行连线所构成的行情图。图 7-2 为沪铜 2304 合约的分时行情图，图中标注曲线即为分时图曲线。

（二）Tick 图

Tick 图，也称闪电图，理论上是按照时间顺序将期货合约的每一笔成交价格依次标注出来并连线形成。在价格成交频率较高时，根据行情推送和更新频率确定，比如国内期货行情每 500 毫秒推送一次，Tick 图就是每 500 毫秒推送的最新价按时间顺序的连线。Tick 图可以标示出一段时间内所有成交价格及其变动幅度。图 7-3 为 PTA 加权 5000 合约的 Tick 图，图中标注曲线即为其 Tick 图曲线。

[①] 期货价格按其交易量不同赋予不同的权重，形成加权平均价。

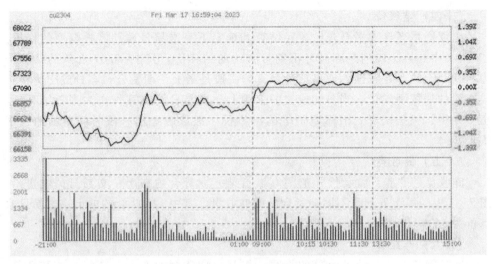

图 7-2　沪铜 2304 合约分时行情

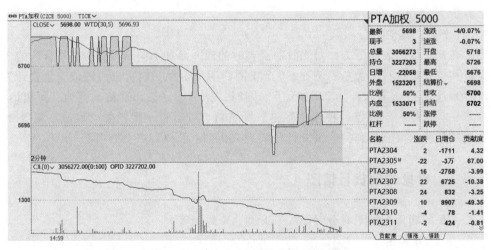

图 7-3　PTA 加权 5000 合约 Tick 图

（三）K 线图

K 线图（Candle Stick Charts），也称蜡烛图、烛线图、阴阳线图等。蜡烛图起源于日本 18 世纪德川幕府时代（1603～1867 年）的米市交易，用来记录米价每天的涨跌。因其标画方法具有独到之处，人们把它引入股票市场价格走势的分析中，并广泛应用于期货、外汇、期权等市场。

图 7-4 为沪铜 2304 合约的日 K 线图，横轴代表时间，纵轴代表价格。

K 线图中的每一根 K 线标示了某一交易时间段中的开盘价、收盘价、最高价和最低价。根据单根 K 线所代表的时间长短不同，可以画出不同周期的 K 线图，如 5 分钟 K 线、15 分钟 K 线、30 分钟 K 线、60 分钟 K 线、日 K 线、周 K 线、月 K 线等。

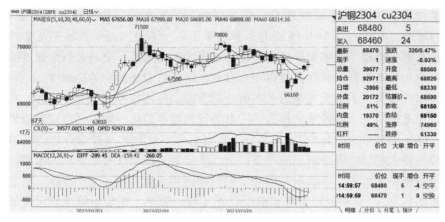

图 7 - 4　沪铜 2304 合约日 K 线图

（四）主力合约连续图

因为期货合约的寿命期有限，要了解某期货品种的长期趋势，一般要将不同时间段的期货合约价格连在一起，形成连续图，其中最常用的是主力合约连续图。同一时间成交量和持仓量最大的合约为该品种的主力合约，取其价格和交易量作图，就可得到该期货品种的主力合约连续图。图 7 - 5 为沪铜期货的主力合约连续图。

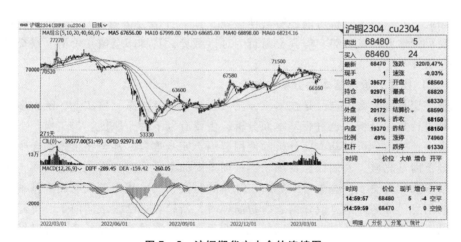

图 7 - 5　沪铜期货主力合约连续图

第二节　技术分析的相关理论

一、技术分析的一般原理

（一）期货技术分析的含义与理论基础

技术分析是以图表和指标为主要手段对市场行为和价格走势进行预测的方法。

常用的技术分析方法有 K 线理论、趋势理论、形态理论、均线理论、波浪理论、指标分析等。有观点认为 K 线理论预测效果不好。不过，由于市场的复杂性，很明显没有哪一种理论能够对价格走势进行准确无误的判断，交易者需要通过实践使用多种方法相互验证，来提高对市场行为和市场价格走势预测的准确性。

技术分析与基于供求关系的基本面分析不同。传统技术分析著作认为，技术分析的理论基础与三个假设紧密相关：①市场行为包容消化一切；②价格以趋势方式演变；③历史会重演。其中，"市场行为包容消化一切"构成技术分析的基础，是指期货价格中能够包容可包容的所有信息。既然影响市场价格的所有因素最终会通过市场价格反映出来，那么研究图表上的价格运动也就足够了。"趋势"概念是技术分析的核心。"价格以趋势方式演变"的主要思想是，坚定不移地顺应既成的价格变化趋势，直至出现反向的征兆为止。"历史会重演"将技术分析和人类的心理和行为进行了初步结合，其核心是人类心理从来就是"江山易改本性难移"，因此将来的价格运动在一定程度上是过去的一个翻版。

以上三个假设是技术分析方法的理论支撑但需要注意的是第一个假设可能面临一定的认知困境。第一个假设和有效市场假说具有内在一致性，但有效市场假说将有效市场分为了弱有效市场、中度有效市场和强有效市场三种形态。有效市场假说认为，即使在弱有效市场中，技术分析也会失去作用。这一点需要读者特别注意。

除此之外，技术分析可能还有其他假设，如"沙滩会留脚印"，即精明的交易者尽管可能掌握信息优势，但其交易行为难以藏身，其脚印会留在价格、成交量和未平仓头寸上。

（二）技术分析与基本面分析的结合

很多交易者要么说自己是技术派，要么说自己是基础派。事实上，绝大多数交易者既进行技术分析，也进行基本面分析，主要有以下两个原因。

第一，技术分析与基本面分析的使用范围不完全重合，甚至在很多场合中，两者的分析南辕北辙。人们往往发现，当一场重要的市场运动初露端倪的时候，两者的分歧很大。历史上一些牛市或熊市在开始的时候，几乎找不到表明经济基础已改变了的信息，等到好消息或坏消息纷纷涌现时，新趋势早已滚滚向前了。等趋势发展一段时间之后，两者对市场的理解又协调起来，可这时对于交易者来说已经来不及下手了。

第二，即使基本面分析者能够判断出价格变化趋势，也需要利用技术分析选择合理的价位或时机进入市场。这是因为价格呈现波浪运动的特点，如果不能有效分析价格变化，交易者会在上升趋势中的价格下跌阶段做多，在下跌趋势中的价格反弹阶段做空。这种操作似乎没错，但是需要注意的是，做多后价格可能会继续下跌，做空后价格还会继续反弹，这对实行保证金交易的期货交易者来说很可能是致命的。因此，期货交易者为了长期立足于期货市场，也要加强技术分析，找到准确的入市点位。另外，由于期货有到期日，并且是保证金交易，因此"买了走着瞧"的交易策略在期货市场行不通。总之，对于期货交易而言，时机决定一切，必须先分析市场趋势，后选择入市时机。正确判定市场方向仅仅是解答了问题的一小部分。有时入市相差一天，甚至几分钟就可能决定成败。

二、技术分析的必要性和特殊性

技术分析的绝大多数原理在期货、股票、外汇、利率市场是可以通用的。但需要注意的是，期货技术分析也有其独特之处。

（一）期货市场技术分析周期短

期货合约都有失效日期，很多期货品种合约存续时间不超过 1 年，合约的活跃时期多则 4 ~ 5 个月，少则 1 ~ 2 月。因此，期货交易者往往想知道的是下周、明天乃至几个小时后的形势如何，所以就需要提炼出一些具有即时有效性的工具。从这点来看，就与股市上很多人所做的长期分析存在很大差异。例如，移动平均线在股市分析中用 5 日、10 日、20 日和 60 日的平均线组合而在期货市场最为流行的移动平均线组合是 4 天、9 天和 18 天。

（二）广泛性技术信号在期货市场用得较少

股市分析中广泛性技术信号很重要，如涨跌线、新高新低指数、空头动向比等，但它们在期货市场中并不流行。这倒不是因为它们的理论和实践不适合期货，只是迄今为止作用不大，也许有一天期货种类大为增加，就有必要借助这些广泛性指标来判断市场总体运动了。

（三）综合分析持仓量和交易量

和证券市场一样，期货技术分析也要求量价配合。成交量的基本规则是在重要的上升趋势中，成交量往往在反弹时相对较高，在下降时或在交易区间（盘整）内相对较低；在重要的下降趋势中，成交量往往在下降时相对较高，在反弹时或在交易区间（盘整）内相对较低在重要的顶部和底部时，成交量往往急剧放大。

期货市场的独特之处是其不仅研究成交量规则，还需要分析持仓量。一般认为，如果交易量和持仓量均上升，则当前价格趋势很可能按照现有方向继续发展（无论是上涨还是下跌）。如果交易量和持仓量都下降，则当前价格趋势或许即将终结。具体的分析组合和市场状态如下，表 7 – 1 对此进行了总结。

第一，交易量和持仓量随价格上升而增加。交易量和持仓量增加，说明新入市交易者买卖的合约数超过了原交易者平仓合约数。市场价格上升说明市场上买方力量压倒卖方力量，市场处于技术性强市，新交易者正在入市做多。

第二，交易量和持仓量增加而价格下跌。这种情况表明不断有新交易者入市，且卖方力量压倒买方，因此市场处于技术性强势，价格将进一步下跌。

第三，交易量和持仓量随价格下降而减少。交易量和持仓量减少说明市场上原来的交易者平仓买卖的合约超过新交易者买卖的合约。价格下跌说明市场上原买入者在卖出平仓时，其力量超过了原卖出者买入补仓的力量，即多头平仓了结离场意愿更强，而不是市场主动性的增加空头。因此，未平仓量和价格下跌表明市场处于技术性弱市，多头正平仓了结。

第四，交易量和持仓量下降而价格上升。交易量和持仓量下降说明市场上原交易者正在对冲了结其合约。价格上升表明市场上原卖出者在买入补仓时，其力量超过了原买入者卖出平仓的力量。因此，这种情况说明市场处于技术性弱市，主要体现在空头回补，而不是主动性做多买盘。

表 7 - 1 　　　　　　　　　　　期货市场分析的量价关系

价格	交易量	持仓量	市场
上涨	增加	增加	强势特征，趋势不变
上涨	减少	减少	强势特征，反转先兆
下跌	增加	增加	强势特征，趋势不变
下跌	减少	减少	强势特征，反转先兆

三、道氏理论

道氏理论是由查尔斯·H. 道对股票市场行为的研究心得总结出来的理论。大多数技术分析理论都起源于道氏理论，都是其各种形式的发扬光大。虽然道氏理论起源于对股票市场的研究，但绝大部分道氏理论在商品期货市场也作用显著。道氏理论的主要原理包括以下内容：

第一，平均价格包容消化一切因素。

第二，市场波动有三种趋势。道氏理论认为尽管价格波动的表现形式不同，但是最终可以将其分为三种趋势：主要趋势、次要趋势和短暂趋势。主要趋势一般是持续几年的趋势。次要趋势的运动持续数周或数月。短暂趋势的运动不超过三周。道氏理论中，用大海来比喻这三种趋势，并分别对应于潮汐、浪涛和波纹。主要趋势如同潮汐，次要趋势（或称中趋势）是潮汐中的浪涛，而短暂趋势则是浪涛上泛着的波纹。三种趋势的划分为其后出现的波浪理论打下了基础。

第三，大趋势可分为三个阶段。第一阶段是积累阶段。在牛市开始时，所有所谓的坏消息已经被市场包容消化，投资者开始逐步做多。第二阶段，新闻趋暖还阳，绝大多数技术性的顺应趋势的投资者开始跟进买入，价格快步上扬。第三阶段，报纸上好消息连篇累牍，经济新闻捷报频传，大众投资者积极入市，投机性交易量日益增长。正是在这个最后阶段，从市面上看似乎谁也不想卖出，但是一些投资者开始逐步抛出或平仓。

第四，交易量必须验证趋势。当价格在顺着大趋势发展的时候，交易量也应该相应递增。如果大趋势向上，那么在价格上涨的同时，交易量应该日益增加，当价格下跌时，交易量应该日益减少。在一个下降趋势中，情况正好相反，当价格下跌时，交易量扩张，当价格上涨时，交易量则萎缩。当然，交易量是次要的参照指标。

第五，唯有发生了确凿无疑的反转信号之后，才能判断趋势是否终结。要判别反转信号说起来容易，实施起来困难。通常可以采用支撑和阻挡、价格形态、趋势线、移动平均线、摆动指数、量价指标等方法，其中摆动指数[①]能够更及时地发出现价格趋势动力衰竭的警示信息。

第六，收盘价是最重要的价格。道氏理论认为，在所有价格中，收盘价最重要甚至只需用收盘价，不用别的价格。

道氏理论对大形势的判断有较大的作用，对于每日每时都在发生的小波动则显得有些无能为力。道氏理论对次要趋势的判断作用不大，而期货市场对次要趋势和小波动却较为重视。道氏理论的另一个不足是可操作性较差。一方面道氏理论的结论落后于价格变化，信号太迟；另一方面理论本身也存在不足，这使得一个很优秀的道氏理论分析师在进行行情判断时，也会因得到一些不明确的信号而产生困惑。

四、均线理论

均线有支撑线和阻力线的特性。历来的均线使用者无不视均线理论为技术分析中的至宝，在被广泛运用的葛兰威尔八大法则中，四条法则可以用来研判买进时机，另外四条法则则可以研判卖出时机。表 7 – 2 列出了葛兰威尔法则，图 7 – 6 是葛兰威尔法则的一个图形化显示。

表 7 – 2　　　　　　　　　　　　　　葛兰威尔法则

序号	买入四信号	卖出四信号
1	平均线经过一路下滑逐渐平缓，并有抬头向上的迹象，价格线转而上升，并自下方突破移动平均线	移动平均线从上升转为平缓，并有转下趋势，而价格线也从上方下落，跌破移动平均线
2	价格线在移动平均线上急剧下跌，在跌破移动平均线后，忽而转头向上突破均线	价格线和移动平均线均令人失望地下滑，这时价格线自下方上升，并突破了仍在下落的移动平均线后，又掉头下落
3	与以上情况类似，但价格线尚未跌破移动平均线，只要移动平均线依然呈上升趋势，前者也转跌为升	与以上情况类似，问题是稍现反弹的价格更加软弱，刚想突破移动平均线却无力突破，这是第三个卖出信号。要注意的是卖出 3 与买入 1 信号不同，买入 1 信号是移动平均线自跌转平，并有上升迹象，而卖出 3 信号的平均线尚处下滑之中
4	价格线与移动平均线都在下降，价格线狠狠下挫，远离移动平均线，表明反弹指日可待，这为许多短线客喜爱（所谓抢谷底），但切记不可恋战，因为大势依然不妙，久战势必套牢	价格一路暴涨，远远超过了上升趋势较缓的移动平均线，暴涨之后必有暴跌，所以此处是第四个卖出信号，以防止暴跌带来的不必要的损失

---

① 摆动指数（又称"震荡量指数"）是股票市场常用的一种技术指标，期货市场也同样适用，其中，以 RSI、MACD、KDJ 等最为常用。

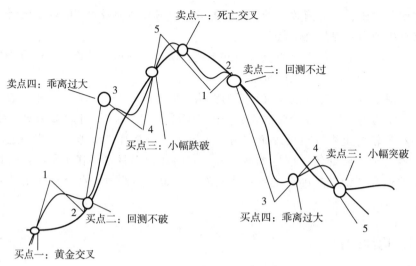

图 7 − 6　葛兰威尔买卖法则示意

尽管移动平均线淋漓尽致地发挥了道氏理论的精神所在，但是在运用中也需要特别注意一些潜在的问题。第一，在盘整或趋势形成后中途休整阶段或局部反弹和回落阶段，均线极易发出错误信号。当价格走势进入牛市时，即价格走势既不向上也不向下，而是保持着水平方向的移动时，价格走势与均线系统的交叉现象往往会变得十分频繁，在这种情况下要作出买入或卖出的操作计划，必须借助于其他一些技术指标或者形态理论来综合分析。第二，均线作为支撑线和压力线不能生搬硬套。站在某线上，当然有利于上涨，但不是说一定会上涨，支撑线也有被击穿的时候。

五、缺口理论

（一）缺口的形成

价格缺口是指在 K 线图上没有发生交易的区域。在上升趋势中，某日最低价高于上一日的最高价，从而在 K 线图上留下一段当日价格不能覆盖的缺口。在下降趋势中，对应情况是当日的最高价格低于前一日的最低价。向上跳空表明市场坚挺，向下跳空则通常表明市场疲软。缺口现象在日线图上很常见，在长期性质的周线图和月线图上也可能出现，而且一旦发生了，就非同小可。

当出现缺口时，经过几天甚至更长时间的变动，然后反转过来，回到原来缺口的价位，这种现象称为缺口的封闭，又称补空。缺口理论显示，有些跳空确实具有意义会回补，有些则不会。交易者需要注意的是，不是所有缺口都会回补，价格跳空因其所属的类型及出现的场合不同，具有不同的意义。

（二）缺口的类型

缺口一般可分为普通缺口、突破缺口、持续性缺口以及消耗性缺口（见图 7 −7）。

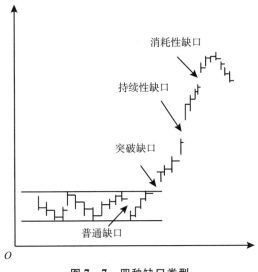

图 7-7　四种缺口类型

1. 普通缺口

普通缺口常发生在交易量很小的市场情况下，或者是在横向盘整区间的中间阶段及在诸多价格形态的内部。发生原因是市场参与者毫无兴趣，市场清淡，相对较小的成交量便足以导致价格跳空。一般而言，普通缺口可忽略不计。

2. 突破缺口

突破缺口通常发生在重要价格区，如横向整理到需要一举突破支撑线（或阻力线）的时候，或者头肩顶（底）形成之后需要对颈线进行突破的时候，或者对重要趋势线及移动平均线进行跨越式突破的时候，就常常会出现跳空缺口。它反映了群体的一致思维和意愿，也预示着后市的价格运动会更大、更快。由于突破缺口是在突破重要价格区间发生的，所以此处不看好突破的抛盘将全被吃掉，而看好突破的抛盘则高价待售（上升突破时），因此买盘不得不高价成交，由此形成向上缺口（这里常常伴随着较大的交易量）。这种重要区域的突破一旦成功，其跳空缺口往往不易被完全封闭（指价格又回到了突破之前）。如果该缺口被完全封闭，价格重新回到了缺口下方，那么说明原先的突破并不成立。

3. 持续性缺口

在突破缺口发生之后，如果市场前进趋势依然明显，一方推动热情高涨，那么价格会再度跳跃前进，形成一个跳空缺口或一系列跳空缺口，此为持续性缺口。此类缺口常常是以中等的交易量来完成的，它说明趋势发展顺利。在上升趋势中，它的出现表明市场坚挺；在下降趋势中，则显示市场疲软。如同突破缺口一样，持续性缺口点将成为此后市场调整中的支撑区，它们通常也不会马上被封闭。如果价格重新回到持续性缺口之下，则对原有趋势不利。一般说来，在突破缺口发生之后，第二个明显的缺口往往是持续性缺口而不是消耗性缺口。持续性缺口的出现，意味着行情将会突飞猛进，其运动空间至少为从被突破的地方到这个缺口之间的距离。如果出现了几个持续性缺口，则价格运动空间的预测变得困难，但也意味着消耗性缺口会随时来临。

4. 消耗性缺口

这类缺口常常出现在趋势将要结束的末端。在突破缺口和持续性缺口均已清晰可辨，同时测量的价格目标已经到达后，很多人就开始预期消耗性缺口的降临。在上升趋势的最后阶段，价格往往会随着盲从者的疯狂进入另一个喷发期，但清醒的交易者则开始平仓了结了。随着主力的平仓动作，消耗性缺口后往往会出现一段时间的价格滑落，并伴随着巨大的成交量。当后续的价格低于这个最后的缺口时，则意味着消耗性缺口已经形成，后市开始回撤。但消耗性缺口出现后，价格不一定就在当日反向运动，往往还会继续走高，但它预示价格将在最近一段时期内要回撤了，最后的疯狂该结束了。但是，当缺口达到 3 个或 3 个以上时，在没有出现回撤并对前一缺口进行封闭前，很难知道哪一个缺口是消耗性缺口。只有可能从测量目标中获得一点答案，即：如果在第二个缺口来临后，其后的价格运动空间没有达到从被突破的地方到这个缺口之间的距离，那么，在此阶段出现的第三个缺口就很有可能是持续性缺口，直至所测量的目标达到为止。

六、波浪理论

（一）基本原理

波浪理论是艾略特（R. N. Elliott）提出的技术分析理论，所以又称艾略特波浪理论。在波浪理论中，价格变化呈现出特定的结构，即由上升（或下降）的 5 个阶段和下降（或上升）的 3 个阶段组成。图 7 - 8 是一个处于上升阶段的 8 个浪的全过程。0 ~ 1 是第一浪，1 ~ 2 是第二浪，2 ~ 3 是第三浪，3 ~ 4 是第四浪，4 ~ 5 是第五浪。这五浪中，第一浪、第三浪和第五浪称为上升主浪，第二浪和第四浪是对第一浪和第三浪的调整浪。五浪完成后，紧接着会出现一个三浪的向下调整，这三浪包括 5 ~ a 为 a 浪，a ~ b 为 b 浪，b ~ c 为 c 浪。总之，高点和低点所处的相对位置是各个浪开始和结束的位置。

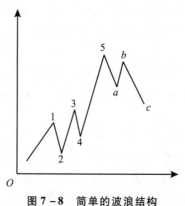

图 7 - 8　简单的波浪结构

波浪理论考虑的因素主要有三个方面：第一，价格的形态十分重要，是波浪理论赖以生存的基础；第二，通过价格走势图中各个高点和低点所处的相对位置，可以弄清楚各个波浪之间的相互关系，确定价格的回撤点和将来价格可能达到的位置；第三，完成某个形态的时间可以让我们预知是否某个大趋势即将来临。波浪理论中各个波浪之间在时间上是相互联系的，用时间可以验证某个波浪形态是否已经形成。

　　艾略特本人认为波浪理论是对道氏理论极为必要的补充。最初的波浪理论是以周期为基础的。艾略特把大的运动周期分成时间长短不同的各种周期，指出在一个大周期之中可能存在一些小周期，而小的周期又可以再细分成更小的周期。每个周期无论时间长短，都应当以一种模式进行。在艾略特波浪理论中，每一级浪都由更小级别的浪构成，同时该级浪也构成更大级别浪的一部分（见图 7-9）。

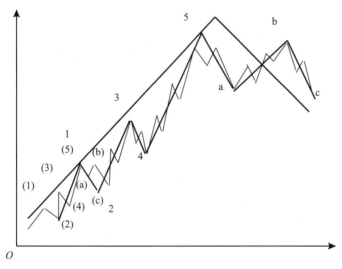

图 7-9　浪的合并和细分

（二）波浪的详细分析

　　驱动浪有推动浪和倾斜三角形浪这两种。最常见的驱动浪是推动浪。但无论形态怎样，在驱动浪中，2 浪总是不能完全回撤到 1 浪的幅度，而且 4 浪总不能完全回撤到 3 浪的幅度，3 浪总会运动到超过 1 浪的终点。就价格而言，在驱动浪中 3 浪绝不会是三个作用浪（1 浪、3 浪、5 浪）中最短的，而且往往是最长的一浪。只要 3 浪经历了比 1 浪或 5 浪更大幅度的运动，这个规则就总能满足。需要注意的是，在所谓的推动浪中，通常 4 浪不会进入 1 浪的区域，但是由于期货市场具有杠杆效应，会导致短期价格的极端变化。尽管期货价格运动中出现 4 浪和 1 浪的重叠，但是也仅限于以日为单位的短期价格波动，而且这种情况十分罕见。

　　调整浪是逆趋势的价格运动。在各种变化的调整浪中，调整浪永远不会是五浪结构，只有驱动浪才有五浪结构。但是，调整浪的子浪可能是五浪结构，各种调整过程中还会呈现两种风格陡峭型和盘整型。特定的调整浪分为锯齿形、平台形和三角形。因此，调整浪比驱动浪更难数清。

七、江恩理论

威廉·江恩（William D. Gann）是最著名的投资家之一，在商品期货市场上的成绩骄人。江恩认为期货市场的价格运行趋势不是杂乱的，而是可以通过数学方法预测的。江恩理论的主要分析方法包括圆形图、方形图、角度线和轮中轮。其中，江恩构造圆形图预测价格运行的时间周期用方形图预测具体的价格点位用角度线预测价格的支撑位和压力位，而轮中轮则是将时间和价位相结合进行预测。

（一）圆形图

江恩认为，宇宙中的一切均以圆形运行，无论是实质性的东西，还是抽象化的东西，皆是如此。根据江恩的研究，事物的周期可由 1000 年、100 年、1 年、24 小时等依次划分。1000 年前发生的事，1000 年后同样可能发生。

在预测期货价格时，江恩将圆周的 360 度按照 1/2、1/3、1/4 和 1/8 进行分割，进而作出准确的预测。包括时间上的月数、周数、日数都可以按此方法进行分割，期货市场价格的运行也可按此方法进行分割。

江恩把一天 24 小时按此方法分割成三等分、四等分和八等分，结果得出每天的 3 点、6 点、8 点、9 点、12 点、15 点、16 点、18 点、21 点和 0 点都是重要的时刻。此外，江恩还把每小时的时间进行划分，最小的变动周期是 4 分钟。他认为，当天某个时间发生突变，则第二、三天要留意同一时间市况是否会逆转。

江恩应用最多的是把圆周上的这些弧度转化为天数，即 45 天、90 天、120 天、135 天、180 天、225 天、240 天、270 天、360 天等。其中，最重要的是 90 天、180 天、270 天和 360 天。同时应注意的是，天数的分割以实际交易天数分割为宜。

（二）方形图

方形图是在一张方格纸上，以商品价格某个中期性的低点（或者高点）作为中心，按逆时针方向旋转，将单位价格依次填上去，然后再在这张填满价位的方格纸上画出支撑线和压力线。需要注意的是，方格的单位要定得准确，要做到这一点，必须观察某种商品价格的变动幅度的大小。

（三）角度线

江恩认为，世界的一切事物都离不开数学和几何形体，因此商品期货价格的支撑位和压力位都可以用上升角度线和下降角度线来获得。在一个大跌市过后，市场趋势将会出现回升。在回升的过程中，市场趋势将会受到角度线的阻滞。上倾角度线是指将图表上的最低位作为基点向上画出一条竖线，又向右画出一条横线，构成一个坐标。江恩把这个呈 90 度的坐标从下至上画出 7.5 度线、15 度线、18.25 度线、26.25 度线、45 度线、63.75 度线、71.75 度线、75 度线、82.5 度线。按照江恩的经验，商品价格从低位向上回升的时候，通常会在这些角度线遇到阻力而回落。一旦突破某条角度线，则该线将会变成日后回落的支撑线。下降角度线亦然。

（四）圆轮图

江恩画出一个空心圆形，把圆周的 360 度分成 24 等分，向外画线，每一等分便是 15 度。围绕这个圆形，从 1 填写至 24，刚好是一周，第二周从 25 填写至 48，第三周从 49 填写至 72……对于圆轮图来说，既可以预测价位，又可以预测时间，既可以分析长期周期，也可以分析中期周期或短期周期，而周期中又有周期。

第一，以圆轮图预测价位，具体应观察 8 等分线，即 0 度线、45 度线、90 度线、135 度线、180 度线、225 度线、270 度线、315 度线的支撑和压力。与方形图不同的是圆轮图上的价位是不变的，而方形图上的价位必须根据市场的趋势而转换。

第二，用圆轮图预测时间，具体可以理解为把一天分为 24 小时或把一年分为 24 等分。若把圆周的 360 度看作 36 个月，则商品价格运行至 90 度为 9 个月，运行至 180 度为 18 个月，运行至 270 度时为 27 个月，运行至 360 度时为 36 个月，这些时候都可能发生剧变。

第三，用圆轮图分析周期。各种商品的长短周期都可能在圆轮图中重叠出现。商品价格在某个时间见顶之后，运行了 90 度、180 度、360 度，通常可再见到另一个顶部。同理，商品价格在某个时间见底后，运行了 90 度、180 度、360 度，通常可再见到另一个底部。

八、相反理论

（一）基本思路

相反理论的出发点是期货市场并不创造新的价值，没有增值。如果个体行动同大多数投资者的行动相同，那么一定无法获取太大的利润，这是因为不可能多数人获利。要获得大的利益，一定要同大多数人的行动不一致。在市场投资者爆满的时候出场，在投资者稀落的时候入场是相反理论在操作上的具体体现。该理论的依据是当所有的人都看好时，就是牛市开始到顶之时；当人人看淡时，就是熊市已经见底之时。只要你和公众意见相反的话，你就会获得成功。

（二）应用要点

该理论的基本要点如下：

第一，强调考虑看好看淡比例的"趋势"。

第二，并非说多数人一定是错的，但市场趋势变化到所有的人情绪趋于一致时，他们都会看错。

第三，在期市中赚大钱的只占 5%，而 95% 都是输家，要做赢家只有和多数人的想法相反，不可同流。

第四，在市场将要转势，由牛市转入熊市前一刻，每个人都看好，都觉得价位会再上升，无止境地上升。此时，多数人都会尽量买入，升势耗尽了买家的购买力，直到想买入的都已买入了，而后续资金却无以为继。牛市会在大家的看好声中完结。相反，熊市会在所有人都出清货时见底。

第五，在牛市最疯狂，但行将死亡之前，大众媒介都会反映普通大众的意见，尽量宣传市场的看好情绪。人人热情高涨时，就是市场暴跌的先兆。相反，大众媒介不愿意报道市场消息，市场全是坏消息，无人理会时，就是市场黎明前的一刻。

第七章

第三节　K 线 分 析

K 线是将一段时间（如 1 分钟、3 分钟、日、周、月等）的开盘价（第一笔成交价）、收盘价（最后一笔成交价）、最高价、最低价，用图形的方式表示出来。K 线最上方的一条细线称为上影线，中间方块称为实体，下面的一条细线称为下影线，见图 7 - 10。

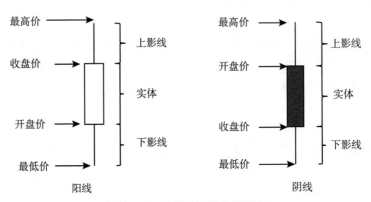

图 7 - 10　K 线的两种常见形状

当收盘价高于开盘价，K 线为阳线，中部的实体一般用空白或红色表示。其中，上影线的长度表示最高价和收盘价之间的价差，实体的长短代表收盘价与开盘价之间的价差，下影线的长度则代表开盘价和最低价之间的差距。

当收盘价低于开盘价，K 线为阴线，中部的实体一般用黑色或绿色表示。其中，上影线的长度表示最高价和开盘价之间的价差，实体的长短代表开盘价与收盘价之间的价差，下影线的长度则代表收盘价和最低价之间的差距。

一、K 线分析的法则和组合

（一）K 线分析的基本法则

K 线有长有短，其不同形态为价格分析提供了思路。在 K 线分析中，最基本的三个法则是一看阴阳，二看实体大小，三看影线长短。在表 7 - 3 中，对各种不同 K 线形态的含义进行了初步的分类解释。

表 7 - 3　　　　　　　　　　不同 K 线形态的含义

名称	形态	含义
长实体和短实体		长实体表现当天价格的大幅度移动。短实体表示价格所覆盖的区域较小，一般发生在交易不活跃的时候

续表

名称	形态	含义
纺轴线		纺轴线是有上影线和下影线的小实体 K 线。如影线比实体长得多，这表明多空双方的不可靠性。纺轴线实体的颜色和影线的实际长度并不重要，同影线相关的小实体是构成纺轴线的主体
无实体线		当 K 线的实体小到开盘价和收盘价相等的程度时，就被称为无实体线。需要注意的是，依靠无实体线还不足以预测价格趋势改变，仅仅是即将到来的趋势改变的警告
墓碑线		当没有下影线或下影线很短的时候，就会出现这种 K 线。当上影线十分长，墓碑线有强烈的下降含义
蜻蜓线		开盘价和收盘价处在全天最高点的时候。通常出现在市场的转折点。在后续部分可以看到，蜻蜓线是上吊线和锤形线的特殊情况

（二）K 线形态组合

K 线以不同形态组合在一起的信息含义要比单个 K 线信息含义更丰富一些。分析期货价格走势需要掌握一些常见的 K 线形态组合，如表 7 - 4 所示。

表 7 - 4　　　　　　　　　　K 线形态组合

序号	名称	图形	特征	技术含义	备注
1	早晨之星		1. 第一天的实体颜色与趋势方向一致。早晨之星是阴线，黄昏之星是阳线 2. 第二天的星形线与第一天之间有缺口，颜色不重要 3. 第三天的颜色与第一天相反 4. 第一天是长实体，第三天基本上也是长实体	见底信号，后市看涨	信号不如早晨十字星强
	黄昏之星			见顶信号，后市看跌	信号不如黄昏十字星强

续表

序号	名称	图形	特征	技术含义	备注
2	锤形线		1. 小实体在交易区域偏上的部分 2. 实体的颜色是不重要的 3. 下影线的长度应该比实体的长度长得多。通常是2~3倍 4. 没有上影线或者非常短	见底信号，后市看涨	锤头实体与下影线比例越悬殊，越有参考价值。如锤头线与早晨之星同时出现，见底信号就更加可靠
	吊颈线			见顶信号，后市看跌	实体与下影线比例越悬殊，越有参考价值。如上吊线与黄昏之星同时出现，见顶信号就更加可靠
3	倒锤线		1. 小实体在价格区域的较低部分形成 2. 不要求有缺口，只要在一个趋势之后下降就可以 3. 上影线的长度一般超过实体长度的2倍 4. 下影线短到可以认为不存在	见底信号，后市看涨	实体与上影线比例越悬殊，信号越有参考价值，如倒锤线与早晨之星同时出现，见底信号就更加可靠
	射击之星		1. 在上升趋势之后，以向上的价格缺口开盘 2. 小实体在价格区域的较低部分形成 3. 上影线的长度至少是实体长度的3倍 4. 下影线短到可以认为不存在	见顶信号，后市看跌	实体与上影线比例越悬殊，信号越有参考价值，如射击之星与黄昏之星同时出现，见顶信号就更加可靠
4	牛市鲸吞型		1. 本形态出现之前一定有相当明确的趋势 2. 第二天的实体必须完全包含前一天的实体 3. 前一天的颜色反映趋势，黑色是下降趋势，白色是上升趋势 4. 鲸吞型的第二条实体的颜色最好与第一天的颜色相反	见底信号，后市看涨	
	熊市鲸吞型			见顶信号，后市看跌	

第 七 章

续表

序号	名称	图形	特征	技术含义	备注
5	牛市孕育型		1. 长实体之前有合理的趋势存在 2. 第一天长实体的颜色最好是反映市场趋势的颜色 3. 长实体之后是小实体，它的实体被完全包含在长实体的实体区域内 4. 小实体的颜色最好与长实体的颜色相反	反转为期不远	十字星是更强烈的反转信号
	熊市孕育型			反转为期不远	十字星是更强烈的反转信号
6	曙光初现		1. 第一天是反映继续下降的长黑实体 2. 第二天是白色实体，它的开第二根线穿入第一根盘低于前一天的最低点 3. 第二天的收盘在第一天的实体之内，但是高于第一天的实的中点 4. 刺穿线的两根线都应该是长实体	见底信号，后市看涨	第二根线穿入第一根线的幅度越大，越像是一次成功的反转
	乌云盖顶		1. 第一天是继续反映上升趋势的长阳线 2. 第二天是开盘高于第一天高点的阴线 3. 第二天阴线的收盘低于第一天阳线实体的中部	见顶信号，后市看跌	第二根线穿入第一根线的幅度越大，越像是一次成功的反转体
7	好友反攻		1. 出现在价格下跌途中 2. 由一根阴线和一根阳线组成 3. 第一根大阴线，第二根阳线低后市看涨开，高走收于阴线收盘价附近	见底信号，后市看涨	转势信号不如曙光初现
	淡友反攻		1. 出现在价格上涨途中 2. 由一根阳线和一根阴线组成 3. 第一根阳线调控高开，第二根阴线高开，低走收于阳线收盘价附近	见顶信号，后市看跌	转势信号不如乌云盖顶

第 七 章

续表

序号	名称	图形	特征	技术含义	备注
8	旭日东升		1. 出现在价格下跌途中 2. 由一根阴线和一根阳线组成 3. 先是一个大阴线或中阴线，其后一根高开的大阳线或中阳线，阳线收盘价高于阴线开盘价	见底信号，后市看涨	信号效果强于曙光初现，阳线收得越高，信号效果越好
	倾盆大雨		1. 出现在价格上升途中 2. 由一根阳线和一根阴线组成 3. 先是一个大阳线或中阳线，其后一根高开的大阴线或中阴线，阴线收盘价低于阳线开盘价	见顶信号，后市看跌	见顶信号强于乌云盖顶，阴线收得越低，信号效果越好
9	红三兵		1. 三根连续的长阳线，每天出现更高的收盘价 2. 每天的开盘价应该在前一天的实体之内 3. 每天的收盘价等于或接近当天的最高价	见底信号，后市看涨	作用较强，投资者应该引起高度重视
	三只乌鸦		1. 连续三天长阴线。每天收盘价出现新低 2. 每天的开盘价应该在前一天的实体之内 3. 每天的收盘价等于或接近当天的最低价	见顶信号，后市看跌	作用较强，投资者应该引起高度重视
10	钳子顶		1. 钳子顶在上涨途中出现，钳子底在下降途中出现 2. 由两根或两根以上的 K 线组成 3. 钳子顶的最高价处在同一水平位置，钳子底的最低价处在同一水平位置	见顶信号，后市看跌	
	钳子底			见底信号，后市看涨	

续表

序号	名称	图形	特征	技术含义	备注
11	低档五阳线		1. 出现在价格下跌行情中 2. 连续拉出数根小阳线	见底信号，后市看涨	低档五阳线也可能是六根或七根小阳线
	高档五阴线		1. 出现在价格上涨行情中 2. 连续拉出数根小阴线	见顶信号，后市看跌	高档五阴线也可能是六根或七根小阴线

二、K 线的分析和应用

分析 K 线时需要注意两方面内容。第一，敏感性。K 线的敏感性体现在其往往先于其他西方技术分析信号。但是，由于它过于灵敏，也容易传递伪信号。第二，主观性。和其他技术分析一样，K 线不存在严格的、具体的规则，因此在分析时，不同的交易者对 K 线信息的看法可能不同甚至完全相反。

（一）小麦期货的日 K 线图分析

图 7-11 是一张小麦期货的日 K 线图，图中的数字代表了不同 K 线点。可以通过这张图总结分析一下 K 线形态含义，以便把前面较为抽象的 K 线分析具体化。

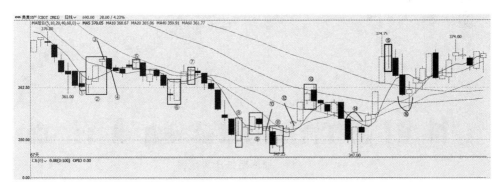

图 7-11 小麦期货日 K 图

（1）是一根看涨的倒锤线。下一日的开盘价较高，并且形成了一根阳线，进而验证了"倒锤线"的信号。

（2）是一个停顿信号，意味着市场向上的努力陷入困境。

（3）是出现的一条"吊颈线"，虽然不典型，但依然为价格运动抹上了疲软的色彩。

（4）是证实了"吊颈线"的信号，和③放在一起还形成了个"钳子顶"，也大致形成了一个吞没形态。价格短期见顶的可能性进一步增强。

（5）是又一条"吊颈线"。

（6）是出现较为明显的一个看涨的吞没形态（牛市鲸吞型），可能出现一波上涨行情。

（7）是再出现的"吊颈"，下影线很长表明看跌明显。

（8）是"倒锤线"，价格上涨信号出现。

（9）是连续三日上涨后出现了熊市孕育形态，价格可能下跌。

（10）是长下影线的 K 线，代表着前期的下跌可能结束。它和⑧联系起来，可以进一步表明较长期的下跌会结束。

（11）是一个经典的"曙光初现"，与前面连续出现的"锤子"和"倒锤子"结合起来，意味着价格确实可能会出现有效反转。

（12）是又一条"吊颈线"，但是含义不明显。前面出现的⑧⑩⑪三个上涨信号，强于这一个不良信号。

（13）是熊市鲸吞型，价格看跌。

（14）是下跌后"曙光初现"，长阴后一根更长的阳线低开高走，穿越阴线中间，看涨意味强烈。

（15）是"黄昏十字星"，高位危险的十字星，看跌。

（16）是"早晨之星"，价格看涨。

（二）原油期货日 K 线图分析

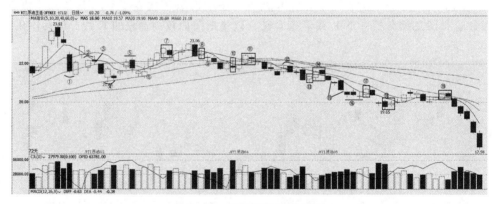

图 7-12 原油期货日 K 线图

（1）是"钳子底"，价格看涨。

（2）是"乌云盖顶"，价格看跌。

（3）是缺口，价格低开，形成向上的价格阻力。

（4）是"早晨之星"。虽然它不太典型，但这里有两个特点：第一，是对以前价格的试探，与①形成一个双底；第二，第二天价格高开，明显将价格向上推动。

（5）是"小钳子顶"，与③结合起来表明，向上突破的阻力仍存。

（6）是"倒锤线"，形态含义不明显，需要后市确认。

（7）是"熊市孕育"形态，但事后看是个误判形态。

（8）是黑色大阴线之后形成的一个孕育，市场出现运动方向的动力。

（9）是"锤形线"，它和⑧一起表明价格下跌的结束。

（10）是"十字星"，代表顶部结束将要来临。

（11）是顶部结束的孕育形态。

（12）是"乌云盖顶"。

（13）是短期下跌后的一条"锤形线"，但形态不好，可能出现一个短期的上涨。

（14）是孕育下跌。

（15）是两个连续跳空低开，形成了有力的价格上升阻力。

（16）是"倒锤线"。

（17）是在前期的缺口处遇到阻力，这段行情夭折。

（18）是下降过程中的孕育，当前的下跌行情可能终结。

（19）是"乌云盖顶"，后市不妙。

第四节　支撑、阻力与趋势

技术分析中，趋势是核心。在期货市场上，应"永远顺着趋势交易"。在通常情况下，市场不会朝任何方向直来直去，市场运动的特征就是曲折蜿蜒，轨迹酷似一系列波浪，具有明显的波峰和波谷。市场趋势正是由这些波峰和波谷依次上升、下降或横向盘整所构成的价格运动状态。不同的趋势有不同的交易选择。这一节将介绍与趋势紧密相关的支撑、阻力、趋势线、通道、盘整、突破等一系列内容。

一、支撑与阻力

在趋势分析中，支撑和阻力十分重要。支撑有支撑点和支撑线；阻力有阻力点和阻力线。这里先介绍支撑点和阻力点。如何寻找支撑点和阻力点牵涉到不同的视角和不同的技术分析理论。通常，支撑点是前期的价格低点。当价格下降，通常会以支撑点为依据进行调整（见图 7 – 13）。支撑点在形成过程中的成交量越大则支撑作用越强。击穿支撑点需要强大的市场力量。阻力点是前期的价格高点，在价格

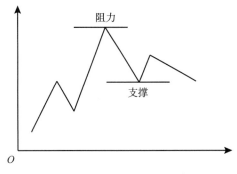

图 7 – 13　价格波动中的支撑与阻力

上涨过程中会在此点形成阻力。如果在阻力点形成过程中的成交量很大，则阻力的作用也越强。从交易者的心理和行为角度看，惶恐情绪使价格下跌过程中击穿支撑点要比价格上涨过程中突破前期阻力点更容易一些。

　　在寻找支撑点和阻力点时，市场上的交易者往往也会倾向于在习惯数（如 10、20、25、50、75、100 等整数）附近观察价格上升或下跌是否会停止。这些数字有时成为重要的心理关口。突破重要的心理关口会创造交易机会。根据这个常识，交易者可以在市场接近某个重要习惯数时建立或了结仓位。

　　除此之外，还有各种理论用以解释支撑和阻力，如均线、斐波那契回撤等。

　　这里介绍一下斐波那契回撤（见图 7 - 14）。斐波那契回撤是建立在斐波那契发现的数字逻辑推论基础上的技术分析理论。在斐波那契数列中，每一个数据都是前两个数字的总和，即 1、1、2、3、5、8、13、21、34、55、89、144……可以发现，每个数据约等于前一个的 1.618 倍，且每个数据相当于后一数据的 0.618。由这些数字可以推导出一系列数字 0.0%，23.6%，38.2%，50%，61.8%，100%，161.8%，261.8% 和 423.6%。斐波那契回撤就与这些数字有关。斐波那契回撤的价位与建立在价格端点基础上的若干水平线有关。例如，最高点向下或者最低点向上，可按照 0.0%、23.6%、38.2%、50%、61.8%、100%、161.8%、261.8% 和 423.6% 等比率画出 9 条水平线。这些水平比率线在一定程度上构成了价格运动的支撑或阻力。在图 7 - 14 中绘制出的比率为 38.2%、50% 和 61.8% 大致位置。当价格下跌时，如果 23.6% 线支撑不住，则不要急着补进，因为它向下寻求下一条线即 38.2% 线的概率很大。如果要补，就要等到 23.6% 线有支撑了再说，否则应该在 38.2% 线附近进场更合适。但如果 38.2% 线还支撑不住，那就等待下一条线，以此类推。相反，反弹时，如果可以突破上位线则可看高（一般有回抽确认过程）。如果突破不了，掉头向下，就卖出。

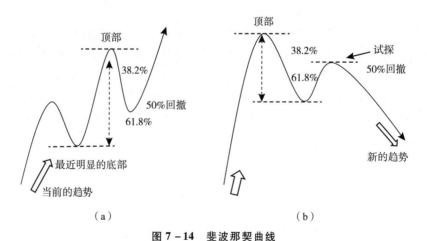

图 7 - 14　斐波那契曲线

二、趋势线和通道线

　　趋势线是所有图表工具中最受欢迎的一种。趋势线的最终目标是确定市场趋势，顺势而为。由趋势线的方向可以明确地看出价格的趋势。趋势线可以分为两个基本类型：上升趋势线和下降趋势线。在上升趋势线中，市场价格往往会朝着比低点更高、高点也更高的方向变化。下降趋势线的特征就是比价格的高点更低、低点也更低。要注意观察价格的变化是怎样由一系列更高的高点/更高的低点，或者是更低的高点/更低的低点组成的。

在牛市或者说上涨的市场中，趋势线的画法是将更高的低点连成一条直线，因此至少两个点才能确定。在熊市或者下降的市场中，趋势线就是两个价格高点的连线。要确认一条趋势线是否有效，需要注意画出直线后，还应得到第三个点的验证才能确认（见图 7-15）。另外，这条直线延续的时间越长，就越具有效性。趋势线越陡峭，通常也就越短，它的持续时间也更短。

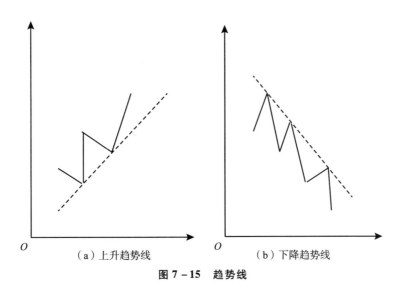

（a）上升趋势线　　　　　（b）下降趋势线

图 7-15　趋势线

通道线又称轨道线或管道线，是趋势线方法的延伸。在得到趋势线后，通过第一个峰和谷可以做趋势线的平行线，这条平行线就是通道线（见图 7-16）。

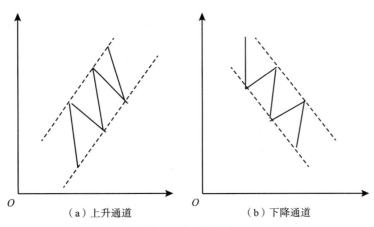

（a）上升通道　　　　　（b）下降通道

图 7-16　通道线

盘整区是指包含了一个长时期价格波动的水平走廊（见图 7 - 17）。尽管存在获利的方法（如震荡指标），但从总体上而言，在盘整区内很难进行投机和套利，对于盘整区最好的交易策略就是减少不必要的进场次数。

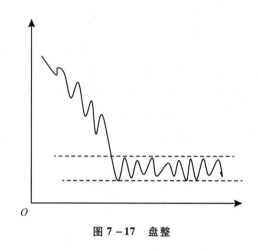

图 7 - 17　盘整

最后，应记住趋势线和通道线确实有用，但是其重要性经常被夸大，因为现实中的市场并不会总是有规则的变化。不是所有的市场都会按照趋势线来变化，也没有哪个市场始终按趋势线变化。由于人类在投机过程中的疯狂和恐惧天性，趋势途中很可能会出现急剧或毫无意义的反转。从长远看，这就产生了错误的趋势线和反转信号。出现转折的趋势线（价格变化低于上升趋势线或高于下降趋势线）是表明趋势已经反转的一个危险信号。当上升趋势线出现转折时，多头应当已经离场，而新的空头已经建仓。如果下降趋势线出现转折，空头则一定在做完全相反的事情。许多交易员把止损点设立在上升趋势的下方或者下降趋势的上方，以便退出市场。

三、突破

支撑或阻挡的力度通常由三个方面的因素决定：第一，价格在某个支撑或阻挡区逗留的时间越长，该区域就越重要；第二，该区域交易量越大，则支撑或阻挡的力度就越大；第三，交易活动发生的时间越近，支撑或阻力的力度越大。

然而，支撑和阻力的关系并非一成不变，当市场力量足够大，能够打破原有的支撑或阻力时，支撑和阻力的角色就会发生变化，即支撑水平被强大的市场空头力量打破，并穿越到一定程度之后，就转化为阻力水平（见图 7 - 18）。当阻力水平被强大的多头力量突破，则原来的阻力会变成强大的支撑。

如前所述，出现转折的趋势线（价格变化低于上升趋势线或高于下降趋势线）是表明趋势已经反转的一个信号。当上升趋势线出现转折时，多头应当已经离场，而新的空头已经建仓。如果下降趋势线出现转折，空头则一定在做完全相反的事情。但是，在此过程中需要严防阻力点或支撑点被虚假突破。投资者会在止损价位迅速甩掉头寸，市场迅速反转到最初的方向。盘整后的突破是体现潜在趋势变化的强烈信号。因此，识别假突破就十分重要。价格从支撑或阻力水平弹开的距离越大，则该支撑或阻力的重要程度也就越强。当支撑和阻力被穿越从而发生角色变换时，这种距离特点尤为突出。有些分析师以穿越幅度达 10% 作为标准，尤其是在碰到重要的支撑和阻力水平的时候。短线的支撑和阻力区域可能只需要非常小的穿越幅度，如 3% ~ 5% 就可以确定。需要注意的是，国债期货的突破比率可以设在 2%。突破的确认还需要由时间来验证。例如，突破达到对应百分比的原则界线，并且突破保持在 3 个交易日以上。

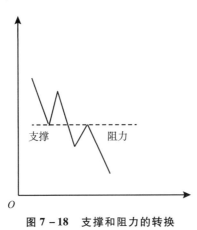

图 7 – 18　支撑和阻力的转换

四、扇形原理

扇形原理是趋势线的另一种用法：当上升趋势线被突破后，价格先是下跌，然后再反弹，回到原上升趋势线的下边（该线此时已成为阻挡线了）。在图 7 – 19 中，价格跌破 a 线后，再度弹升到 a 线下边，但是未能向上穿越 a 线。此时，我们可以作出一条新的趋势线（b 线）。随后 b 线也被向下突破了，然后价格又一次弹回，向上试探 b 线未果，于是可以得到第三条趋势线（c 线）。第三条趋势线若再次被突破，通常就意味着价格将下跌了。第三条趋势线被突破是趋势反转的有效信号。

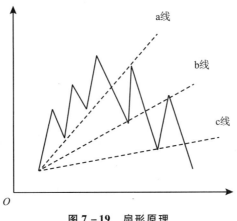

图 7 – 19　扇形原理

第五节　形态分析

价格曲线的形态可以分成持续整理形态和反转突破形态。前者保持平衡，价格在整理后继续按照原先的方向前进后者打破平衡，价格会出现与之前方向完全相反的走势。

一、持续整理形态

持续整理形态是趋势发展过程中的暂时休止状态，主要的形态有三角形、矩形、旗形、楔形等。

（一）三角形

三角形是持续整理的常见形态之一。三角形形态有对称三角形、上升三角形和下降三角形。

对称三角形情况大多发生在一个大趋势（上升或下降）进行的途中（见图 7 - 20），表示原有的趋势暂时处于休整阶段，之后还要沿着原趋势方向继续行动。一般来说，在整个形态的 1/2 至 3/4 左右突破，所呈现的指示信号最为准确。突破必须以收市价突破形态的 3%（视品种特性而定）作为确认条件。越接近三角形的尖端，未来突破的冲击力也就越小。如果过了 3/4 仍在反复，并走到形态的尖端才突破，所呈现的买卖信号就没有太大意义了。

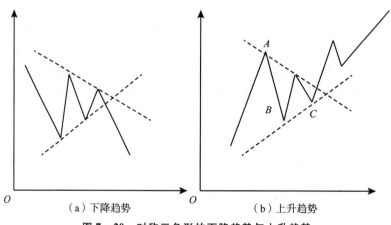

（a）下降趋势　　　　　　　　（b）上升趋势

图 7 - 20　对称三角形的下降趋势与上升趋势

上升三角形和下降三角形是对称三角形的变形体。与对称三角形相比，上升三角形有更强烈的上升意识，多方比空方更为积极；下降三角形有更强烈的下降意识，空方比多方更为强大。通常以三角形的水平线被突破作为这个持续过程终止的标志。

（二）矩形

矩形又叫箱形，也是一种典型的整理形态。价格在两条横着的水平直线之间上下波动，做横向延伸的运动，分为上升矩形和下降矩形（见图7－21）。矩形在形成之初，多空双方全力投入，各不相让。空方在价格高上去后，在某个位置就抛出，多方在价格下跌后到某个价位就买入。时间一长就形成两条明显的上下界线。随着时间的推移，双方的战斗热情会逐步减弱，市场趋于平淡。如果原来的趋势是上升，那么经过一段矩形整理后，会继续原来的趋势，多方占优势并采取主动，使价格向上突破矩形的上界。如果原来是下降趋势，则空方会采取行动，突破矩形的下界。

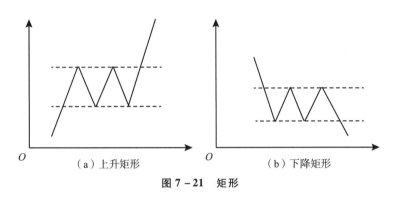

（a）上升矩形　　　　　　　（b）下降矩形

图7－21　矩形

（三）旗形和楔形

旗形和楔形是两个最为著名的持续整理形态。在价格图上，这两种形态出现的频率最高，一段上升或下跌行情的中途，可能出现好几次这样的图形。

旗形是一个上倾或下倾的平行四边形，分为上升旗形和下降旗形（见图7－22）。旗形大多发生在市场极度活跃、价格运动剧烈、近于直线上升或下降的情况下。由于上升、下降过于迅速，市场必然会有所休整，旗形就是完成这一休整过程的主要形式之一。旗形有测算功能。旗形被突破后，价格将至少要走到形态高度（平行四边形中上下两边的垂直距离）的距离多数情况是走到旗杆（快速上升或下降的长度）高度的距离。

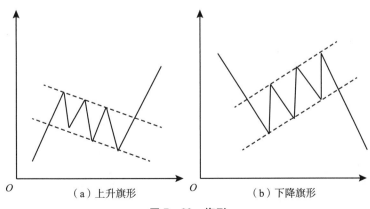

（a）上升旗形　　　　　　　（b）下降旗形

图7－22　旗形

第七章

　　在进行旗形分析时需要注意，旗形持续的时间不能太长。如果时间一长，保持原来趋势的能力就会下降。从经验来看，一般短于3周。旗形形成之前和被突破之后，成交量都很大。在旗形的形成过程中，成交量从左向右逐渐减少。

　　如果将旗形中上倾或下倾的平行四边形变成上倾和下倾的三角形，我们就会得到楔形，分为上升楔形和下降楔形（见图7－23）。从图7－23中看出三角形的上下两条边都是朝着同一个方向倾斜。这与前面介绍的三角形形态不同。在形成楔形的过程中，成交量是逐渐减少的。在楔形形成之前和突破之后，成交量都很大。

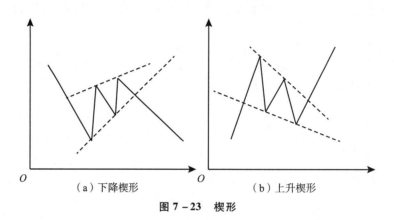

（a）下降楔形　　　　　　（b）上升楔形

图 7－23　楔形

二、反转突破形态

（一）双重顶（底）

　　双重顶出现在价格上涨过程中，双重底出现在价格下跌过程中。双重顶和双重底在实际中出现得非常频繁。这里只需说明双重顶，读者可自行理解双重底的原理。

　　在图7－24a中，在上升趋势过程末期，价格在A点形成新高后出现回落调整，但受上升趋势线的支撑，价格会大致停在B点。其后继续上升，但是力量不够，在与A点几乎等高的C点遇到压力后价格向下。以B点作平行于A、C连线的平行线，就得到一条非常重要的直线——颈线。颈线和水平线之间的高度称为形态高度。

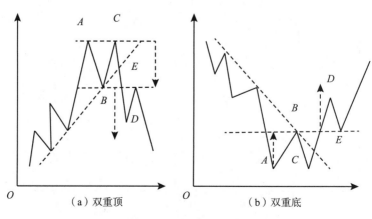

（a）双重顶　　　　　　　（b）双重底

图 7－24　双重顶（底）

双重顶形成以后，可能有以下情形：一是未突破 A 点的阻力位置，价格在 A、B、C 三点形成的狭窄范围内上下波动，演变成矩形这种持续整理形态；二是突破 B 点的支撑位置继续向下，这种情况才真正表明出现了双重顶反转突破形态。

需要注意的是，双重顶的形成需要确认。确认的方法是跌破颈线的 3%（视品种而定，如国债期货的确认可以是 2%）。颈线被向下突破后，预估的最小跌幅为形态高度。

（二）头肩形态

头肩顶和头肩底是最著名和最可靠的反转突破形态之一。这种形态一共出现三个顶，中间的高点称为头，左右两个相对较低的高点称为肩。在上升趋势中，不断升高的各个局部的高点和低点保持着上升的趋势，其后在某一个地方上涨势头将放慢。图 7 - 25a 中 A 点和 B 点还没有放慢的迹象，但在 C 点和 E 点已经有了势头受阻的信号，说明这一轮上涨趋势可能出现了问题。最后，价格走到了 G 和 F 点，这时反转向下的趋势已势不可挡。值得注意的是，头肩顶形态完成后，向下突破顶线时，成交量不一定扩大，但日后继续下跌时，成交量会放大。

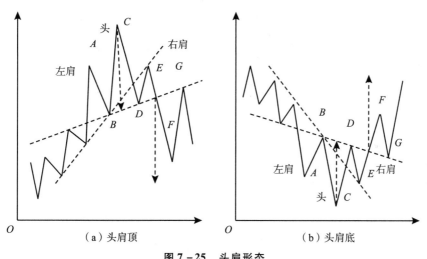

图 7 - 25　头肩形态

（三）三重顶（底）

三重顶（底）形态是头肩形态的一种小的变形体，由三个一样高或一样低的顶或底组成（见图 7 - 26）。与一般头肩形最大的区别是，三重顶（底）的颈线和顶部（底部）连线是水平的，这就使得三重顶（底）具有矩形的特征。比起头肩形来说，三重顶（底）更容易演变成持续形态，而不是反转形态。另外，如果三重顶（底）的三个顶（底）的高度依次从左到右是下降（上升）的，则三重顶（底）就演变成了直角三角形态。这些都是我们在应用三重顶（底）时应该注意的地方。

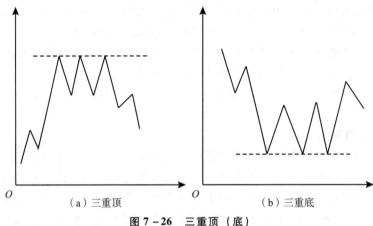

（a）三重顶　　　　　　　　（b）三重底

图 7 – 26　三重顶（底）

另外还需要注意的是，三重顶（底）的顶峰与顶峰，或底谷与底谷的间隔距离与时间不必相等，同时三重顶（底）的顶（底）部也不一定要在相同的价格形成。三个顶部或底部价格不必相等，差异在 3% 以内就可以。三重顶的第三个顶，成交量非常小时，即显示出下跌的征兆；三重底的第三个底上升，成交量大增时，即显示价格有突破颈线的趋势。

（四）圆弧形

圆弧形在实际中出现的机会较少，但是一旦出现则是绝好的机会，它的反转深度和高度往往深不可测。这一点同前面几种形态有一定区别（见图 7 – 27）。

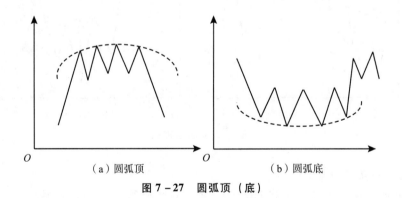

（a）圆弧顶　　　　　　　　（b）圆弧底

图 7 – 27　圆弧顶（底）

（五）V 形

V 形出现在市场剧烈的波动过程之中，它的顶或底只出现一次，这一点同其他反转形态有较大的区别（见图 7 – 28）。V 形的反转一般事先没有明显的征兆，我们只能从别的分析方法中得到一些不明确的信号，如已经到了支撑、压力区等。V 形是一种失控的形态，在应用时要特别小心。

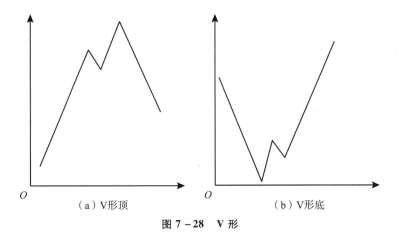

（a）V形顶　　　　　　　　（b）V形底

图7-28　V形

（六）岛形反转

岛形反转分为顶部岛形反转和底部岛形反转。图7-29是一个顶部岛形反转，可以看出岛形反转是一个顶部区域在左侧和右侧都有缺口的技术形态。

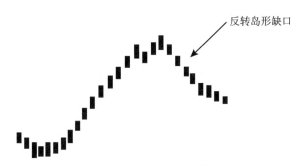

图7-29　顶部岛反转

（七）钻石形态

钻石形态是一种比较特殊且罕见的形态，通常出现在顶部，它大多充当反转突破形态，而较少作为持续整理形态出现。在该形态中，先是两根边线逐渐分离，然后再逐渐聚拢，围成了与钻石非常相像的形态，故称钻石形态（见图7-30）。

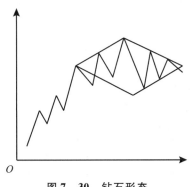

图7-30　钻石形态

第七章

钻石形态在形成过程中，价格变化所对应的交易量形态是，在形态前一半，交易量逐渐扩张，在形态后一半，交易量逐渐缩小。在钻石形态的后半部分，当下边的上升趋势线被向下突破后，形态完成。一般在其向下突破时，会伴有交易量的增加。

从投资者的心理角度看，扩散三角形和收窄三角形正好揭示了两种不同的状态。市场在形成扩散三角形的时候，往往反映参与的投资者变得越来越情绪化，使得行情的震荡逐渐加剧。而当行情处于收窄三角形整理阶段，由于市场暂时正在等待方向的选择，导致越来越多投资者转向观望。因此，当钻石型形态出现时，说明市场正由一个比较活跃的时期逐渐萎缩。也因为这个阶段的市场参与者在不断减少，使得行情经过钻石型调整后大多时候选择了向下调整。

钻石形态的最小价格目标的测算方法与其他形态的测算方法大致相同。先测出该形态最宽部分的竖直距离，然后，从突破点起向下投射相等距离。有时候也会出现反扑现象，价格回到下方的阻挡线附近，但新趋势应从这里恢复运行。

最后需要回顾和注意的是，交易量一般应该顺着市场趋势的方向相应增长，这是验证所有价格形态完成与否的重要依据。任何形态在完成时，均应伴随着交易量的显著增加。在底部反转过程中，交易量的相应扩张绝对必须。交易量在验证向上突破信号时十分重要。如果当价格向上突破的时候，交易量形态并未呈现出显著增长的态势，那么整个价格形态的可靠性就会大打折扣。在趋势的顶部反转过程的早期，交易量并不如此重要。一旦熊市潜入，市场习惯于"因自重而下降"。技术分析者当然希望看到在价格下跌的同时，交易活动也更为活跃，不过在顶部反转过程中，这并不是关键。

第六节　指标分析

一、移动平均线

移动平均线（moving average，MA）是指将一定时期内的价格取均值，并把不同时期的平均值连接起来形成的曲线。移动平均线的基本思想是消除价格随机波动的影响，寻求价格波动的趋势。它具有追踪趋势、滞后性、助涨助跌性和支撑线及压力线的特性。移动平均线的规则可以简易地编成计算机程序，然后由计算机自动地生成各种买入或卖出信号。

（一）移动平均线的种类

移动平均线可分为算术移动平均线、加权移动平均线和指数平滑移动平均线（exponential moving average，EMA）三种。算术移动平均线是数个交易日收市价格的算术平均线。有些分析者认为，距当前越近的日子的价格变化应当具有越大的权重。为此有人提出了"线性加权移动平均值"的概念。在这种算法中，如果以 10 天的平均值为例，那么第 10 天的收市价要乘以 10，第 9 天乘以 9，第 8 天乘以 8，以此类推算出总和。然后，把总和除以上述乘数的和（在本例中为 55，即 10 + 9 + 8 + ··· + 1 = 55）。但是线性加权平均值法依然没有解决前一个问题，仍然仅仅包含平均值移动区间内的价格。"指数加权移动平均值"试图解决简单平均值法所面临的问题，计算公式繁复，需要借助计算机来完成。看似指数加权平均是个不错的指标，但是事实不完全如此。

在实际应用中常使用指数平滑移动平均线，但美林公司研究部门在进行大量研究后发现就整体而言，简单移动平均值方法既胜过线性加权平均值法，也胜过指数加权平均值法。在 13 个品种的期货市场中，有 10 例是简单平均值法最佳，有 2 例是线性加权平均法最优，而指数加权平均值中选择的情况只有 1 例。但这也说明，没有哪种移动平均线在所有市场都表现得最佳，每个市场都有自己独有的优越移动平均线，具体市场应具体分析。

（二）利用 4 - 9 - 18 天移动平均线系统

根据计算期的长短，MA 又可分为短期、中期和长期移动平均线。通常以 5 日线、10 日线观察期货市场的短期走势，称为短期移动平均线；以 30 日、60 日线观察中期走势，称为中期移动平均线；以 13 周、26 周研究判断长期趋势，称为长期移动平均线。由于短期移动平均线比长期移动平均线更易于反映行情价格的涨跌，所以一般又把短期移动平均线称为"快速 MA"，长期移动平均线则被称为"慢速 MA"。最常用的移动平均值天数为 5 天、10 天、20 天和 40 天，或者是这些数字的某种变通（如 4 天、9 天和 18 天）

在上升趋势中，合理的排列应当为 4 天均线高于 9 天均线，而后者又高于 18 天均线。在下降趋势中，顺序正相反，4 天均线最低，9 天均线次之，18 天均线居上。在下降趋势中，当 4 天均线同时向上越过了 9 天和 18 天均线后，则构成买入预警信号。随后，一旦 9 天均线向上越过 18 天均线，则预警就得到验证，说明买入信号成立。在市场调整时，也许会有三线绞混的情况，但上升的趋势不变。有些交易者在三线绞混的过程平仓获利，也有人将其作为买入机会，这取决于交易者的交易风格。

当上升趋势反转为下降趋势时，4 天均线向下跌破 9 天均线和 18 天均线，就出现了卖出预警信号。有人会利用这个交叉信号，开始卖出平仓。随后，如果 9 天均线再向下跌破 18 天均线，则卖出信号得到确认。

二、平滑异同移动平均线

平滑异同移动平均线（moving average convergence divergence，MACD）是根据移动平均线发展出来的，可以研判买进与卖出的时机和信号，是技术指标里十分经典的一个指标。

（一）MACD 的原理

MACD 是利用两条不同速度的指数平滑移动平均线（变动速率快的短期移动平均线，如 12 日的指数平滑移动平均线变动速率慢的长期移动平均线，如 26 日的指数平滑移动平均线）来计算二者之间的差离值（differential value，DIF）作为分析行情的基础，然后再据此求取 DIF 的 9 日平滑移动平均线。其中，差离值（DIF）= 12 日 EMA – 26 日 EMA 在技术分析中，要将 DIF 与 EMA 值分别绘出两条曲线，然后依据"长短线交错的方法"进行分析。当 DIF 线向上突破 EMA 平滑线后，可以认为涨势确认当 DIF 线向下跌破 EMA 平滑线时，则为跌势确认。

（二）MACD 的应用法则

（1）DIF 和 EMA 在 0 以上，大势属多头市场。

（2）DIF 向上突破 EMA 时，可买进；若 DIF 向下跌破 EMA 时，只可做原买单的平仓，新卖单不可进场。

（3）DIF 和 EMA 在 0 以下，大势属空头市场。

（4）DIF 向下跌破 EMA 时，可卖出；若 DIF 向上突破 EMA 时，只可做原单的平仓，新买单不可进场。

（5）在高位上出现两次向下交叉则大跌，在低位上出现两次向上交叉则大涨。

（三）MACD 指标中的柱状图分析

在分析软件中通常采用 DIF 值减 DEA 值来绘制 MACD 柱，用红柱状和绿柱状表示，红柱表示正值，绿柱表示负值。用红绿柱状来分析行情，既直观明了又实用可靠。其基本运用原理如下：

（1）当红柱状持续放大时，表明市场处于牛市行情中，价格将继续上涨。

（2）当绿柱状持续放大时，表明市场处于熊市行情中，价格将继续下跌。

（3）当红柱状开始缩小时，表明市场上涨结束或要进入调整期，价格将出现下跌。

（4）当绿柱状开始收缩时，表明市场的大跌行情即将结束，价格将止跌向上或进入盘整。

（5）当红柱开始消失、绿柱开始放出时，这是转市信号之一，表明上涨行情或高位盘整行情即将结束，价格将开始加速下跌。

（6）当绿柱开始消失、红柱开始放出时，也是转市信号之一，表明下跌行情或低位盘整已经结束，价格开始加速上升。

（四）MACD 的顶背离和底背离

MACD 指标的背离就是指 MACD 指标的图形的走势正好和 K 线图的走势方向正好相反。

1. 顶背离

当 K 线图上的走势一峰比一峰高，价格一直在向上涨，而 MACD 指标图形上的由红柱构成的图形的走势是一峰比一峰低，这种现象叫顶背离。顶背离现象一般是价格在高位即将反转向下的信号，表明价格短期内即将下跌，是卖出信号。

2. 底背离

底背离一般出现在低位区。当 K 线图上的价格还在下跌，而 MACD 指标图形上的由绿柱构成的图形的走势是一底比一底高，这就是底背离现象。底背离现象一般是预示价格在低位可能反转向上的信号，表明价格价短期内可能反弹向上，是短期买入的信号。

在实践中，MACD 指标的背离一般出现在强势行情中比较可靠，在高价位时，通常只要出现一次背离的形态即可确认即将反转，而在低位时，一般要反复出现几次背离后才能确认。因此，MACD 指标的顶背离的准确性要高于底背离，这点交易者要加以留意。

（五）MACD 缺点

由于 MACD 是一项中、长线指标，买进点、卖出点和最低价、最高价之间的价差较大。当行情忽上忽下、幅度太小或盘整时，按照信号进场后随即又要出场，买卖之间可能没有利润，也许还要赔点价差或手续费。一两天内涨跌幅度特别大时，MACD 来不及反应，因为 MACD 的移动相当缓和，比较行情的移动有一定的时间差，所以一旦行情迅速大幅涨跌，MACD 不会立即产生信号，此时，MACD 无法发生作用。

每一种指标都有其优势和劣势，MACD 指标也具有一定的滞后性。在区间振荡行情中，MACD 的价值会大打折扣，甚至会出现紊乱。因此，交易者需要学会利用各种技术指标的优势并相互配合使用来优化交易。

三、威廉指标（WMS）

（一）威廉指标的计算

威廉指标是通过分析一段时间内高低价位和收盘价之间的关系，来度量市场的超买超卖状态，依此作为短期投资信号的一种技术指标。WMS 的计算公式如下：

$$WMS_{(n)} = \frac{H_n - C_i}{H_n - L_n} \times 100\%$$

其中：C_t 为当天的收盘价；H_n 和 L_n 分别为最近 n 日（包括当天）出现的最高价和最低价。公式中的 n 为选定的时间参数，一般为 14 日或 20 日。

威廉指标可用来衡量当天的收盘价在过去的一段时期内所有价格所处的相对位置。WMS 的取值范围为 0%～100%。如果 WMS 的值比较小，则当天的价格处在较高的位置，要防止回落；如果 WMS 的值较大，则说明当天的价格处在相对较低的位置，要注意反弹。

（二）威廉指标的一般运用原则

第一，在 80% 处一条超卖线，当价格进入 80%～100%，而后再度上升至 80% 之上时为买入信号。

第二，在 20% 设一条超买线，价格进入 20%～0，而后再度下跌至 20% 之下时为卖出信号。

第三，在 50% 设一条中轴线，行情由下往上穿越时，表示确认买进信号行情由上往下穿越时，表示确认卖出信号。

四、相对强弱指标（RSI）

（一）相对强弱指标的计算

相对强弱指标是通过比较一段时期内的平均收盘涨数和平均收盘跌数来分析市

场买卖盘的意向和实力，进而判断未来市场的走势。

RSI 考虑的是 n 日内的每日收盘价所能形成的买方总力量（记做 A）和卖方总力量（记做 B）。买方总力量是当日收盘价高于前日收盘价的天数总和，卖方总力量是 n 日内当日收盘价低于前日收盘价的天数总和。天数 n 一般取 5 日、9 日、14 日等。相对强弱指标的计算公式如下：

$$RSI(n) = \frac{A}{A+B} \times 100$$

（二）RSI 的应用

第一，RSI 实际上是表示价格向上波动的幅度占总波动的百分比。RSI 的取值范围介于 0~100。如果比例较大就是强市，否则就是弱市。

第二，将不同参数的两条或多条 RSI 曲线联合使用。同 MA 一样，天数越多的 RSI 考虑的时间范围越大，结论越可靠，但反应速度较慢。其中，我们将参数较小的 RSI 称为短期 RSI，参数较大的称为长期 RSI。当短期 RSI > 长期 RSI，则属多头市场短期 RSI < 长期 RSI，则属空头市场。

第三，根据 RSI 取值的大小判断行情。将 100 分成四个区域，根据 RSI 的取值落入的区域进行操作，划分区域的方法如表 7-5 所示。

表 7-5　　　　　　　　　　　　RSI 值的市场特征与投资操作

RSI 值	市场特征	投资操作
80~100	极强	卖出
50~80	强	买入
20~50	弱	卖出
0~20	极弱	买入

第四，当 RSI 在较高或较低的位置出现头肩顶、多重顶（底）时是采取行动的信号。

第五，如果 RSI 处于高位，并形成一峰比另一峰更低的两个峰，而价格是一峰比一峰更高，则形成顶背离，这是卖出信号。如果这时价格上涨过程中出现缺口，则卖出信号更为强烈。同样，还有底背离，分析的方法正好和顶背离相反。

五、随机指标（KDJ）

（一）KDJ 的计算

随机指标综合了动量观念、强弱指标及移动平均线的优点，很早就应用在期货投资方面，并且功能十分显著。随机指标在图表上共有三根线 K 线、D 线和 J 线。K 线、D 线和 J 线是由 K 值、D 值、J 值分别形成的三条曲线。具体的计算方法是先计算未成熟随机值 RSV，然后计算 K、D、J 值。具体内容如下：

$$N\ 日\ RSV = \frac{(N\ 日收盘价 - N\ 日内最低价)}{(N\ 日内最高价 - N\ 日内最低价)} \times 100$$

当日 K 值 = 1/3 当日 RSV + 2/3 前 1 日 K 值；当日 D 值 = 2/3 前 1 日 D 值 + 1/3

当日 K 值；当日 J 值 = 3 当日 K 值 − 2 当日 D 值。K、D 初始值取 50。

（二）KDJ 的使用

K 为快速指标，D 为慢速指标，J 为超快速指标。当 K 线向上突破 D 线时，表示为上升趋势，可以买进；当 K 线向下突破 D 线时，可以卖出。当 KD 值升到 90 以上时表示偏高，是超买信号；跌到 20 以下时表示偏低，是超卖信号。

KDJ 曲线还需要从其他角度进行分析。第一，考虑形态。KD 指标在较高或较低的位置形成头肩顶或多重顶（底）时是采取信号的时候。第二，可以画趋势线以明确 KD 的趋势，也可以引进支撑和压力的概念，如果支撑和压力被突破可以采取行动。第三，从 KD 的交叉方面考虑。K 上穿 D 是金叉，为买入信号，如果金叉位置越低信号效果越好，低位时交叉次数越多信号效果越好。K 下穿 D 是死叉，运用原理同上。第四，考虑和价格方向背离。如果 KD 处于高位，并形成两个依次向下的峰，而此时价格还在不断上涨，就形成了顶背离，是卖出的信号。如果 KD 处于低位，并形成两个依次向上的谷，而价格下跌，则构成底背离，是买入信号。第五，J 线为方向敏感线。当 J 值大于 90，特别是连续 5 天以上时，价格至少会形成短期头部，当 J 值小于 10，特别是连续数天以上时，价格至少会形成短期底部。

总体而言，随机指标在计算中考虑了计算周期内的最高价、最低价，兼顾了价格波动中的随机振幅。因此，人们认为随机指标可更真实地反映价格的波动，提示作用更加明显。总体来说，KDJ 指标比 RSI 准确率高，且有明确的买、卖点出现。但交易者需要注意在 K、D 线呈现交叉时往往出现"骗线"现象，主要是因为 KDJ 指标过于敏感，且群众基础较好，所以经常被主力操纵。

六、乖离率指标（BIAS）

（一）计算方法

BIAS 是测算价格与移动平均线偏离程度的指标，基本原理是如果价格偏离移动平均线太远，不管是在移动平均线上方或下方，都有向平均线回归的倾向。BIAS 的计算公式如下：

$$BIAS(n) = \frac{C_t - MA(n)}{MA(n)} \times 100\%$$

其中：C_t 为 n 日中第 t 日的收盘价；$MA(n)$ 为 n 日的移动平均数；分子为收盘价与移动平均的距离，可正可负，除以分母后，就是相对距离。n 为 BIAS 的参数。

（二）应用法则

一般说来，参数选得越大，允许价格远离 MA 的程度就越大。换句话说，价格远离 MA 到一定程度，就可以认为该回头了。

七、心理线指标（PSY）

（一）计算方法

心理线指标是从投资者的买卖趋向心理方面，将一定时期内投资者看多或看空

第 七 章

的心理事实转化为数值，来研判价格未来走势的技术指标。PSY 的计算公式如下：

$$PYS(N) = \frac{A}{N} \times 100$$

其中：N 是天数；A 为 N 天中的上涨天数。在实际应用中，N 一般定为 12 日。例如，N = 12，12 天之中有 3 天上涨，9 天下跌，则 A = 3，PSY(12) = 25。这里的上涨和下跌的判断以收盘价为准。

（二）应用法则

PSY 的取值范围是 0 ~ 100，以 50 为中心，50 以上是多方市场，50 以下是空方市场，若恰为 50 则可大致理解为多空平衡。PSY 超过 75 为超买，低于 25 为超卖。当行情上涨时，可以将卖点提高到 75 点以上行情下跌时，可将买点降低到 25 以下。需要注意的是在行情展开前，PSY 通常会出现两次以上的买点或卖点。当然，PSY 参数的选择是人为的，最好和其他指标一并使用。

八、动量指标（MTM）

（一）计算方法

动量指标就是利用恒速缓冲的原则，来观测价格的涨跌速度，分析价格的波动速度，研究价格在波动过程中各种加速、减速惯性作用以及商品价格由静到动或由动转静的现象。动量指数的理论基础是价格和供需量的关系，随着时间移动，价格的涨幅必须日渐缩小，变化的速度力量慢减缓，行情则可反转。反之，下跌亦然。动量指标就是这样通过计算价格波动的速度，得出价格进入强势的高峰和转入弱势的低谷等不同信号。

价格在波动中的动量变化可通过每日的动量点连成曲线即动量线反映出来。在动量指数图中，水平线代表时间，垂直线代表动量范围。动量以 0 为中心线，即静速地带，中心线上部是价格上升地带，下部是价格下跌地带，动量线根据价格波动情况围绕中心线周期性往返运动，从而反映价格波动的速度，其计算公式如下：

$$MTM = C - C_n$$

其中：C 为当日收市价；C_n 为 n 日前收市价；n 为设定参数，一般选 10 日，也可以在 6 ~ 14 日之间进行选择。

（二）应用法则

动量指标的应用原则如下：

第一，一般情况下，MTM 由上向下跌破中心线时为卖出时机。相反，MTM 由下向上突破中心线时为买进时机。

第二，在选设 MTM 的 10 日移动平均线情况下，当 MTM 在中心线以上，由上向下跌穿平均线为卖出信号。反之，当 MTM 在中心线以下，由下向上突破平均线为买入信号。

第三，价格在上涨行情中创出新高点，而 MTM 未能配合上升，出现背驰现象，意味着上涨动力减弱，此时应关注行情，慎防价格反转下跌。

第四，价格在下跌行情中走出新低点，而 MTM 未能配合下降，出现背驰现象，意味着下跌动力减弱，此时应注意逢低承接。

第五，价格与 MTM 在低位同步上升，显示短期将有反弹行情若价格与 MTM 在高位同步下降，则显示短期可能出现价格回落。

九、能量潮指标（OBV）

能量潮指标是将成交量与价格联系起来判断价格走势的技术分析指标，其分析基础是量价配合。

（一）计算方法

当今日收盘价高于昨日收盘价时，今日的成交量为正值；当今日收盘价低于昨日收盘价时，今日的成交量为负值。一连串的正负值成交量累积相加，即为 OBV 值。可以根据当日的最高价、最低价及收盘价三个价位加以平均的需求值替代收盘价来计算 OBV 值，以制作 OBV 曲线，这种方法称为成交量多空比率净额法，计算公式如下：

$$VA = \frac{V \times [(C-L) - (H-C)]}{H-C}$$

其中：VA 为多空比率净额，V 为成交量，C 为收盘价，L 为最低价，H 为最高价。

（二）应用法则

OBV 的运用应注意以下几点。

第一，当 OBV 下降、行情上升时，则为卖出信号；当 OBV 下降、行情下降时，则为买入信号。OBV 缓慢上升，表示买盘转强；OBV 急速上升，则表明多头即将力竭。

第二，OBV 从正的累积数转为负，为下跌趋势，应做空；反之，做多。

第三，运用 OBV 线时，需要配合 K 线分析。当价格在盘整时，突破了压力，OBV 的变动方向就显得至关重要了。

第四，若 OBV 线自上而下跌破移动平均线，为卖出信号；若 OBV 自下而上穿过移动平均线，则为买入信号。

第五，如果 OBV 与价格线背离，则行情短期内会有变动。

第六，OBV 线对双重顶第二个高峰的确定有较标准的显示，当行情自双重顶的第一个高峰下跌又再次回升时，若 OBV 线能随行情趋势同步上升，量价配合则可能持续多头市场，并出现更高峰。相反，如果行情再次回升时，OBV 线未能同步配合，反而下降，则可能即将形成第二个峰顶，呈现双重顶的形态，行情可能反转回跌。

复　习　题

1. 成交量、持仓量和价格之间的关系如何？
2. 试分析各种 K 线图反映的市场情况。
3. 常用的技术分析指标有哪些？并简述各种方法的优缺点。

第八章 | 期货交易风险管理

学习提要

1. 了解期货市场风险的类型和控制方法
2. 理解期货市场风险管理的必要性
3. 了解期货交易风险的特点
4. 理解我国期货市场监管体系

关键词

公开市场；期货市场的竞争性；期货行业协会；风险识别与测度

期货交易作为一种独特的交易方式，在其自身运行过程中蕴涵了很大的风险。与其他市场的风险相比，期货市场的风险是复杂的、多方面的，因此有必要对其进行深入细致的研究，从而寻求防范、管理期货市场风险的有效措施，以保证期货市场的正常运转，保证市场参与者的共同利益，保证期货市场功能的实现。

通常，对风险有两种定义：一种是强调风险表现为损失的不确定性；另一种则强调风险表现为不确定性。若风险表现为损失的不确定性，说明风险只能表现出损失，没有从风险中获利的可能性，属于狭义风险。而风险表现为不确定性，说明风险产生的结果可能带来损失、获利或是无损失也无获利，属于广义风险，期货市场的风险属于后者。风险和收益成正比，按照风险偏好程度不同，期货市场套期保值者属于风险厌恶者，投机者则属于风险偏好者。

第一节 期货市场风险类型与识别

期货市场的风险具有多样性和复杂性，可从不同角度对风险进行划分、归类。

归纳起来，可以从下面四个角度对期货市场风险进行划分。

一、期货市场风险类型

（一）从风险是否可控划分
从风险是否可控的角度，期货市场风险可以分为不可控风险和可控风险。

1. 不可控风险

不可控风险是指风险的出现不受风险承担者所控制，这类风险通常来自期货市场之外，但对期货市场的相关主体可能产生影响，具体包括两类：一类是宏观经济环境变化风险。这类风险是通过影响供求关系进而影响相关期货品种的价格而产生，具体可分为不可抗力的自然因素变动的风险，以及政治因素、经济因素和社会因素等变化的风险。这些因素的变动，影响交易者对价格的合理预期，尤其是突发的或偶然事件的发生，会扰乱正常的供求规律，使期货市场产生剧烈震荡，如异常恶劣的气候状况、突发性的自然灾害及一个国家政局的动荡等。另一类是政策性风险。管理当局根据期货市场发展的特定阶段，通过制定、颁布、实施政策加强对期货市场的宏观管理。政策是否合理，在很大程度上取决于管理部门对期货市场的管理经验和认知程度。因此，政策的实施、变动有很大的主观性，如果政策不合理、政策变动过频或者政策发布缺乏透明度等，都可能在不同程度上对期货市场的相关主体直接或间接地产生影响，造成不可预期的损失，引发风险。

2. 可控风险。

可控风险是指通过采取措施，是可以控制或可以管理的风险。这些风险可以通过市场主体采取一些措施进行防范、控制和管理。因此，与不可控风险相比，可控风险具有更积极的意义。期货市场的风险管理重点放在可控风险上。

（二）从期货交易环节划分
客户从事期货交易主要面临以下三种风险：

1. 代理风险

代理风险是指客户在选择期货公司确立代理过程中所产生的风险。客户在选择期货公司时应对期货公司的规模、资信、经营状况等对比选择，确立最佳选择后与该公司签订《期货经纪合同》，如果选择不当，就会给客户将来的业务带来潜在风险。

2. 交易风险

交易风险是指期货交易者在交易过程中产生的风险。它包括由于市场流动性差、期货交易难以迅速及时地成交所产生的风险，以及当期货价格波动较大，保证金不能在规定时间内补足，交易者可能面临强行平仓的风险。

3. 交割风险

交割风险是客户在准备或进行期货交割时产生的风险。期货合约到期后，所有未平仓合约都必须进行实物交割，因此，不准备进行交割的客户应在合约到期之前或合约交割月到来之前将持有的未平仓合约及时平仓，免于承担交割责任。

（三）从风险产生的主体划分

期货市场涉及期货交易所、期货公司、期货交易者和监管部门等主体，它们在期货市场中扮演着不同的角色。期货交易的风险具有复杂性和多样性，部分风险的产生与这些主体的行为直接相关。

1. 期货交易所

期货交易所为期货交易提供场所、制定交易规则、设计期货合约和组织监督交易，承担着期货市场微观管理的职责。交易所在期货市场风险防范与管理中起重要作用。但如发生交易所风险管理措施不严密，风险管理丧失公平、公正原则，有意偏袒交易一方甚至纵容交易者操纵市场等，交易所不仅不能防范或化解风险，反而会加大市场风险。期货交易所的风险主要包括交易所的管理风险和技术风险。前者是指由于交易所的风险管理制度不健全或者执行风险管理制度不严、交易者违规操作等原因所造成的风险，后者是指由于计算机交易系统或通信信息系统出现故障而带来的风险。

2. 期货公司

期货公司是联系交易所与客户之间的桥梁，也是风险控制的重要环节。但是，如果期货公司由于自身原因，在利益驱使下，进行违法、违规活动，欺骗客户、损害客户利益或者由于运作不规范、经营管理不善等均可能产生风险，甚至对期货市场产生重大影响。期货公司的风险可以分为两种：一种是由于期货公司自身的原因而引起的风险，如由于期货公司管理不善、期货公司从业人员职业道德缺乏或操作失误等原因给自身或客户甚至整个市场带来风险；另一种是由于客户的原因而给期货公司带来的风险，如客户资信状况恶化、客户发生违规行为等。

3. 期货交易者

交易者是期货市场最基本的交易主体。他们利用期货市场规避风险，同时由于交易行为不规范也会给市场带来风险。期货交易者的风险主要可分为两种，一种是由于期货公司选择不当等原因而给自身带来的风险，另一种是指由于自身投资决策失误或违规交易等行为所产生的风险。

4. 政府及监管部门

期货市场是市场经济发展到一定阶段的产物，其运行遵循一定的内在规律。但作为市场体系的重要组成部分，期货市场无法脱离现实经济发展环境独立存在，需要政府及监管部门运用宏观管理手段，调节期货市场与其他市场以及与整个经济发展的关系，从而使期货市场能够协调发展、平稳运行，发挥其应有功能。政府的宏观管理手段包括制定政策、法规，规范各主体的行为，设置管理机构对期货市场进行行业监管及采取经济措施调整期货市场的发展。如果政府宏观政策失误、宏观政策频繁变动或对期货市场监管不力、法制不健全等，均会对期货市场产生重大影响。

（四）从风险来源划分

从风险来源划分，可分为市场风险、信用风险、流动性风险、操作风险与法律风险。

1. 市场风险

市场风险是因价格变化使持有的期货合约的价值发生变化的风险，是期货交易中最常见、最需要重视的一种风险。导致期货交易的市场风险因素一般可分为自然环境因素、社会环境因素、政治法律因素、技术因素和心理因素等。

2. 信用风险

信用风险是指由于交易对手不承担履约责任而导致的风险。期货交易由结算机构担保履约而几乎没有信用风险。现代期货交易的风险分担机制使期货交易发生信用风险的概率很小，但在重大风险事件发生时或风险监控制度不完善时也会发生信用风险。

3. 流动性风险

流动性风险主要可分为两种：一种可称作流通量风险，另一种可称作资金量风险。流通量风险是指期货合约无法及时以合理价格建立或了结头寸的风险，这种风险在市况急剧走向某个极端时或者因进行了某种特殊交易想处理资产但不能如愿以偿时容易产生。通常用市场的广度和深度来衡量期货市场的流动性。广度是指在既定价格水平下满足投资者交易需求的能力，如果买卖双方均能在既定价格水平下获得所需的交易量，那么市场就是有广度的；而如果买卖双方在既定价格水平下均要受到成交量的限制，那么市场就是狭窄的。深度是指市场对大额交易需求的承接能力，如果追加数量很小的需求可以使价格大幅度上涨，那么，市场就缺乏深度；如果数量很大的追加需求对价格没有大的影响，那么市场就是有深度的。较高流动性的市场，稳定性也比较高，市场价格更加合理。资金量风险是指当投资者的资金无法满足保证金要求时，其持有的头寸面临强制平仓的风险。

4. 操作风险

操作风险是指因信息系统或内部控制方面的缺陷而导致意外损失的可能性。操作风险包括以下几方面：因负责风险管理的计算机系统出现差错，导致不能正确地把握市场风险，或因操作错误而破坏数据的风险；储存交易数据的计算机因发生灾害或操作错误而引起损失的风险；因工作责任不明确或工作程序不恰当，不能进行准确结算或发生作弊行为的风险；执行交易的操作人员指令处理错误所造成的风险；不完善的内部制度与处理步骤等。

5. 法律风险

法律风险是指在期货交易中，由于相关行为（如签订的合同、交易的对象、税收的处理等）与相应的法规发生冲突致使无法获得当初所期望的经济效果甚至蒙受损失的风险。如有的机构不具有期货代理资格，投资者与其签订经纪代理合同就不受法律保护，投资者如果通过这些机构进行期货交易就面临法律风险。

二、期货市场风险的识别与控制

风险管理（risk management）是识别、分析度量和处理损失敞口并进行风险控制以减轻损失带来不利影响的持续过程，也就是在一个有风险的环境里把风险减至最低的管理过程。风险管理的基本流程可以归纳为风险的识别、风险的测度和选择有效的手段处理或控制风险。

第 八 章

（一）风险的识别

风险识别是风险管理的首要环节。只有在全面了解各种风险的基础上，才能够预测风险可能造成的危害，从而选择处理风险的有效手段。在实践中，企业可以采用风险列举法、流程图分析法、分解分析法帮助识别风险。

风险列举法指风险管理部门按照业务流程，列举出各个业务环节中存在的风险。

流程图法指风险管理部门对整个业务过程进行全面分析，对其中各个环节逐项分析可能遇到的风险，找出各种潜在的风险因素。

分解分析法指把一个复杂的事物分解为多个比较简单的事物，将大系统分解为具体的组成要素，从中分析可能存在的风险及潜在损失的威胁。也可以采用图解表示的方法来调查损失发生前各种失误事件的情况，或对各种引起事故的原因进行分解分析，具体判断哪些失误最可能导致损失风险发生。

（二）风险的测度

风险测度实际上就是估算、衡量风险，由风险管理人运用科学的方法，对其掌握的统计资料、风险信息及风险的性质进行系统分析和研究，进而确定各项风险的频度和强度，为选择适当的风险处理方法提供依据。风险的测度一般包括风险的预测和度量两个过程。风险的预测包括概率和强度两个方面。

预测风险的概率通过资料积累和观察，发现造成损失的规律性。预测风险的强度假设风险发生，导致的直接损失和间接损失。

在金融市场上，随着计算机技术及统计方法的提高和普及，利用统计技术对风险进行计量或预测越来越受到重视。期货交易所普遍采用相应的模型测算波动性风险，并以此决定保证金水平，金融机构根据自己的需要也开发了许多风险计量模型。例如，由摩根（J. P. Morgan）推出的用于计算 VaR 的风险控制模型被众多金融机构广泛采用。巴塞尔银行监管委员会于 1996 年推出的巴塞尔协议的补充规定中，明确提出基于银行内部 VaR 值的内部模型法，并要求作为金融机构计量风险的基本方法之一；美国证券交易委员会（SEC）于 1997 年 1 月规定上市公司必须及时披露其金融衍生工具交易所面临风险的量化信息，指出 VaR 方法是可以采用的三种方法之一。

期货合约是杠杆性较高的金融工具，具有高风险、高收益特征，因此对期货交易风险的控制与管理也显得异常重要。VaR 方法可以让期货交易者清晰地了解目前市场上的风险是不是过大，让期货交易者做期货交易之前判断时机是否恰当，是否适合立即进行合约买卖的操作。如果 VaR 值比较大，则表示此时进场所承担机会成本将会较大；反之，如果 VaR 值比较小，则表示此时进场所承担机会成本将会较小。而对已拥有期货头寸的期货交易者来说，VaR 可以表明目前所承担的风险是否已超过可忍受的限度。

（三）风险的控制

风险控制的最高境界是消除风险或规避风险，比如对套期保值者而言，其目的就是期望通过期货交易规避企业无法消除的价格风险。但杜绝风险是一种理想状态。利益主体在作出很大努力之后仍旧会面临风险是正常的。一方面是因为有些风险是利益主体无法控制的；另一方面是因为风险控制也有一个成本收益之间的平衡或选择问题。例如，期货交易所或期货公司长时间大幅提高保证金比例，自然可以消除客户的爆仓风险，从而杜绝自身受到损失的可能，但此举同时不可避免地会造成负面影响，最终可能导致客户放弃交易，使期货交易所和期货公司面临另一种风险即经营风险。又例如，期货交易所推出创新业务，更好地服务市场，也具有一定的风险，如单纯从杜绝风险角度考虑，自然会对创新活动采取抵制态度，但这是以牺牲整个市场效率为代价的。另外，对期货投机者而言，参与期货交易的目的是获取风险收益，如果以杜绝风险为目的，那就没有必要去参与期货交易了。

风险控制包括两方面的内容：一是风控措施的选择，这是成本收益权衡的结果；二是制定切实可行的应急方案，最大限度地对所面临的风险做好充分的准备，当风险发生后，按照预设方案实施，将损失控制在最低限度。

第二节　期货市场风险特点与成因

一、期货市场风险的特征

（一）风险存在的客观性

期货市场风险的存在具有客观性。这种客观性一方面体现了市场风险的共性，就是说，在任何市场中，都存在由于不确定性因素而导致损失的可能性。另一方面，期货市场风险的客观性也来自期货交易内在机制的特殊性，期货交易的产生给套期保值者规避风险提供了有效手段，没有风险就不会有套期保值。与此同时，期货交易具有的"杠杆效应"、双向交易、对冲机制的特点，使其吸引了众多投机者的参与，从而蕴含了很大的风险。

（二）风险与机会的共生性

期货交易的风险并不仅仅意味着发生损失的可能性，也存在着获取高额收益的可能，即高收益与高风险并存。期货交易的这种风险与机会的共生性，是期货投机的驱动力。与此同时，期货交易的高风险性也给交易者带来压力，促使交易者提高自身素质，规范交易行为，把风险降到最低限度。

（三）风险因素的放大性

期货市场的风险与现货市场的风险相比具有放大性的特征，主要有以下三方面原因：第一，期货交易实行保证金制度，由于保证金交易具有杠杆性和"以小博大"的特征，投机性较强，增加了更高风险出现的可能性；第二，期货交易是双向交易，并可采取对冲交易方式了结合约，对冲机制在一定程度上增加了交易者的投机动机，容易诱发过度投机现象，从而扩大交易风险；第三，期货交易采用 T + 0 制度，这一交易制度给交易者带来频繁交易的机会，导致交易量过大，风险过度集中。

（四）风险损失的均等性

对于所有参与期货交易的双方来说，期货风险可能带来的损失都是客观存在的、均等的。在期货市场上，无论是套期保值者还是投机者，尽管面临风险程度的大小是由交易者持有的头寸和经济实力的差异决定的，但他们都同样面临遭受损失的风险。就套期保值者而言，虽然是在两个市场上同时进行交易，两个市场的盈亏可以大体相抵，但仍然面临着基差不利变动可能带来的损失。对投机者而言，如果市场的变化与他的判断、预期相反，也会遭受损失。

（五）风险的可防范性

期货市场风险虽然存在不确定因素，但也不是不可预测的。期货市场风险的产生与发展存在着自身的运行规律，可以根据历史资料和统计数据等对期货市场变化过程进行预先测定，掌握其征兆和可能产生的后果，并完善风险监管制度、采取有效措施，对期货市场风险进行防范，达到规避、分散和减弱风险的目的。

二、期货市场风险管理特点

期货交易所、期货公司、期货交易者是期货市场的三大核心主体，它们虽然都面临期货价格波动所传导的风险，但是各自面临的风险又有区别。所以，对不同主体来说，风险管理的内容、重点及风险管理的措施也不一样。

（一）期货交易所

对期货交易所来说，所面临的主要是管理风险。一是对期货公司和会员的管理风险，主要体现在期货价格波动导致期货公司和会员的风险溢出；二是自身管理不严导致对正常交易秩序的破坏，以致自身成为引发期货行业的风险因素。例如，期货交易所的机房出现严重问题，大面积影响客户交易等。因此，对期货交易所而言，严格风控制度，防范溢出风险成为风险管理中的重中之重。

（二）期货公司

对于期货公司来说，与期货交易所一样，所面临的主要也是管理风险。一是期货公司对客户的管理风险，期货价格波动导致交易者的风险溢出构成期货公司的风险；二是期货公司自身管理不严导致对正常交易秩序的破坏，以致自身成为引发期货行业的风险因素。例如，期货公司违规操作，挪用客户保证金，影响客户交易等。

（三）期货交易者

对于期货交易者来说，面临的风险包括两类：一类是可控风险。在这类风险中最主要的是对交易规则制度不熟悉所引发的。比如，对强行平仓制度不了解，满仓或重仓操作，一旦出现不利行情，没有及时追加保证金，就会被强行平仓；对机构投资者而言，除了这一风险外，还存在着内部管理不当引发的风险。在可控风险中，期货交易者还面临选择的期货公司是否合法合规的风险，所以，寻找安全可靠的期货公司，降低其代理风险；在期货交易中，约束自身行为，杜绝违法交易来降低交易风险，也属于可控风险。另一类是不可控风险。在这类风险中最直接的就是价格波动带来的风险。尤其是对期货投机者来说，投机交易的目的是获取风险报酬，对他们而言，完全规避掉风险是不现实的。所以，入市前要权衡风险与报酬的平衡，注意资金管理，采取正确的操作策略，降低投资风险。另外，对套期保值者而言，存在着导致套期保值失败的风险或效果极差的风险，除了基差风险属于不可控风险外，其余的如头寸、资金、交割、不熟悉交易规则等原因都可归类于可控风险，如果强化风险管理，可以避免。

三、期货市场风险的成因

期货市场风险来自多方面。从期货交易起源与期货交易特征分析，其风险成因主要有四个方面价格波动、保证金交易的杠杆效应、交易者的非理性投机和市场机制的不健全。

（一）价格波动

在市场经济条件下，商品的价格受供求关系因素的影响而上下波动。对于商品的生产和经营者来说，价格波动的不可预期性增加了生产、经营的不稳定性，而期货市场特有的运行机制可能导致价格频繁乃至异常波动，从而产生较高风险。

（二）杠杆效应

期货交易实行保证金制度，交易者只需支付期货合约一定比例的保证金即可进行交易，保证金比例通常为期货合约价值的 5% ~ 15%，以此作为合约的履约担保。这种以小博大的高杠杆效应，既吸引了众多投机者的加入，也放大了本来就存在的价格波动风险。价格的小幅波动，就可能使头寸规模较大的交易者损失大量保证金。在市场状况恶化时，他们可能无力支付巨额亏损而发生违约。期货交易的杠杆效应是区别于其他投资工具的主要标志，也是期货市场高风险的重要原因。

（三）非理性投机

投机者是期货交易中不可缺少的组成部分，既是价格风险的承担者，也是价格发现的参与者，不仅促进了合理价格形成，也提高了市场流动性。但是，在风险管理不健全、制度实施不严的情况下，投机者受利益驱使，极易利用自身的实力、地位等优势进行市场操纵等违法、违规活动。这种行为既扰乱了市场正常秩序，扭曲了价格，影响了价格发现功能的实现，还会造成不公平竞争，损害其他交易者的正当利益。

（四）市场机制不健全

期货市场在运作中由于管理法规和机制不健全等原因，可能产生流动性风险、结算风险和交割风险等。在期货市场发展初期，这种不健全的机制产生的相应风险始终存在，有关部门应给予高度重视，并应及时出台、修订和完善各项法规，使期货市场运行机制不断完善。

第 八 章

第三节　中国期货市场监管体系

一、期货市场监管体系

2007 年 8 月，为适应期货市场发展的新形势，整合期货监管系统资源，进一步夯实监管基础，落实监管责任制，提高监管效率，增强防范、控制和化解期货市场风险的能力，根据《期货交易管理条例》及相关法规和规范性文件，中国证券监督管理委员会（以下简称"中国证监会"）发布了《期货监管协调工作规程（试行）》，建立了中国证监会、证监局、期货交易所、中国期货保证金监控中心有限责任公司（2015 年 4 月更名为中国期货市场监控中心）和中国期货业协会等五个部门共同协作的期货监管协调工作机制。按照"统一领导、共享资源、各司其职、各负其责、密切合作、合力监管"的原则，监管协调机制各方形成了一个分工明确、协调有序、运转顺畅、反应快速、监管有效的工作网络，保证了监管工作的顺利进行和监管效能的有效发挥。

二、期货市场监管部门

（一）中国证监会

期货市场是高风险的市场，高风险不仅来自期货交易机制自身，期货行业内各利益主体可能存在的不规范运作将加剧风险的程度，甚至本身就是风险的源头。利益主体的不规范运作，不仅加大自身风险，且容易出现风险外溢，侵犯其他投资者或业内其他利益主体的正当权益，人为加剧了他们的风险。严重的风险事故甚至引发全行业的系统性风险，使投资者丧失信心，摧毁期货市场的生存基础。因此，为了规范各利益主体的行为，保护各方的合法利益和社会公共利益，维护期货市场的正常秩序，需要政府依法行政，对期货行业实施全方位的监管。

中国证监会为国务院直属正部级事业单位，依照法律、法规和国务院授权，对期货市场实行集中统一的监督管理，维护其市场秩序，保障其合法运行。中国证监会作为中国期货市场的主管机关，为防范市场风险，规范市场运作，出台了一系列行政规章和规范性文件，如《期货交易所管理办法》《期货公司管理办法》《期货公司董事、监事和高级管理人员任职资格管理办法》《期货从业人员管理办法》《期货市场客户开户管理规定》等，对包括期货交易所、期货公司、期货从业人员等在内的市场各类主体进行行政管理。

依据有关法律法规，中国证监会在对期货市场实施监督管理中履行下列具体职责：制定有关期货市场监督管理的规章、规则，并依法行使审批权；对品种的上市、交易、结算、交割等期货交易及其相关活动进行监督管理；对期货交易所、期货公司及其他期货经营机构、非期货公司结算会员、期货保证金安全存管监控机构、期货保证金存管银行、交割仓库等市场相关参与者的期货业务活动，进行监督管理；制定期货从业人员的资格标准和管理办法，并监督实施；监督检查期货交易的信息公开情况；对期货业协会的活动进行指导和监督；对违反期货市场监督管理法律、行政法规的行为进行查处；开展与期货市场监督管理有关的国际交流、合作活动；法律、行政法规规定的其他职责。

在"五位一体"监管体系中，中国证监会负责监管协调机制的规则制定、统一领导、统筹协调和监督检查。具体包括：

（1）在净资本监管工作中，负责制定期货公司风险监管指标标准、监管规则及净资本补足制度，督促、指导期货公司净资本监管工作的落实以及采取必须由中国证监会采取的监管措施等。

（2）在保证金安全监管工作中，负责制定保证金存管制度和监管工作指引，负责预警信息处置工作的领导和协调。

（3）在期货公司董事、监事和高级管理人员监管工作中，负责研究制定期货公司董事、监事和高级管理人员监管制度框架，制定和修改期货公司董事、监事和高级管理人员管理办法和规则；核准期货公司董事长、监事会主席、独立董事、总经理、副总经理和首席风险官的任职资格；指导地方证监局对违规高管进行责任确认和追究，并依法采取监管措施；建立与完善期货公司高管人员监管数据库，建立期货公司董事、监事和高级管理人员诚信档案，组织期货公司董事、监事和高级管理人员培训等；监督、指导证监局日常监管工作。

（4）在期货公司风险处置工作中，负责法规政策的制定，对地方证监局风险处置工作进行指导和协调。

（二）地方证监局

中国证监会在省、自治区、直辖市和计划单列市设立 36 个证券监管局，以及上海、深圳证券监管专员办事处。各地证监局是中国证监会的派出机构，中国证监会对证监局实行垂直领导的管理体制。中国证监会及其下属派出机构共同对中国期货市场进行集中统一监管。

各地证监局的主要职责是根据中国证监会的授权，对辖区内的上市公司，证券、期货经营机构，证券期货投资咨询机构和从事证券期货业务的律师事务所、会计师事务所、资产评估机构等中介机构的证券、期货业务活动进行监督管理；查处辖区范围内的违法、违规案件。

在中国期货市场统一监管体系中，证监局的工作具体包括：

（1）在净资本监管工作中，负责对期货公司风险监管报表进行审核，持续监控期货公司净资本等风险监管指标是否符合标准，对期货公司进行现场检查，及时采取监管措施，并按规定将有关情况报告中国证监会。

（2）在保证金安全监管工作中，负责保证金的日常监管和现场检查，对预警信息进行核实与处理。

（3）在期货公司董事、监事和高级管理人员监管工作中，负责依照《期货公司董事、监事和高级管理人员任职资格管理办法》等规定和中国证监会的授权对期货公司董事、监事和高级管理人员进行监督管理；负责核准除期货公司董事长、监事会主席、独立董事以外的董事、监事以及公司财务负责人、营业部负责人的任职资格；对违规高管进行责任确认和追究，依法采取监管措施，并及时向中国证监会报告。管理和维护辖区内高管人员监管数据库，建立、管理期货公司董事、监事和高级管理人员日常监管工作档案，对其合格和诚信情况进行记录，掌握其动态，配合中国证监会对有关人员的诚信状况进行调查与查询。根据中国证监会关于对期货公司首席风险官的管理规定，督导期货公司设立合格的首席风险官，督促、保障首席风险官认真、充分履行职责，促进期货公司建立良好的公司治理和内控机制。

（4）在期货公司风险处置工作中，负责提出风险处置方案并组织实施，及时向中国证监会报告风险处置进展情况，维护辖区期货市场秩序和社会稳定。

第 八 章

（三）中国期货业协会

2000 年 12 月，我国成立了中国期货业协会。中国期货业协会的宗旨是在国家对期货业实行集中统一监督管理的前提下，进行期货业自律管理，发挥政府与期货业间的桥梁和纽带作用，为会员服务，维护会员的合法权益坚持期货市场的公开、公平、公正，维护期货业的正当竞争秩序，保护投资者利益，推动期货市场的规范发展。

中国期货业协会是期货业的自律性组织，是非营利性的社会团体法人。中国期货业协会由会员、特别会员和联系会员组成。会员是指经中国证监会审核批准设立的期货公司、从事期货业务或相关活动的机构。特别会员是指经中国证监会审核批准设立的期货交易所。联系会员是指经各地方民政部门审核批准设立的地方期货业社会团体法人。期货公司以及其他专门从事期货经营的机构应当加入期货业协会，并交纳会员费。期货业协会的权力机构为全体会员组成的会员大会。中国期货业协会的章程由会员大会制定，并报国务院期货监督管理机构备案。中国期货业协会接受业务主管单位中国证监会和社团登记管理机关民政部的业务指导和监督管理。

依据有关法律法规，中国期货业协会履行下列职责：①教育和组织会员及期货从业人员遵守期货法律法规和政策，制定行业自律性规则，建立健全期货业诚信评价制度，进行诚信监督。②负责期货从业人员资格的认定、管理以及撤销工作，负责组织期货从业资格考试、期货公司高级管理人员资质测试及行政法规、中国证监会规范性文件授权的其他专业资格胜任能力考试；监督、检查会员和期货从业人员的执业行为，受理对会员和期货从业人员的举报、投诉并进行调查处理，对违反章程及自律规则的会员和期货从业人员给予纪律惩戒。③向中国证监会反映和报告会员和期货从业人员执业状况，为期货监管工作提供意见和建议。④制定期货业行为准则、业务规范，参与开展行业资信评级，参与拟订与期货相关的行业和技术标准。⑤受理客户与期货业务有关的投诉，对会员之间、会员与客户之间发生的纠纷进行调解。⑥为会员服务，依法维护会员的合法权益，积极向中国证监会及国家有关部门反映会员在经营活动中的问题、建议和要求。⑦制定并实施期货业人才发展战略，加强期货业人才队伍建设，对期货从业人员进行持续教育和业务培训，提高期货从业人员的业务技能和职业道德水平。⑧设立专项基金，为期货业人才培养、投资者教育或其他特定事业提供资金支持。⑨负责行业信息安全保障工作的自律性组织协调，提高行业信息安全保障和信息技术水平。⑩收集、整理期货信息，开展会员间的业务交流，推动会员按现代金融企业要求完善法人治理结构和内控机制，促进业务创新，为会员创造更大市场空间和发展机会。⑪组织会员对期货业的发展进行研究，参与有关期货业规范、发展的政策论证，对相关方针政策、法律法规提出建议。⑫加强与新闻媒体的沟通与联系，广泛开展期货市场宣传和投资者教育，为行业发展创造良好的环境。⑬表彰、奖励行业内有突出贡献的会员和个人，组织开展业务竞赛和文化活动，加强会员间沟通与交流，培育健康向上的行业文化。⑭开展期货业的国际交流与合作，代表中国期货业加入国际组织，推动相关资质互认，对期货涉外业务进行自律性规范与管理。⑮法律、行政法规规定以及中国证监会赋予的其他职责。

在全国期货市场统一监管体系中，中国期货业协会的工作具体包括：①在净资本监管中主要负责对期货公司从业人员进行有关净资本工作的培训，对违规人员按照自律规则进行处罚。②在保证金安全监管工作中，负责对期货从业人员进行保证金安全存管规定的培训，向期货投资者宣传监控中心客户查询系统的功能，提醒投资者经常登录监控中心客户查询系统核对客户权益变动情况。③在期货公司董事、监事和高级管理人员监管工作中，负责对拟任期货公司董事长、监事会主席、独立董事、总经理、副总经理、首席风险官的资质测试，对期货公司董事、监事和高级管理人员进行自律管理和业务培训，对违规人员按照自律规则进行处罚。④在期货公司风险处置工作中，负责对相关会员单位提出自律要求，为风险处置工作营造良好外部环境。

（四）期货交易所

期货交易所是期货市场重要的自律监管机构。从国际经验看，各国期货交易所进行的自律管理所涉及的内容基本相似，具体一般包括：

（1）对会员资格审查。期货交易所一般以会员制为主，交易所对申请加入交易所的会员都要进行资格审查，只有符合交易所规定的道德、财力、信誉、知识和技能等方面的具体要求，才可能取得交易所会员的资格。

（2）监督交易行为规则和程序的执行。交易所对场内交易行为制定了一定的程序和相应的制约措施。这些程序和措施包括交易厅的纪律、交易报单的规则和报价制度；每一交易者最大持仓限额及其调整程序（如涨跌停板）；交易结算要求以及到期合约的交割程序等。交易所按这些规定对场内交易进行监控，是交易所自律监管的最主要方面。

（3）制定客户订单处理规范。这方面的规定主要涉及五个方面的内容：一是对所使用的指令类型作出特别的限定，比如市场指令、开盘价指令、止损指令、停止限价指令、组合指令等；二是要求公平、合理、及时地执行交易指令；三是对订单流程作出规定，如订单的每一处理环节必须加盖时间印戳等；四是规定处理订单的佣金和交易所服务水平；五是订单所必需的基本内容和记录规定。

（4）规定市场报告和交易记录制度。法律规定一切交易必须在市场上公平进行，交易所一般都规定一切交易必须在交易大厅内通过竞价达成，开价和出价必须所有参与者知晓，成交情况作为市场行情及时公告；所有在交易中形成的单据、凭证、账册等资料必须妥善保管，以备政府或行业协会检查；交易所还有责任要求接受客户指令的经纪商定期向客户报告账户情况。

（5）实施市场稽查和惩戒。交易所要求对交易行为进行监督稽查，按法律和交易所规定对违法违规行为进行量定，然后实施相应的处罚。另外，交易所还为解决会员之间、会员与客户之间的纠纷制定了详细的仲裁条款，以保证交易公平、公正、公开地进行。

（6）加强对制造假市场的监管。交易所对违规制造假市场的会员予以非常严厉的处分，直到追究其法律责任。

我国的期货交易所是按照其章程的规定实行自律管理的法人。根据国务院《期货交易管理条例》，期货交易所应当依照条例和国务院期货监督管理机构的规

第 八 章

定，建立、健全各项规章制度，加强对交易活动的风险控制和对会员以及交易所工作人员的监督管理。

期货交易所履行下列职责：提供交易的场所、设施和服务设计合约，安排合约上市组织并监督交易、结算和交割为期货交易提供集中履约担保按照章程和交易规则对会员进行监督管理国务院期货监督管理机构规定的其他职责。

中国证监会《期货交易所管理办法》规定，除履行《期货交易管理条例》规定的职责外，还应当履行下列职责制定并实施期货交易所的交易规则及其实施细则；发布市场信息；监管会员及其客户、指定交割仓库、期货保证金存管银行及期货市场其他参与者的期货业务查处违规行为。

在我国期货市场的监管体系中，期货交易所的工作具体包括：

（1）在净资本监管中主要负责提供期货交易等相关数据，参与定期或不定期现场检查，配合证监局或证监会采取相关监管措施。

（2）在保证金安全监管工作中，负责监控期货公司的交易情况，发现异常动态应当及时采取措施，并向相关证监局通报，为保证金安全存管及监控工作提供必要的帮助。

（3）在期货公司董事、监事和高级管理人员监管工作中，负责依法对会员期货公司董事、监事和高级管理人员进行自律管理在期货公司风险处置工作中，参与市场风险处置，并根据有关法规和风险处置工作的需要，及时采取相应措施。

（五）中国期货市场监控中心

期货市场监测监控是期货市场监管的重要抓手，对维护期货市场稳定运行具有重要作用。《期货交易管理条例》（以下简称《条例》）规定，中国证监会应当建立、健全保证金安全存管监控制度，设立期货保证金安全存管监控机构。客户和期货交易所、期货公司及其他期货经营机构、非期货公司结算会员以及期货保证金存管银行，应当遵守中国证监会有关保证金安全存管监控的规定。期货保证金安全存管监控机构依照有关规定对保证金安全实施监控，进行每日稽核，发现问题应当立即报告中国证监会。中国证监会应当根据不同情况，依照条例有关规定及时处理。期货保证金安全存管监控机构的董事、监事、高级管理人员，实行资格管理制度。

2007年中国期货保证金监控中心成立，2015年更名为中国期货市场监控中心。中国期货市场监控中心依照有关规定对保证金安全实施监控，进行每日稽核，发现问题应当立即报告中国证监会。中国证监会根据不同情况，依照《条例》有关规定及时处理。中国期货市场监控中心接受中国证监会的指导、监督和管理。

随着期货市场的发展，中国期货市场监控中心的职能也逐步拓展。现有职能主要包括：期货市场统一开户；期货保证金安全监控；期货市场运行监测监控；期货经营机构监测监控；期货及衍生品交易报告库的建设及运营；为期货投资者提供交易结算信息查询；宏观和产业分析研究；代管期货投资者保障基金；为监管机构和期货交易所等提供信息服务；期货市场调查；协助风险公司处置。

在我国期货市场监管体系中，中国期货市场监控中心的工作具体包括：

（1）在净资本监管中主要负责提供期货保证金等相关数据，监控期货公司保证金封闭圈内最低结算准备金是否符合监管要求，出现不符合监管要求情况时，及时向证监局和证监会报告。

（2）在保证金安全监管工作中，负责协助研究保证金存管制度，负责保证金监控系统日常监控工作，向证监局通报保证金安全预警信息。

（3）在期货公司风险处置工作中，负责对保证金缺口等风险进行及时预警和监控，根据证监局等有关方面的要求，及时提供风险期货公司的相关数据。

（4）为了监管协调机制的有效运转，监管协调机制还要求各方按照资源共享原则的要求，建立并不断完善信息查询制度，充分发挥和利用各方现有系统的功能，根据监管工作需要为其他方开立查询端口，并根据规则开放信息查询权限，建立畅通的信息共享渠道，包括定期发布信息、定向发布信息、受托提供信息等。中国证监会还将在条件成熟时组织建立统一的监管信息共享系统。信息使用方对从他方获取的信息负有保密义务，并仅可用于期货监管工作，未经中国证监会或者信息提供方许可，不得提供给第三方，不得向社会公开。

复　习　题

1. 结合实际说明公开市场原则在期货管理中的重要性。
2. 期货业协会对期货市场的管理体现在哪些方面？

案　例　分　析

推动期货市场改革发展迈上新台阶[①]

期货市场作为风险管理的专业市场，在我国经过 20 年的探索发展，已逐步成为服务国民经济发展的重要金融市场之一，市场规模稳步扩大，国际影响力明显增强。

在"十一五"期间，中国证监会深入贯彻党中央、国务院"稳步发展期货市场"的战略部署，坚决落实《国务院关于推进资本市场改革开放和稳定发展的若干意见》的战略要求，坚持贯彻落实科学发展观，不断深化对国际衍生品市场普遍规律和我国期货市场发展阶段特征的认识，坚持不懈地加强法规基础制度建设，切实改进和加强监管，积极有效应对国际金融危机的影响，稳妥有序推进产品创新和业务创新，强化市场培育，凝聚社会共识，推动期货市场改革发展迈上新台阶。五年来，期货市场功能逐步发挥，为促进国民经济平稳较快发展、服务资本市场改革发展全局作出了应有贡献。

第 八 章

[①] 摘自尚福林为《国际期货监管经验与借鉴》一书所作的序，见姜洋：《国际期货监管经验与借鉴》，中国财政经济出版社 2011 年版。

与此同时，要看到我国期货市场仍然是一个发展中的市场，尽管商品期货交易量已连续两年居世界前列，但我们的市场在功能发挥上仍与成熟市场存在较大差距，还需要努力工作，不断改善，以使我国期货市场在服务国民经济发展中发挥更大的作用。

在积极稳妥地推进期货市场建设过程中，我们的监管工作要与时俱进，不断提升监管能力与服务水平。这就需要我们研究和借鉴国际经验，在借鉴成熟市场一般监管经验的基础上，结合中国国情取人之长、补己之短，吸取教训、少走弯路，对发挥和利用好新兴市场的后发优势，具有积极意义。国际期货市场有着较为悠久的历史，积累了较为丰富的监管经验。在150余年发展中，期货市场经历了1929年大危机以及2008年发生的美国金融危机的严峻考验，并逐步建立起较为完善的监管框架和法规体系，确保了期货交易的良好运行和市场功能的有效发挥。

纵观国际期货发展历程，我们有以下几点深刻体会：

实体经济催生了期货市场的诞生，期货市场也有力地促进了实体经济的发展。期货市场因为服务于国民经济发展而具备了较强的生命力。欧洲工业革命，使伦敦成为世界性原材料交易定价中心。美国南北战争后农业生产力的迅速发展，使芝加哥逐渐成为世界性农产品定价中心。20世纪70年代以来，全球化为金融期货发展创造了有利条件，金融期货发展也对国际金融中心的形成与发展发挥了积极的助推作用。

期货监管的核心目标，是要确保价格发现和风险管理功能能够得到正常发挥。这是美国期货监管在长期实践中积累下来的一条重要经验。美国商品期货交易委员会的法定监管使命是，保护市场参与者和公众在商品金融期货期权交易中远离欺诈、操纵和交易滥用，建设一个公开透明、富有效率、竞争力和财务稳健的商品期货、期权市场。通过监管，促使期货市场有效发挥价格发现和风险防范作用，更好地担当起促进国民经济良好运行的重要职能。

"阳光是最好的防腐剂"，期货市场保持更大的透明度，才能获得更长远的发展。期货交易具有杠杆效应，交易双方对抗性强，保持交易规则和交易活动的透明度，对市场的长远发展具有重要意义。因此，期货市场监管的重点之一就是确保市场的透明度。这次美国金融危机中，期货市场以其严格监管、较高透明度和较强风险管理能力，经受住了考验，发挥了市场机制的积极作用，为全球经济的恢复性增长作出了贡献。基于期货交易的良好运作与严格监管，美国金融监管改革法案对商品期货交易委员会赋予更多的职责，如将由其负责监管柜台衍生产品及其交易商，增强衍生产品市场的透明度，降低对社会公众的风险等。

期货监管要紧跟市场创新发展的步伐。现货交易创新、技术革新、全球化发展，都在不断地推动着期货市场的发展。期货监管要紧跟市场创新发展的步伐，要对市场功能及其变化保持及时了解，对新技术、新交易方式保持灵敏反应，要不断改善监管方式，提高监管效率，完善法规体系，为期货市场可持续发展提供保障。

为充分借鉴境外成熟期货市场监管经验，着力研究解决我国期货市场监管工作面临的突出问题，中国证监会研究中心与上海期货交易所在北京联合举办"境外期货监管研讨会"，邀请来自美国、英国的监管机构、自律组织、交易所和清算机

第 八 章

构等的专家，着重围绕期货市场监管、中介机构监管以及美国期货监管改革等主题，从各个角度分享发达市场的经验做法。现将这些专家的演讲稿结集出版，对我国广大期货监管干部、从业人员以及社会各界人士了解期货市场发展前沿和监管改革的最新进展，更好地推进期货市场建设，必将产生有益帮助。

　　请从以上尚福林为《国际期货监管经验与借鉴》一书所作的序中，剖析期货市场监管的重要性、意义和方法。

第 八 章

附录 | 参考答案

第一章 复习题参考答案

1. 简述现代期货市场组织结构。

答案参考：现代期货市场组织结构基本上由三部分构成：期货交易所、期货结算所和期货经纪商。

2. 期货结算机构的主要职能是什么？

答案参考：期货结算机构是由结算会员共同出资成立的负责期货交易的结算和期货合约到期履约保证等责任的机构。它的主要职能是结算交易账户，清算交易，收缴会员履约保证金，监管期货合约到期的实物交割，报告交易数据等。

3. 历史上第一家期货交易所是如何产生的？

答案参考：为了回避谷物价格波动的风险，1848 年，由美国 82 位商人在芝加哥发起组建了世界上第一个较为正规的期货交易所——芝加哥期货交易所（CBOT）。

4. 期货市场是如何发挥其转移价格风险的功能的？

答案参考：这种功能主要针对套期保值者来讲的。可以提前确定采购或销售价格，专心生产，保障一定利润。

5. 中国期货发展历程中出现过哪些问题？

答案参考：发展规模失控、科学性和规范性不够、分线监控机制不健全，过度投机严重、交易所会员自营和代理业务不分、期货经纪公司发展过乱过滥、盲目开展国际期货业务、没有完全落实风险控制制度、期货市场人才缺乏。

第一章 案例分析参考答案

答案参考：

回顾红小豆期货交易，可以得出如下经验教训：

第一，认真选好期货合约交易的交割标准品，并确定好交割替代品。从红小豆事件可以看出，苏州红的交易标的物偏低，而天津红小豆期货合约的交易标的物为符合日本东京谷物交易所替代要求的优质的天津红小豆。由于天津红的品质要求太高，产量也不是很大，其价格很难反映整个市场的红小豆的供需关系，特别是普通红小豆的供求关系。相当数量的普通红小豆生产加工和流通企业难以进入市场保值。因此，从理论上讲，应该选择国内外市场流通性最好、国内外需求量最大的那种红小豆，交易所可以自主提高品质要求，以免期价太低，对出口定价不利，同时，给予优质的品种较高的升水，以保护其出口利益。

第二，每一次限制交割条款措施的出台，都会成为多头逼空拉抬期价的重要筹码。而一旦放开交割范围，容易造成巨大的实盘压力，使很多现货商把期货市场当作批发市场，迅速增加交易所交割仓库库存，加大了红小豆期价的下跌速度。在这方面，苏州红小豆1995系列合约暴跌的教训尤其深刻。因此，交易所应该加强监管，交易规则不宜朝令夕改，红小豆期货交易多次发生多逼空，与其小品种的特性固然有关，但与交易所监管不力、在合约进行中频频出台相关政策也有很大的关系，当期价出现异动变化时，交易所应及早出台措施，避免事态的严重恶化。

第三，基于在多逼空事件中，很多企业在参与期市套期保值操作过程中经常面临爆仓的经验教训，很有必要对套期保值者采取一些保护性措施，对套期保值者适当降低交易保证金，努力提高套期保值操作技巧，提高其抗风险的能力。

第二章　复习题参考答案

1. 期货合约的主要条款有哪些？

答案参考：主要条款包括：交易单位、报价单位（最小变动价位）、每日价格最大波动限制、交割月份、最后交易日、交割等级、交割方式与交割地点。

2. 期货市场的基本制度有哪些？

答案参考：保证金制度、每日无负责结算制度、平仓制度、持仓限额制度、大户报告制度、强行平仓制度、信息披露制度

3. 期货市场中如何进行期转现交易？

答案参考：在期货合约规定的实物交割期之前，持有方向相反且同月份合约的交易者，通过交易所，将期货头寸转换为现货头寸，并按照双方协商的交割条件进行实物交割。

4. 期货交易指令有哪些种类，试选取2～3种解释之。

答案参考：期货交易指令包括市价指令、限价指令、停止指令、触及成交市价指令，等等。

5. 试说明每日结算盈亏和浮动盈亏的区别

答案参考：每日结算盈亏指当日平仓合约的实际买卖差额。浮动盈亏指当日所有累计未平仓合约与相应商品当日结算价差额的计算。

6. 什么是维持保证金？维持保证金和保证金是什么关系？

答案参考：维持保证金是指期货经纪公司为控制交易风险，允许客户动用保证

金账户的最大额度。当投资人资金不足规定数额时，则要求投资人在一定时间段内补足。一般亏损超过保证金账户的50%或75%时，需要追加保证金。

7. 什么是交易头寸限制和业务报告制度？交易所为何要实行交易头寸限制和业务报告制度？

答案参考：交易头寸限制是指由交易所规定的某一市场参与者最多可持有的期货合约数量。业务报告制度是指要求大交易商提供精确的持仓报告和业务报告。两者的作用是及时发现并有效抑制市场中潜在不利因素，以此防止垄断，保持市场的自由竞争性。

第二章　案例分析参考答案

答案参考：

独立结算模式下，期货交易所及结算机构的一体化能够节省基础建设投资，降低管理成本，强化财政能力，有助于增强交易所及结算机构的整体竞争力。如果全球范围内以独立模式运营的结算机构最终统一成一家或几家结算公司为所有交易所提供服务的话，也是非常有利的。从长远来看，一方面结算机构能够实现专业化经营，为客户提供更多更好的服务；另一方面也能够实现规模经济，降低成本。劣势在于在结算所承担中央对手方职责的相关市场范围内，结算所会员的资金流转和使用效率较高。但与此同时，市场的风险高度集中于结算所，在面临系统性风险的情况下，结算所一旦出现风险事件，将置整个市场于非常危险的境地，可能会对几个交易场所的交投产生影响。

第三章　复习题参考答案

1. 多头套期保值的定义是什么？在什么情况下使用空头套期保值和多头套期保值策略？

答案参考：多头套期保值是指套期保值者为了规避价格上涨的风险，先在期货市场买入与其将在现货市场上买入的现货商品或资产数量相等、交割日期相同或相近的以该商品或资产为标的期货合约，然后，当该套期保值者在现货市场上买入现货商品或资产的同时，将原先买进的期货合约对冲平仓，从而为其在现货市场上买进现货商品或资产的交易进行保值。

多头套期保值一般适用于：

（1）加工制造企业为了防止日后购进原料时价格上涨的情况；

（2）供货方已经跟需求方签订好现货供货合同，将来交货，但供货方此时尚未购进货源，担心日后购进货源时价格上涨的情形；

（3）需求方认为目前现货市场的价格很合适，但由于资金不足或者缺少外汇或一时找不到符合规则的商品，或者仓库已满，不能立即买进现货，担心日后购进现货，价格上涨。

2. 什么是基差？基差变化如何影响套期保值的效果？

答案参考：基差是某一特定地点某种商品或资产的现货价格与同种的某一特定期货合约价格间的价差，可用公式表示为：基差 = 现货价格 - 期货价格。

基差对套期保值的效果影响见下表：

类型	基差变化	套期保值效果
多头套期保值	基差不变	完全套期保值
	基差转强	亏损
	基差转弱	盈利
空头套期保值	基差不变	完全套期保值
	基差转强	盈利
	基差转弱	亏损

第三章　案例分析参考答案

答案参考：如果黄金的价格上涨，经济压力会使得整个珠宝行业的零售价上升，这样 T 公司的边际利润不受到任何影响，而 S 公司的边际利润则由于套期保值的效果而有所上升。如果黄金的价格下降，经济压力会使得整个珠宝行业的零售价下降，同样 T 公司的边际利润不受到任何影响，而 S 公司的边际利润则会下降。这一案例强调了进行套期保值决策时，了解整个行业整体情况的重要性。在设计套期保值策略以对冲风险价格时，套期保值者应了解价格对公司的利润可能造成的各种影响。

第四章　复习题参考答案

1. 投机交易的功能是什么？它与套期保值交易有什么区别？

答案参考：期货投机交易是期货市场不可缺少的组成部分，它能够承担价格风险、促进价格发现、减缓价格波动、提高市场流动性。

期货投机交易与套期保值交易的区别在于：

（1）交易对象不同。期货投机交易主要以期货市场为对象，利用期货合约的价格频繁波动进行买空卖空的交易活动。投机者一般不做现货交易，几乎不进行实物交割；而套期保值交易则是以现货和期货两个市场为对象。

（2）交易目的不同。期货投机交易是以较少的资金获取较大利润为目的，不希望占用过多资金或支付较大费用；套期保值交易通常是在进行现货交易的同时，作相关合约的期货交易，其目的是利用期货市场为现货市场规避风险。

（3）交易方式不同。投机交易主要是利用期货市场中的价格波动进行买空卖空，从而获得价差收益；套期保值交易则是在现货市场与期货市场上同时运作，以期实现在两个市场的盈利与亏损基本平衡。

（4）交易风险差异。投机交易是以投机者承担价格波动风险为前提进行期货投机交易，风险的大小与投机者收益的多少有着内在的联系，投机者通常为了获得较高的收益，在交易时要承担很大的风险；套期保值者则是价格风险转移者，其交易目的就是转移或规避市场价格的风险。

2. 在跨期套利中，什么市况使用牛市套利？什么市况使用熊市套利？

答案参考：

牛市套利：对于可储存的商品，当市场出现供给不足、需求旺盛的情形，导致近月份的期货合约价格上涨幅度大于远期的上涨幅度，或者较近月份的合约价格下降幅度小于较远期的下跌幅度。

熊市套利：当市场出现供给过剩、需求相对不足时，一般来说，较近月份的合约价格下降幅度往往要大于较远期合约价格的下降幅度，或者较近月份的合约价格上升幅度小于较远合约价格的上升幅度。

3. 什么是跨市套利，在进行跨市套利时应注意什么？

答案参考：跨市套利是指在某个交易所买入某一交割月份的某种商品合约同时，在另一交易所卖出同一交割月份的同种商品合约，以期在有利时机分别在两个交易所对冲在手的合约获利。

跨市套利应注意：

（1）运输费用。运输费用是决定同一品种在不同交易所间价差的主要因素，一般来说，离产地越近的交易所期货价格较低，离产地较远则价格较高。

（2）交割品级的差异。跨市套利虽然是在同一品种间进行，但不同交易所对交割品的品质级别和替代品升贴水有不同规定，这在一定程度上造成了各交易所间价格的差异。

（3）交易单位和报价体系。投资者应将不同交易所的价格按相同衡量单位进行折算，才能进行价格比较。

（4）汇率波动。如果在不同国家的市场进行套利，还要承担汇率波动的风险。

（5）保证金和佣金成本。跨市套利需要投资者在两个市场缴纳保证金和佣金，保证金的占用成本和佣金费用要计入投资者的成本之中。只有交易者预计的套利收益高于上述成本之时，投资者才可以进行跨市套利。

第四章　案例分析参考答案

答案参考：在禽流感被有效控制前后的一段时间内豆粕远月合约和近月合约的价差会拉大，而在当时两者价差比较稳定的时候，投资者可进行抛 5 月买 9 月的熊市套利交易。

套利者 2004 年 2 月 11 日卖出 1 手 5 月豆粕合约，价格 2740 元/吨；同时买入 1 手 9 月豆粕合约，价格为 2800 元/吨，以期望未来某个有利时机同时平仓获取利润。在 2004 年 5 月 11 日，套利者买入 1 手 5 月豆粕合约价格 3050 元/吨；同时卖出 1 手 9 月份豆粕合约，价格 3250 元/吨。交易情况见下表：

2004 年 2 月 11 日	卖出 1 手 5 月豆粕合约，价格 2740 元/吨	买入 1 手 9 月豆粕合约，价格 2800 元/吨	价差 –60 元/吨
2004 年 5 月 11 日	买入 1 手 5 月豆粕合约，价格 3050 元/吨	卖出 1 手 9 月豆粕合约，价格 3250 元/吨	价差 –200 元/吨
套利结果	亏损 310 元/吨	获利 450 元/吨	
	净获利（450 – 310）× 10 = 1400（元）（豆粕合约 10 吨/手）		

第五章 复习题参考答案

1. 影响期货价格的因素有哪些？

答案参考：

期货价格的影响因素包括供求关系、经济波动周期、金融货币因素、政治因素、政策因素、自然因素、投机和心理因素等。

2. 略。

3. 略。

4. 略。

5. 略。

第五章 案例分析参考答案

答案参考：略。

第六章 复习题参考答案

1. 某公司发行一种 3 年期债券，面值 1000，票面利率为 6%，当前市场利率为 4%，债券每年付一次利息，试计算该债券的发行价格。

答案参考：

$$发行价格 = \frac{1000 \times 6\%}{1 + 4\%} + \frac{1000 \times 6\%}{(1 + 4\%)^2} + \frac{1060}{(1 + 4\%)^3} = 1055.5（元）$$

2. 美国某短期国库券期货贴现率为 3%，92 天期，试计算该期货合约的实际价格。

答案参考：

$$实际价格 = 100 - (100 - 报价指数) \times \frac{实际天数}{360}（单位：万美元）$$

$$报价指数 = (1 - 贴现率) \times 100$$

$$实际价格 = 100 - (100 - 97) \times \frac{92}{360} = 99.23（万美元）$$

3. 世界上主要的股票指数有哪些？哪些股票指数期货交易活跃？

答案参考：世界上主要的股票指数有标准普尔 500 指数、道琼斯工业指数、纳斯达克 100 指数、金融时报指数、日经 225 指数、香港恒生指数等，对应的股票指数期货交易均比较活跃。

4. 题略。

答案参考：具体操作过程参见下表：

时间	现货市场	期货市场
9 月 1 日	汇丰股价：150 港元/股，3000000 港元可买入 20000 股汇丰股票	买入 12 月期恒指期货 5 张，成交价 12050 点（每点 50 港元）
12 月 1 日	汇丰股价：180 港元/股，买入 20000 万汇丰股票需要 3600000 港元	卖出 12 月期恒指期货 5 张，成交价 14210 点（每点 50 港元）
盈亏	亏损：3000000 − 3600000 = −600000（港元）	盈利：$5 \times 50 \times (14210 − 12050) = 540000$（港元）
	亏损：540000 − 600000 = −60000（港元）	

可见，期货市场的盈利抵销了大部分的现货市场的损失，较好地达到了套期保值的目的。

第六章　案例分析参考答案

答案参考：

可以从以下几个方面考虑我国当时发行国债期货存在的问题：

（1）合约设计混乱；

（2）交易网点过多；

（3）投机过度。

解决的对策也相应考虑以下几点：

（1）调整国债发行结构；

（2）集中国债期货交易；

（3）控制过度投机。

第七章　复习题参考答案

1. 成交量、持仓量和价格之间的关系如何？

答案参考：

一般情况下：

成交量、持仓量增加，价格上升，表示新买方正在大量收购，近期内价格可能继续上涨。

成交量、持仓量减少，价格上升，表示卖空者大量补货平仓，价格短期内向上，但不久将可能回落。

成交量增加，但持仓量减少，价格上升，说明卖空者和买空者都在大量平仓，价格会下跌。

成交量、持仓量增加，价格下跌，表明卖空者大量出售合约，短期内价格还可能下跌，但如抛售过度，反而可能是价格上升。

成交量、持仓量减少，价格下跌，表明大量买空者急于卖货平仓，短期内价格将继续下降。

成交量增加、持仓量和价格下跌，表明卖空者利用买空者卖货平仓导致价格下跌之际陆续补仓平仓获利，价格可能转为回升。

总之，成交量、持仓量与价格同向，其价格趋势可继续维持一段时间，如两者与价格反向时，价格走势可能转向。当然，这还需要结合不同的价格形态作进一步的具体分析。

2. 试分析各种 K 线图反映的市场情况。

答案参考：

与书中所述的 K 线图反映的市场情况类似（略）。

3. 常用的技术分析指标有哪些？并简述各种方法的优缺点。

答案参考：

常用的技术分析指标包括移动平均数分析法、相对强弱指数、随机指数、乖离率、量价分析等。各种方法的优缺点见教材中所述。

第八章　复习题参考答案

1. 结合实际说明公开市场原则在期货市场管理中的重要性。

答案参考：略。

2. 期货业协会对期货市场的管理体现在哪些方面？

答案参考：主要考虑以下几个方面：规范和实施对客户利益的保护工作；核准转期货人员的会员资格；审计并监督专业期货人员的财务以及交易规则执行情况；为涉及期货交易出现的纠纷提供统一的标准仲裁程序；在客户和会员中普及期货知识教育；对协会会员行为进行约束和规范。

第八章　案例分析参考答案

答案参考：可结合实际案例讨论。

参 考 文 献

［1］安毅．期货市场学［M］．北京：清华大学出版社，2020．

［2］曹雷．期货投资实务：商品基本面分析［M］．上海：立信会计出版社，2021．

［3］邓小朱，周云洁．期货与期权理论、实务、案例［M］．北京：中国人民大学出版社，2021．

［4］黄斌元．英汉路透金融词典［M］．北京：中国金融出版社，2005．

［5］姜洋．期货市场国际化［M］．北京：中信出版集团，2020．

［6］"讲故事　学期货"金融国民教育丛书编写组．期货的套保和套利［M］．北京：中国财政经济出版社，2021．

［7］罗孝玲，马世昌．期货投资学［M］．北京：经济科学出版社，2020．

［8］《期货市场典型案例研究》课题组．期货市场典型案例研究［M］．北京：中国金融出版社，2010．

［9］易铁林．期货交易实验教程［M］．天津：南开大学出版社，2021．

［10］张淑梅．期货投资实务［M］．北京：北京交通大学出版社，2021．

［11］赵有广，邢孝兵．贸易与商务教学案例［M］．南京：南京大学出版社，2012．

［12］中国期货业协会．棉花［M］．北京：中国财政经济出版社，2011．

［13］中国期货业协会．期货及衍生品基础［M］．北京：中国财政经济出版社，2021．